SOE REFORM

OPERATION GUIDE ON
BREAKTHOUGHS AND ENHANCEMENTS

国企改革大决战

五突破一加强操作指引

徐怀玉　应慧燕　宋　蕊　著

企业管理出版社
ENTERPRISE MANAGEMENT PUBLISHING HOUSE

图书在版编目（CIP）数据

国企改革大决战：五突破一加强操作指引 / 徐怀玉，应慧燕，宋蕊著 . 北京：企业管理出版社，2020.3

ISBN 978-7-5164-2111-6

Ⅰ . ①国… Ⅱ . ①徐… ②应… ③宋… Ⅲ . ①国企改革—研究—中国 Ⅳ . ① F279.21

中国版本图书馆 CIP 数据核字（2020）第 033200 号

书　　名：国企改革大决战：五突破一加强操作指引
作　　者：徐怀玉　应慧燕　宋　蕊
责任编辑：尚元经　李　坚
书　　号：ISBN 978-7-5164-2111-6
出版发行：企业管理出版社
地　　址：北京市海淀区紫竹院南路17号　　　　邮编：100048
网　　址：http：//www.emph.cn
电　　话：编辑部（010）68414643　发行部（010）68701816
电子信箱：qiguan1961@163.com
印　　刷：三河市东方印刷有限公司
经　　销：新华书店
规　　格：170毫米×240毫米　16开本　23印张　325千字
版　　次：2020年3月第1版　2020年3月第1次印刷
定　　价：138.00元

仲继银 序

国企改革：关键何在，何以突破

到1978年改革开放开始时，中国传统国有企业发展历史还不到30年。从1980年代的承包制开始，国企改革已近40年；从1990年代的《公司法》颁布和建立现代企业制度开始，国企改革也已近30年。为什么用30年时间发展起来的国有企业用40年时间还没改革完？我们不禁要问，到底什么是国企改革，国企改革到底关键何在，难在何处，何以突破？

什么是国企改革？从企业管理到公司治理

与苏联和东欧等国家不同，中国走了一条渐进式改革道路，相应的国有企业改革也一样，成为了渐进式改革过程中的一个不断试验和探索的过程，由此使国企改革成为了随整体经济改革与发展而不断变化的一个动态概念。

1980年代的国企改革，无论承包制还是资产经营责任制，本质上都是企业内部管理体制上的改革。1990年代开始，从股份公司试点、

《公司法》颁布到百户现代企业制度建设，是国有企业制度本身以公司化为方向的改革。这一时期中，通过“抓大放小”，中小国有企业基本转化为了民营企业，大中型国有企业大多完成了公司化改制。进入21世纪后，国有资本经营和管理概念得到加强，一些特殊和战略性国有企业也都改制为了国有资本独资公司。国有企业改革的概念里开始日益增多了改进和加强公司治理的含义。特别是2003年开始的中央企业董事会试点，和同时进行的各省属市属国有企业的董事会制度建设，使以董事会为核心的现代公司内部治理机制，从股份制公司和上市公司进入到了几乎所有的国有企业。

至此，严格来说，传统含义上的国有企业——全民所有制工业企业法调整下 的国有企业已经不复存在，都已经是公司法调整下的国有全资或是国有控股公司。相应地，国有企业改革这一名词，也应该由国有资本管理体制改革和国有公司（全资、控股和参股）治理改革（与完善）所替代了。

国企改革难在何处？国有资本管理和现代公司治理的机制相容

在内部管理改革和公司化改制完成之后，当前国企改革的核心内涵和关键挑战是，构建国有资本管理体制和国有公司治理机制之间相融相济、激励相容的一套制度体系、运行模式和行为方式。

国有企业实行公司化改组之后，特别是在没有足够比例的其他资本进入情况下，真正按公司制企业模式运作，以董事会为核心的现代公司内部治理机制真正有效，需要符合市场规则的国有资本管理体制、企业监管模式和相关法规政策上配套与支持，也需要从行业监管者、国资管理者、中介机构，到公司股东、董事会成员和高管人员，各相关人员对现代公司治理的基础规则、外部治理机制和内部治理机制等，都有个基本认识和正确理解，并达成一定的共识，拥有一种共同语言和共享的公司治理知识、认识与价值观。

作为一个市场经济后发国家，因为有市场经济发达国家作为标杆，有形的公司治理制度和规则建立可以模仿，也相对容易，但是要让这一套做法生根和本土化，需要一个学习、调试和修正的过程。也许正是在这个意义上，四十年了，国企改革还是在路上。

国有资本管理和国有公司治理之间的机制相容，包括从国有经济布局到国有公司战略管理，国有公司的董事会权力和高管团队建设等各个方面。这也正是当前国企改革需要突破的一些关键问题。

国企改革何以突破？把现代公司治理原则和机制落到实处

已经走到今天的国企改革，进一步的突破就是要让公司化后的国有企业，或准确地说是国有独资、控股和参股公司，像市场化的公司那样运作，并在公平的市场竞争中发展和壮大。这需要从国资管理到企业行为，都把现代公司治理原则和机制落到实处。《国企改革大决战——五突破一加强操作指引》一书，在这方面，从历史、理论到实际操作，都进行了有益的探索。

国资管理上，要真正从管资产、管企业向管资本转变，就是要不再有公司化改制完成之前那样的国有企业和民营企业等出身之分，尤其是在股份公司和上市公司层面。无论国有企业出身还是民营企业出身，只要进行了公司化改革，就都是现代公司，都要按公司法和公司治理规则进行运作，都要在产品和资本两个市场上竞争。国有资本可以良禽择木而栖，挑选市场竞争中的优胜者进行投资，从竞争力弱的企业中退出。不论公司化之前是国有企业还是民营企业，有国有资本进入则是国有公司，国有资本退出则不再是国有公司。

在这样一种市场导向的国有资本管理体制下，国有公司也和民营公司一样面临市场化的融资压力，要通过改进公司治理和创造公司价值来竞争获取包括国有资本在内的各种资本。国有资本要做一种更负责任、更具耐心的长期资本，成为优秀公司争相获取的对象，成为推动公司治理改进、把现代公司治理原则落到实处的一种市场力量。这应该是国有资本投资、运营公司试点和国有企业混合所有制改革的要义所在。

就国有公司内部治理来说，把现代公司治理原则落到实处，需要解决的核心问题是公司管理模式的行政化和公司高管的“政府官员化”，及其中存在着的一些与懒政、怠政官员同样的所谓“为官不为”问题。在公司层面上，“能力不足不能为”是董事会制度建设和职业经理人市场发展问题；“动力不足不想为”是市场导向、与公司价值挂钩的激励机制设计问题；“担当不足不敢为”则是注重程序而非结果的董事勤勉责任标准、作为董事责任安全港的经营判断准则和董事责任保险问题。所有这些问题都不仅仅是理论问题，更是实践问题，需要在专业人士的辅佐下付诸实际行动。

《国企改革大决战——五突破一加强操作指引》一书提出，当前处于攻坚期和深水区的国企改革，要在混合所有制改革、健全企业法人治理结构、完善市场化经营机制、健全激励约束机制、解决历史遗留问题等五个方面实现突破。与此同时，要加强党的领导，把握国企改革的正确方向；建立容错纠错机制，为国企改革的探索、试验和创新行为保驾护航。全书对这些问题进行了从法规、理论到实践的详实探讨，并附有实际操作案例，对国企改革的研究者和实践者，都具有重要参考价值。

仲继银

2020年1月于中国社科院经济研究所

李政 序

把握要点　精准突破

中共十九大报告明确提出，深化国有企业改革，发展混合所有制经济，培育具有全球竞争力的世界一流企业。根据这一精神，发展混合所有制经济是新时代深化国企改革的关键抓手和重要突破口，而培育具有全球竞争力的世界一流企业是深化国企改革和发展混合所有制经济的主要方向和基本目标。

国有企业混合所有制改革的性质是什么？国有企业为什么要进行混改？国有企业一定要进行混改吗？这是当前深化国企改革一定要认真思考和回答的本源性问题。

关于国企混改的性质。国企混合所有制改革本质上是公有制为主体多种经济成分共同发展的基本经济制度实现形式的多样化，使国有资本和民营资本在一个企业内部相互融合、共同发展。从这个角度看，改革后的混合所有制企业是多种所有制经济在一个企业内部的具体体现，通过改革，使国有资本和民营资本一起做强做优做大，最终实现不同所有制企业、不同所有者代表之间的合作共赢。

李政：吉林大学中国国有经济研究中心主任。

关于国企混改的必要性和意义。实践证明，国企混改总体上有利于搞活或者激活、激发微观主体的活力。混合所有制改革在一定程度上有利于解决所有者缺位问题，进而促进国有企业、国有资本等公有制经济与市场的有效对接，对坚持和完善社会主义市场经济、发挥中国特色社会主义制度优势具有关键作用，“有利于国有资本放大功能、保值增值、提高竞争力，有利于各种所有制资本取长补短、相互促进、共同发展”。

但是，我们也必须认识到，国企混改并非天然就能达到上述效果和目标，不能一哄而上，更不会一混就灵。这需要在做好顶层制度设计、出台相关配套政策的时，处理好“混”和“改”的关系，不能只混不合、只混不改。要通过体制机制创新，大力激发保护企业家精神，在进行必要和有效监管的前提下，发挥企业内部高管和员工的首创精神和主观能动性。混合所有制改革取得成功的企业都充分发挥了企业家的作用，都激发保护了优秀企业家精神。

为实现高质量发展的目标，竞争性国有企业要在分类改革的基础上遵循以下基本原则：一是市场化和竞争中性的原则，改革过程中要让市场发挥资源配置的决定性作用；二是追求收益性和“国民共进”的原则，以同时做强做优做大国有资本和民营资本、促进中国经济高质量发展为国企改革的出发点和落脚点，不能厚此薄彼或顾此失彼，以牺牲一方利益为代价为另一方换取好处；三是放大国有资本功能，优化国有经济布局结构，国有资本要在优化产业结构，特别是提高产业基础能力和产业链现代化水平上发挥导向作用；四是保障员工权益，充分发挥员工的主人翁精神，强化员工的归属感和认同感，充分调动其参与改革的积极性和兴业干事的热情。

“双百行动”中提出，下一步要聚焦五个突破和一个加强，包括健全企业法人治理结构、完善市场化经营机制、积极稳妥推进股权多元化和混合所有制改革、健全激励约束机制、解决历史遗留问题，以及加强党的领导。这表明，国企改革是一个系统工程，而国企混改的关键是要以“混”促“改”，在“混”的基础上和过程中，建立现代企业制度和科学合理的公司治理结构，建立激励约束机制，处理好相关利益主体和监管主体的关系，让新的公司治理结构得以平衡不同的利益主体，通过利益平衡满足不同主体的合理利益诉求，使得企业价值最大化，进而向具有全球竞争力的世界一流企业迈进。

而本书正是从“五突破一加强”几个方面，详细地阐述了国有企业为什么要改，应该怎么改，改革的方法和路径在哪里。尽管我国国有企业 2019 年全年实现营业总收入 62.5 万亿元，同比增长 6.9%；实现利润总额 3.5 万亿元，同比增长 4.8%。其中，中央企业实现营业收入 30.8 万亿元，同比增长 5.6%；实现净利润 1.3 万亿元，同比增长 10.8%。但靓丽的成绩单背后还存在大不等于强的问题，我国国有企业国际竞争力和品牌影响力总体上还比较弱，自主创新能力总体上还不强，与美国等发达国家相比还有较大差距。特别是关键核心技术受制于人的局面没有发生整体性、根本性改变。我也迫切地希望，广大国企可以通过此次改革的良机，真正成为具有全球竞争力的世界一流企业。

李　政

2020 年 1 月于吉林大学

前　言

preface

北宋神宗熙宁二年（1069）二月，正开启变法新章的王安石意气风发，挥笔写下“伊吕两衰翁，历遍穷通。一为钓叟一耕佣。若使当时身不遇，老了英雄。汤武偶相逢，风虎云龙。兴王只在谈笑中。直至如今千载后，谁与争功！”

青苗法、均输法、保甲法、保马法、方田均税法、农田水利法……富国、强兵、取士，一系列新法迅速展开。不料改革愿望虽好，执行起来却弊端不断。反对派群起而攻之，王安石两度罢相。而究其原因，就是有理论而无实践，商业性质理论的超前性与农业社会的落后性差距过大，“急而成之，则为大害”。相比之下，司马光针对宋朝最核心的问题冗官、冗兵、冗政而给出的“简政放权、提倡节俭、裁减兵员”，更易操作，更能解决问题。

山不在高，有仙则名；水不在深，有龙则灵；法不在奇，有效则行。

2015年，中共中央国务院发布了22号文《关于深化国有企业改革的指导意见》（简称《指导意见》），标志着新一轮国企改革的开始。五年来，以《指导意见》为骨架的“1+N”制度框架已经搭建完成，包括配套的四十多个文件。既有顶层设计，又有细节政策，既有指导，又有约束。而最近，又先后出台了《中央企业混合所有制改革操作指引》《“双百企业”推行经理层成员任期制和契约化管理操作指引》《“双百企业”推行职业经理人制度操作指引》等一系列文件，真正做到了“一个行动胜过一打纲领”，“伤其十指不如断其一指”，深切表明了此次改革就是要切实解决国企存在的种种问题。

由古至今，改革从来都不是容易的事情，需要披荆斩棘，需要厉兵秣马，需要愚公移山的执着，需要一往无前的勇气。现实并没有我们想象的那么简单，当改革进入到“滚石上山、爬坡过坎”的阶段，我们面临的不仅仅是对文件的理解和运用，事实上，每遇到一件事情，一旦涉及改革这个事项，几乎都有难以逾越的障碍。2018 年 9 月 17 日八部委联合下发的《关于深化混合所有制改革试点若干政策的意见》（也称“混改九条”）罗列的涉及国有资产定价、土地政策、员工持股、财税支持等九个方面的问题，就被称之为“九块难啃的骨头”。遗憾的是八部委并没有给出实质性的解决方案，至少在指导改革实践中缺乏应有的可操作性。

刚刚过去的 2019 年，国企改革进入了施工年。2019 年年初，国资委选定航天科技、中石油、国家电网、三峡集团、国家能源集团、中移动、中航集团、中国建筑、中国中车、中广核 10 家企业作为创建世界一流示范企业，力争在 3 年左右取得显著成效；2019 年 4 月份，国务院国资委先后确定两批共 10 家国有资本投资运营公司试点企业，其中国有资本投资公司 8 家，国有资本运营公司 2 家；先是国务院印发了关于《改革国有资本授权经营体制方案的通知》，旨在推进国有资本授权经营体制改革，进一步完善国有资产管理体制；紧接着，国务院国资委印发了《国务院国资委授权放权清单（2019 年版）》（简称《清单》），重点选取了 5 大类、35 项授权放权事项列入《清单》。国资委的《清单》，彰显国资委“刀刃向内”、自我革命的勇士气派，字字触动神经深处；2019年8月初，国务院国资委在“双百行动”中贯彻“五突破一加强”精神的基础上，国务院国有企业改革领导小组办公室印发了《关于支持鼓励“双百企业”进一步加大改革创新力度有关事项的通知》(简称《双百九条》)，把双百试点企业的改革带入可操作的2.0时代。

以上不难看出，党中央、国务院，包括有关部门出台的一系列政策文件，无一不释放出国企改革的强烈信号和透露出国家层面对国企改革的决心和力度。

过去的一年，我们在国企改革这条道路上攻坚克难，稳步前进。积累了丰富的改革经验，也遇到了前所未有的改革难题。我们虽然离既定的目标尚有距离，但“成大事者争百年，不争一息”，一代人做一代人的事，改革是我们这代人需要完成的使命。

国企改革是一项系统性工程，具有较强的探索性和挑战性。首先从法律层面，国有企业，包括混改后的企业，能否建立以市场为基础的真正的现代企业制度；其次从政策层面，能否在企业内部建立一套科学合理的分配制度，包括市场化用人机制，进一步扩大员工持股的适用范围，超额利润分享等；最后从操作层面，国资委等国资监管部门、国土资源、工商税务、组织人事等主管部门能否协调配合，解决国企改革中的难题，推动国企改革向纵深发展。这也就是《中央企业混合所有制改革操作指引》中反复强调的，“混资本”是手段，“改机制”才是目的。

为此，国务院国企改革领导小组于2019年的最后一个月，召开专题会议研究国企改革三年行动方案的起草工作。会议要求该方案的重点是完善中国特色现代企业制度、调整优化国有经济布局结构、完善市场化激励机制、深化混合所有制改革、强化财务硬约束、促进公平竞争、防范化解重大风险、加强党对国有企业的领导等关键性问题。同时还要求这个方案明确提出改革的目标、时间表、路线图，尽快共同制订一个高质量、接地气的国企改革三年行动方案，推动国企改革举措落实落地，推动国有企业做强做优做大，全面增强国有经济竞争力、创新力、控制力、影响力、抗风险能力。

本书正是紧紧围绕国务院国企改革领导小组的这一部署，结合前一阶段国企改革的进程和发展，总结国企改革的经验和难题，运用成熟的案例和典型，重点在国企改革如何实现“突破”二字上找准着力点，在混合所有制改革、公司治理、市场化经营机制、激励约束机制、历史遗留问题等五个方面，我们不仅要知道存在这五个方面的突破，更应知道如何去突破，实践中遇到“突破”难题如何去攻克，这是置身改革实践的每一个企业、每一个企业家都需要迫切了解和掌握的“技术”。

加强党的建设是这轮国企改革的重点，也是未来三年行动方案面临的难点，本书在这方面的一些思考，相信会给读者带来更多的启发。

改革是一个实践性很强的事业，没有一个理论能包打天下，没有一个公式能破解所有难题，唯有付诸实践，唯有大胆探索，唯有壮士断腕。

本书在撰写过程中，除了感谢业已标注的参考资料的作者之外，还要感谢西姆国企改革研究中心的咨询师团队、市场研究人员的大力支持，在此一并表示谢意！当然，我们不会忘记，在策划本书写作动议及其撰写过程中，中国社会科学院博士生导师仲继银教授、吉林大学中国国有经济研究中心主任李政、企业管理出版社财经分社的编辑朋友，他们的建设性意见不仅为本书主体提供了有力的支撑，也成为本书作者写作动力的重要源泉。在此，我们也深表谢意！

徐怀玉于名仕苑帝庭阁

2020 年 2 月

目　录

Contents

第一章　国企改革的攻坚期与深水区

第二章　分类分层推进股权多元化和混合所有制改革

第三章　健全企业法人治理结构

第四章　完善市场化经营机制

第五章　健全激励约束机制

第六章 解决历史遗留问题

第七章 新一轮国企改革中党组织的运行模式

第八章 容错纠错机制

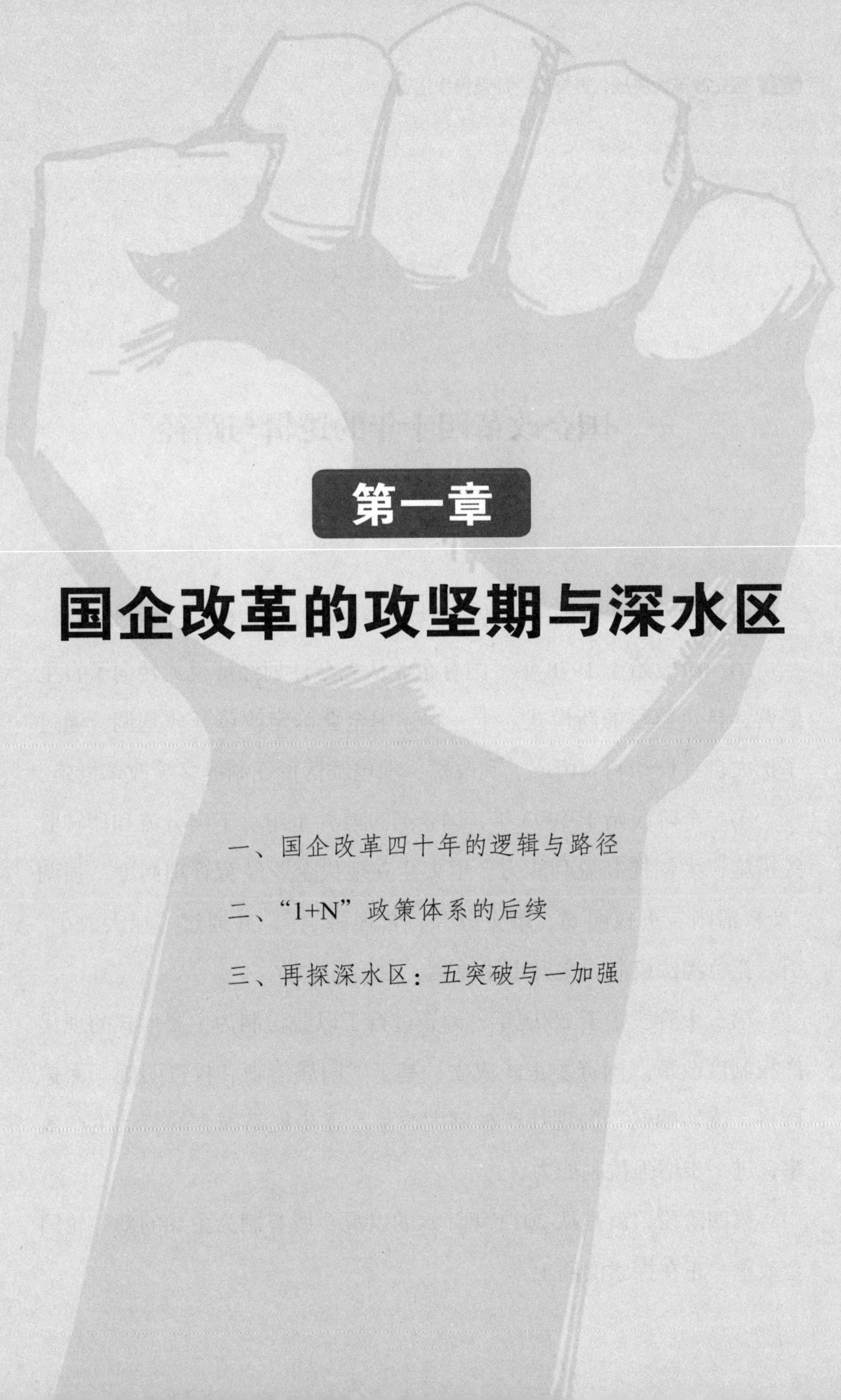

第一章

国企改革的攻坚期与深水区

一、国企改革四十年的逻辑与路径

二、“1+N”政策体系的后续

三、再探深水区：五突破与一加强

一、国企改革四十年的逻辑与路径

纵观四十多年来的国企改革之路，大致可以将其分为四个阶段。

第一阶段始于 1978 年，国有企业从完全计划经济模式转向了自主经营、自负盈亏的新模式。十一届三中全会确定改革开放基调，通过了扩大自主权和利润留成、利改税、承包经营责任制等多项改革措施。

第二个阶段始于 1993 年，国企通过兼并重组、下岗分流和债转股等措施，大幅提高盈利能力。中央建立现代企业经营管理制度，强调“产权清晰、责权明确、政企分开、管理科学”，并通过“抓大放小”引入竞争淘汰机制，提升市场效率。

第三个阶段始于 2003 年，国企进行了以股份制为主要形式的现代产权制度改革。国资委正式成立，基于“归属清晰、权责明确、保护严格、流转顺畅”的现代产权制度改革，逐步提高国企的劳动生产效率，进一步增强盈利能力。

第四阶段，就是从 2013 年开始的以混合所有制为主导的新一轮国企改革，正在探索的路上。

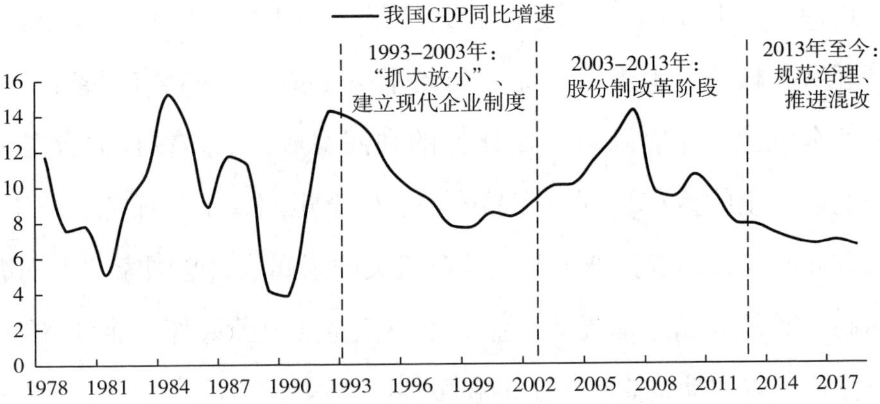

图 1-1　我国国企改革的四个主要阶段（%）

（一）第一阶段：放权让利，规模扩张

1978 年 8 月，时任四川省委第一书记随国务院总理访问南斯拉夫，归程中向总理提出请求让四川改革先行一步。一是给农民，特别是盆周山区的贫困农民自主决定生产的权力；二是赋予国企改革分配权力，以激发其活力，提高经济效益。1978 年 10 月，经国务院批准，中共四川省委选择了不同行业中具有代表性的六家地方国营工业企业进行扩权让利改革试点，根据企业自身的情况，核定利润指标，规定增产增收的目标，允许企业在实现目标后，提取少量利润留成，作为企业的基金，还可以给职工发放少量奖金。四川的扩权试点得到企业的热烈响应，调动了企业和职工的积极性，收到非常好的效果，当年四川全省工业利润比上年同期增长 17%，而 84 个试点工厂的利润同期增长高达 26%，比全省水平高 50% 以上①。

① 田林：“扩大企业自主权不会影响国家财政收入”，《人民日报》1979 年 7 月 24 日。

1979年7月13日，国务院正式印发《关于扩大国营工业企业经营管理自主权的若干规定》等五个文件，最重要的内容有两条：一是在利润分配上，给企业以一定比例的利润留成；二是在权力分配上，给企业以一定的生产计划、产品购销、资金运用、干部任免、职工录用等方面的权力，以打破企业是政府机关的附属物，吃国家"大锅饭"的体制。其基本思路是搞活企业，希望把企业经营好坏与企业和职工利益挂钩，以调动企业和职工的积极性。

1978年国家财政赤字10.17亿元，1979年财政盈余135.41亿元，职工实际工资比上年增长了7.5%。但是放权让利的改革是相对浅层次的，并没有涉及到产权的变化，只是从经营上给了企业更多的自主权，也从利益上给了一定的激励。

1984年，中共十二届三中全会通过了《关于经济体制改革的决定》，提出改革的中心环节是增强企业活力，并且提出了企业改革的方向是实现所有权与经营权适当分开。要让企业真正成为自主经营、自负盈亏的"相对独立的经济实体"。1986年12月，国务院发布了《关于深化企业改革增强企业活力的若干规定》，确定了经营承包责任制的思路。1988年3月，国务院发布了《全民所有制工业企业承包经营责任制暂行条例》，进一步推广承包责任制。在该法律关系中，企业作为商品生产的经营者，向作为所有者的国家承包，承包的具体内容通过合同的形式规定，承包合同一旦依法成立后，企业便享有自主经营权，国家一般不得干预。按照"包死基数、确保上交、超收多留、歉收自补"的原则来确定国家与企业间的分配关系。

承包制因激发了企业的活力而受到普遍的欢迎。但是，承包经营制也带来了不少消极影响，如企业分配向个人倾斜，包盈不包亏，只有激励没有约束，导致了内部人的控制和短期行为，只注重个人既得利益，进而带来国有资产严重流失，企业偷漏税、虚列成本、转移收入、私设小金库、公款消费、大吃大喝等贪污腐败现象蔓延。

但整体而言，1979 ~ 1989 年间，国有企业迎来了以轻纺化工业崛起为标志的第一个黄金时代。以食品、纺织、家电为代表的轻工业成为经济的重要支柱产业，相关产品产量实现爆发式增长。而轻纺工业的增长，也为钢铁、煤炭等重化工业的发展打下了坚实的基础。这一时期，国有企业实现了全方位的规模扩张。从投入看，国企职工人数从 1978 年的 3300 万人上升到 1988 年的 4200 万人，职工工资总额从 210 亿元上升至 790 亿元，固定资产原值从 3200 亿元上升到 8800 亿元。从产出看，国企总产值从 1978 年的 3300 亿元飙升至 1.04 万亿元，利润总额也从 510 亿元上升至 890 亿元。

（二）第二阶段：抓大放小，提质增效

进入 90 年代后，邓小平“南方讲话”打破了思想禁锢，提出了“计划多一点还是市场多一点，不是社会主义与资本主义的本质区别。计划经济不等于社会主义，资本主义也有计划；市场经济不等于资本主义，社会主义也有市场”等重要论断，中国的改革开放再扬风帆。南方讲话厘清了计划和市场的关系，从根本上破除了市场经济姓“资”、计划经济姓“社”的传统观念，为社会主义市场经济理论的提出和社会主义市场经济体制的建立指明了方向。

1992年6月9日，江泽民在中央党校的讲话中，首次肯定了“社会主义市场经济体制”的提法。10月12日，在党的十四大报告中正式提出：“我国经济体制改革的目标是建立社会主义市场经济体制”。我国的改革思路也从“放权让利”转向了“制度创新”，产权问题终于被提上台面。1993年11月，十四届三中全会通过了《中共中央关于建立社会主义市场经济体制若干问题的决定》提出：“建立现代企业制度，是我国国有企业改革的方向。”

这一时期，政府在不断的试探中逐渐形成了共同思路：国家没有办法搞好所有国有企业，应当“抓好大的，放活小的”，对国有经济实施战略性改组。这一思路在1995年9月中共十四届五中全会被采纳。1997年9月，中共十五大报告在所有制的问题上提出了三个重要的新观点：第一，国有经济起主导作用，对国有经济布局进行“有进有退”的调整，国家控制“关系国民经济命脉的重要行业和关键领域”；第二，非公有制经济是社会主义市场经济的“重要组成部分”，对个体、私营等非公有制经济要继续鼓励、引导，使之健康发展；第三，公有制实现形式可以而且应当多样化，“一切反映社会化生产规律的经营方式和组织形式都可以大胆利用。要努力寻找能够极大促进生产力发展的公有制实现形式。”① 这意味着不再坚持国有经济比重占绝对多数，不再坚持国有企业必须是国家拥有全部产权。

“抓大放小”真正的难题是“抓大”。相对于当时世界上其他大型企业，我国国有企业规模小，缺乏具备国际竞争力的大型企业集团。

---

① 江泽民：“高举邓小平理论伟大旗帜，把建设有中国特色社会主义事业全面推向二十一世纪”，《人民日报》1997年9月22日。

即使是当时最大的东风汽车集团，1994 年销售额 300 亿元，约合 37 亿美元，而美国最大的通用汽车公司 1993 年销售额为 1336.2 亿美元，相当于东风汽车集团 1994 年销售额的 36.1 倍。

十四届三中全会提出要建立现代企业制度，1994 年国务院决定选取 100 家国有大中型企业进行公司制改革的试点。1996 年，建立现代企业制度试点企业已遍及全国 31 个省、自治区、直辖市，试点企业个数达 2343 家。实行改制的公司中，71%成立了董事会，63%成立了监事会，33%已成立了股东会。公司的法人治理结构初步形成。

经过“抓大放小”、债转股、减员增效等一系列改革措施，根据《关于 2000 年国有及国有控股工业企业扭亏为盈情况的通报》，到 2000 年，全国国有控股工业企业实现利润恢复到 2392 亿元，盈利企业盈利额增长 62%，亏损企业亏损额下降了 26.7%。包括纺织行业在内的五个重点行业整体扭亏，亏损户降至 1800 户，脱困率 72.7%。

2002 年 11 月，党的十六大报告指出：“国有企业是我国国民经济的支柱。要深化国有企业改革，进一步探索公有制特别是国有制的多种有效实现形式，大力推进企业的体制、技术和管理创新。除极少数必须由国家独资经营的企业外，积极推行股份制，发展混合所有制经济。实行投资主体多元化，重要的企业由国家控股。按照现代企业制度的要求，国有大中型企业继续实行规范的公司制改革，完善法人治理结构。推进垄断行业改革，积极引入竞争机制。通过市场和政策引导，发展具有国际竞争力的大公司大企业集团。进一步放开搞活国有中小企业。”

这一时期，国有企业面临的问题本质上是工业企业面临的问题，通过改革，工业企业、国有企业以退为进，以破产兼并、人员分流，换来了产能出清、扭亏为盈，以规模的收缩换来了盈利的改善，抓大放小，提质增效。

（三）第三阶段：产权改革，转型升级

2003 年后，国有企业迎来了第二个黄金时代。一方面，“抓大放小”“减员增效”的改革减轻了国企包袱，令其得以轻装前行。另一方面，2000 年后，中国经济发展逐渐步入重化工业阶段，产业结构重心从轻纺工业转向重化工业，对煤炭、石油、电力、钢铁等资源品和机械、电子、交运等设备的需求激增，国有企业在这些行业中依然占据主导地位，也随之迎来了重大机遇。

2003 年 3 月，国务院国资委正式成立。国资委成立的主要目的是从原来的“九龙治水”变成“一龙治水”，原来几个部门分割行使的职能收归国资委统一行使，十六大报告中将国资委的权力界定为“管人、管事、管资产”，并公布实施《企业国有资产监督管理暂行条例》予以法律上的确立。我国奉行 20 多年的“国家所有，分级管理”的国资管理体制被“国家所有，分级产权”的新体制取而代之。国资委是在国务院授权下代表国家履行出资人职责的主体，国资委与企业的关系是出资人与企业法人的关系，其拥有的是所有权与财产权的关系。

2005 年 4 月 29 日，为了消除原有流通股与非流通股“同股不同权”的问题，股权分置改革工作正式启动。股权分置改革要求股权必须多元化，从中央企业到地方国有企业，消除上市公司非流通股和流

通股的制度差异，当作为非流通股的国有股与民营资本持有的流通股的制度差异消除，才能形成各类股东在公司治理中的共同利益基础，进一步完善上市公司治理结构，提高上市公司核心竞争力。同时，也十分强调国有控股上市公司的控股股东所确定的最低持股比例，最低持股比例除了要根据企业的实际情况进行确定外，还要按照规定的程序及时报国有资产监督管理机构审核，与上市公司股权分置改革方案一并披露。此时可以看出，政府对于股权分置改革中国有资产的“进退”问题是比较谨慎的，提出要“有进有退、有所为有所不为”的方针。

截至 2006 年 10 月，在中央企业控股的 187 家上市公司中，已有 152 家完成或启动了股权分置改革，股权多元化进程正在提速。截至 2016 年 12 月 31 日，沪深两市上市公司共有 2573 家公告减持，累计公告减持股数为 1302.85 亿股，占累计解禁限售股的比例为 4.74%，累计减持市值为 17091.26 亿元，占累计解禁限售股市值的比例为 6.40%。

进入 21 世纪后，公司治理问题依然突出，国有企业的激励机制逐渐转入到产权的变革。以管理层收购（Management Buy-Outs，MBO）方式为主的私有化改革开始进入国有企业。2002 年底，中国市县一级的 16 万家国有企业大多数都通过管理层收购方式私有化完毕，剩下的只是几千家地方和中央直接管理的大型国有企业。MBO 开始从中小国有企业向大型国有企业蔓延。对大型国企的改革首先是剥离外围资产，又名“主辅分离”。比如青岛海信集团将其所拥有的海信大酒店卖给了洁神洗涤公司，更名为洁神大酒店，海信购物广场则实现了管理层收购，海信集团的股份由 33% 降为 3%。2003 年，全国各地在国家发改委的部署下，开始了国企产权改革的最后冲刺。在这一年，西安市宣布先出售资产总额为 80 亿元的 60 家国企，下一步将挂牌出售 500 亿元的市属国有工业企业资产。重庆市加紧起草《重庆市产权交易管理办法》，准备用 3 至 5 年的时间将 1000 亿元国有资产全部变现。深圳市在 2002 年 8 月对 5 家大型国有企业成功实现国际招标后，2003 年又推出第二批约 50 家国企进行国际招标。①

不管是股权分置改革还是 MBO，不管是积极响应还是颇有争议，这十年来，国企对内产权改革、对外扩大开放、引入市场竞争等举措已经使得市场经济主体向多元化发展，国有企业已基本转变为现代企业，激励机制逐步搭建，运行效率提升，并成为推动我国经济发展、提升社会福利、扩大国际影响力的支柱。

（四）第四阶段："混"资本，"改"机制

2013 年 11 月 12 日，中共十八届三中全会通过了《中共中央关于全面深化改革若干重大问题的决定》（简称《决定》），《决定》第六点指明了混合所有制改革的主要形式，即国企入股民企，民企入股国企，国企员工持股。原文为："积极发展混合所有制经济。国有资本、集体资本、非公有资本等交叉持股、相互融合的混合所有制经济，是基本经济制度的重要实现形式，有利于国有资本放大功能、保值增值、提高竞争力，有利于各种所有制资本取长补短、相互促进、共同发展。

① 仲大军："中国的 MBO 为何触犯众怒"，搜狐财经，2004 年 11 月 20 日。

允许更多国有经济和其他所有制经济发展成为混合所有制经济。国有资本投资项目允许非国有资本参股。允许混合所有制经济实行企业员工持股，形成资本所有者和劳动者利益共同体。”

2015年8月24日，中共中央、国务院印发了《关于深化国有企业改革的指导意见》（简称《指导意见》），这也是新一轮国企混改中具有顶层设计意义的文件。《指导意见》共分8章30条，从改革的总体要求到分类推进国有企业改革、完善现代企业制度和国有资产管理体制、发展混合所有制经济、强化监督防止国有资产流失、加强和改进党对国有企业的领导、为国有企业改革创造良好环境条件等方面，全面提出了新时期国有企业改革的目标任务和重大举措。

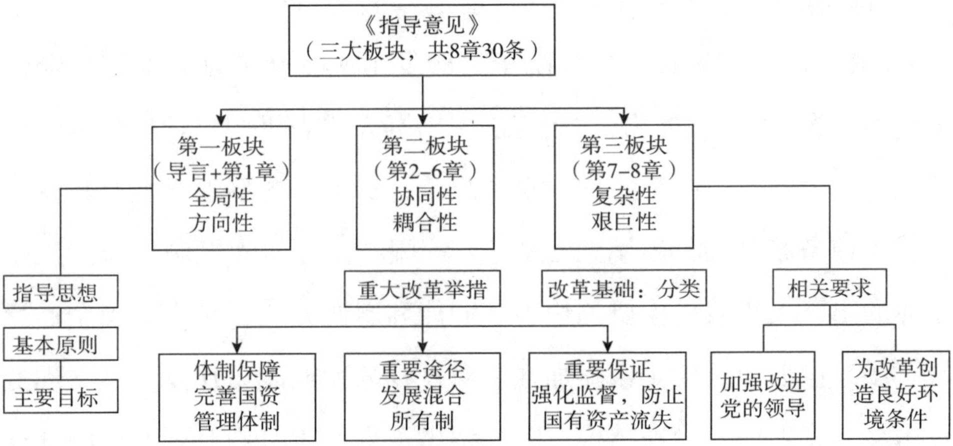

图1-2 《指导意见》框架示意图

2018年3月，国务院国有企业改革领导小组办公室选取了百家中央企业子企业和百家地方国有骨干企业，简称“双百企业”，在2018～2020年期间实施“国企改革双百行动”。双百企业的遴选标准有三条，第一是要主业突出，资产具备一定规模，在业内有较强的代表性；第二要有比较大的发展潜力；第三要有比较强的改革意愿，尤其是企业的主要负责人，要有意愿带领企业在改革重点领域和关键环节率先取得突破。国资委要求入围“双百行动”的企业要实现“五大突破、一个坚持”，即在混合所有制改革、法人治理结构、市场化经营机制、激励机制以及历史遗留问题方面实现突破，同时要坚持党的领导。

2018 年 10 月 10 日，国务院国有企业改革领导小组组长刘鹤主持召开了全国国有企业改革座谈会。在会上，刘鹤明确提出了国企改革“伤其十指不如断其一指”，要从战略高度认识新时代深化国有企业改革的中心地位，要充分认识增强微观市场主体活力的极端重要性，扎实推进国有企业改革，大胆务实向前走。

2019 年 4 月 28 日，国务院正式印发了《改革国有资本授权经营体制方案》，方案中提出，“制定出台出资人代表机构监管权力责任清单，清单以外事项由企业依法自主决策，清单以内事项要大幅减少审批或事前备案”，放权力度之大可见一斑。该方案既强调了作为授权主体的出资人代表机构要加快转变职能和履职方式，减少对国企的行政干预，也强调授权对象要加强针对授权的行权能力建设，建立规范董事会，完善法人治理结构；既强调出资人代表机构对企业要明晰权责边界，加大授权放权，也强调了国有资产监管体系的建设，以及企业响应国资监管的自身制度建设。至此，以管资本为主的国企改革顶层设计方案终于实锤落地，国企授权经营管理正式进入全面实施阶段。

到 2019 年 7 月底，经国资委统计，已有 91 户“双百企业”（占比 23.1%）在企业本级层面开展了股权多元化改革，113 户“双百企业”

（占比 28.68%）在企业本级层面开展了“混改”，228 户“双百企业”（占比 57.87%）在所属各级子企业层面开展了“混改”，共涉及 3466 户子企业。“双百企业”在本级和各级子企业通过“混改”共引入非国有资本 5384 亿元。

为了在现有成就的基础上，进一步解决改革中遇到的切实困难，2019 年 8 月 2 日，国务院国有企业改革领导小组办公室印发了《关于支持鼓励“双百企业”进一步加大改革创新力度有关事项的通知》，就“双百企业”推进综合性改革过程中遇到的一些共性问题，明确提出了九条有针对性、操作性的政策措施。“双百九条”的出台，更有助于“双百企业”打通堵点、解决难题。

2019 年 11 月 8 日，国务院国资委结合央企混改实践，发布了《中央企业混合所有制改革操作指引》，这也是国资委首次明确国企混改流程，可以说是“手把手”教改革。在《操作指引》中，明确提出，国企改革不仅仅是“混资本”，更重要的是“改机制”。在“混资本”相关环节，指引明确了资产审计评估、通过产权市场实施混改和通过股票市场实施混改等方面工作的操作要点，并重点对混合所有制企业公司治理和管控方式、三项制度改革、激励约束机制等“改机制”相关环节的操作做出了安排。

国企改革四十年，沧桑巨变中，变的是陈旧的体制机制，不变的是国有企业对国家、对社会的责任和使命。国企改革不是一蹴而就的简单规划，在“1+N”政策体系的引导下，尚有许多难点亟待解决，有许多任务正在落实。刘鹤副总理说，“一个行动胜过一打纲领”，国企改革，正在“砥砺进行时”。

二、“1+N”政策体系的后续

（一）“1+N”政策体系仍在不断完善

《中共中央国务院关于深化国有企业改革的指导意见》就是国企改革“1+N”政策体系中起到顶层设计作用的“1”。五年来，党中央、国务院配合该《指导意见》，出台了几十个配套文件，补充了“1+N”政策体系中的“N”，形成了顶层设计和四梁八柱的大框架。

从国企改革“1+N”政策体系来看，在代表“1”的《关于深化国有企业改革的指导意见》中，重点提出了三个方面的改革举措：首先，是国企改革的重要途径，也就是发展混合所有制；其次，是国企改革的体制保障，也就是完善国资管理体制，建立和完善现代企业制度；最后，是国企改革的重要保证，也就是强化监督，防止改革过程中的国有资产流失。而自2014年至今的所有国企改革的指导性文件，也都是在这三层意思的框架下出台的。

《指导意见》作为新一轮国企改革的纲领性文件，有非常多的新意和亮点，提出了高屋建瓴的指导性观点。比如，在《指导意见》的第一章“总体要求”部分，明确提出要“做强做优做大国有企业，不断增强国有经济活力、控制力、影响力、抗风险能力”。在“主要目标”

部分，文件再次强调了要“培育一大批具有创新能力和国际竞争力的国有骨干企业，国有经济活力、控制力、影响力、抗风险能力明显增强”。而在国企改革的四个具体目标中，首当其冲的目标就是“发展混合所有制经济”，并延续《决定》，给出了更详细的措施：第一，对于已有的混合所有制国企，关键是完善现代企业制度、提高资本运行效率；第二，鼓励非国有资本投资主体通过出资入股、收购股权、认购可转债、股权置换等多种方式，参与国有企业改制；第三，鼓励国有资本通过市场化方式，以公共服务、高新技术、生态环保、战略性产业为重点领域，对发展潜力大、成长性强的非国有企业进行股权投资；第四，探索实行混合所有制企业员工持股，优先支持人才、资本和技术要素贡献占比较高的转制科研院所、高新技术企业、科技服务型企业开展员工持股试点。

表 1-1　“1+N”政策体系一览

改革方向	配套政策	发布机构	文号
分类推进国有企业改革	《关于国有企业功能界定与分类的指导意见》	国资委	国资发研究【2015】170 号
	《关于完善中央企业功能分类考核的实施方案》	国资委、财政部	国资发综合【2016】252 号
完善国有资产管理体制	《关于改革和完善国有资产管理体制的若干意见》	国务院	国发【2015】63 号
	《企业国有资产交易监督管理办法》	财政部	财政部令第 32 号
	《关于推动中央企业结构调整与重组的指导意见》	国务院	国办发【2016】56 号
	《中央国有资本经营预算支出管理暂行办法》	财政部	财预【2016】6 号
	《关于加强和改进企业国有资产监督防止国有资产流失的意见》	国务院	国办发【2015】79 号
	《国有企业违规经营投资责任追究办法》	国务院	国办发【2016】63 号

续表

改革方向	配套政策	发布机构	文号
完善国有资产管理体制	《国务院国资委以管资本为主推进职能转变方案》	国务院	国办发【2017】38 号
	《国有企业境外投资财务管理办法》	财政部	财资【2017】24 号
	《国务院关于印发改革国有资本授权经营体制方案的通知》	国务院	国发【2019】9 号
	关于印发《国务院国资委授权放权清单（2019 年版）》的通知	国资委	国资发改革【2019】52 号
完善现代企业制度	《中央管理企业负责人薪酬制度改革方案》	中共中央办公厅	中发【2014】12 号
	《关于印发加快剥离国有企业办社会职能和解决历史遗留问题工作方案的通知》	国务院	国发【2016】19 号
	《关于进一步完善国有企业法人治理结构的指导意见》	国务院办公厅	国办发【2017】36 号
	《中央企业主要负责人履行推进法制建设第一责任人规定》	国资委	国资党发法规【2017】8 号
	《中央企业公司制改革工作实施方案》	国务院	国办发【2017】69 号
	《国务院关于改革国有企业工资决定机制的意见》	国务院	国发【2018】16 号
	《中央企业工资总额管理办法》	国资委	国资委令第 39 号
	《中央企业负责人经营业绩考核办法》	国资委	国资委令第 40 号
发展混合所有制经济	《国务院关于国有企业发展混合所有制经济的意见》	国务院	国发【2015】54 号
	《关于鼓励和规范国有企业投资项目引入非国有资本的指导意见》	发改委	发改经体【2015】2423 号
	《关于国有控股混合所有制企业开展员工持股试点的意见》	国资委	国资发改革【2016】133 号
	《国有科技型企业股权和分红激励暂行办法》	财政部、科技部、国务院国资委	财资【2016】4 号
	《关于做好中央科技型企业股权和分红激励工作的通知》	国资委	国资发分配【2016】274 号
加强党对国有企业的领导	《关于在深化国有企业改革中坚持党的领导加强党的建设的若干意见》	国务院	国发【2015】44 号

2019年是国企改革的攻坚年。国资委和中央企业认真贯彻落实党中央国务院的决策部署，深入推进各项改革措施落地执行，先后出台了国务院国资委授权放权清单（2019年版）、双百九条、《上海市开展区域性国资国企综合改革试验的实施方案》《中央企业混合所有制改革操作指引》等重量级文件，对于国企改革表现出强有力的支持与推动。而此次国企改革，正是在混合所有制改革的前提下，引入民营经济，完善法人治理，强化正向激励，提高国企发展质量与管理水平，最终实现国有企业的做大做强。

表1-2　　2019年重点政策及主要内容一览

政策文件	印发时间	主要内容
国务院关于印发《改革国有资本授权经营体制方案的通知》（国发【2019】9号）	2019.04	对改革国有资本授权经营体制做出部署和安排，是认真贯彻以管资本为主加强国有资产监管，切实转变出资人代表机构职能和履职方式，打造充满生机活力的现代国有企业的重要举措。明确了五方面重点改革举措
国务院国资委《关于印发〈国务院国资委授权放权清单（2019年版）〉的通知》（国资发改革【2019】52号）	2019.06	针对各类国企明确了5大类35项授权放权事项。明确集团公司要对所属企业同步开展授权放权，做到层层“松绑”，全面激发各层级企业活力。“加大授权放权，激发微观主体活力”，国有资本授权经营体制改革取得新突破
国务院国资委印发《关于做好中央企业违规经营投资责任追究工作体系建设有关事项的通知》（国资发监督二【2019】43号）	2019.06	各中央企业进一步提高对责任追究工作重要性的认识，深入推进组织体系建设，持续完善责任追究制度体系，扎实做好违规问题线索查处，结合实际，研究加强基金投资、混合所有制等新业态领域的责任追究工作，不断健全以追责促发展的长效机制
国务院国有企业改革领导小组办公室印发《关于支持鼓励“双百企业”进一步加大改革创新力度有关事项的通知》（国资改办【2019】302号，“双百九条”）	2019.08	“双百企业”可以综合运用国有控股上市公司股权激励、国有科技型企业股权和分红激励、国有控股混合所有制企业员工持股等中长期激励政策，不受试点名额限制。针对探索创新和容错纠错问题，《通知》提出支持鼓励“双百企业”按照“法无禁止即可为”的改革精神，主动探索、锐意创新

续表

政策文件	印发时间	主要内容
《中共中央国务院关于支持深圳建设中国特色社会主义先行示范区的意见》中关于国企改革的内容	2019.08	坚持社会主义市场经济改革方向，探索完善产权制度，依法有效保护各种所有制经济组织和公民财产权。支持深圳开展区域性国资国企综合改革试验
上海市印发《上海市开展区域性国资国企综合改革试验的实施方案》(沪府规【2019】33号)	2019.09	到2022年，上海市将在国资国企改革发展重要领域和关键环节取得系列成果，建成以管资本为主的国资监管体制，形成符合高质量发展要求的国资布局，建立中国特色现代国有企业制度，充分发挥企业党委领导作用，构建符合市场规律的企业经营机制，基本完成竞争类企业整体上市或核心业务资产上市，将一批企业集团打造成为具有国际影响力或领先国内同行业的知名品牌
国务院国资委印发《中央企业混合所有制改革操作指引》的通知（国资产权【2019】653号）	2019.11	中央企业所属各级子企业通过产权转让、增资扩股、首发上市（IPO）、上市公司资产重组等方式，引入非公有资本、集体资本实施混合所有制改革，相关工作参考本操作指引
国务院国资委印发《关于进一步做好中央企业控股上市公司股权激励工作有关事项的通知》(国资发考分规【2019】102号)	2019.11	股权激励对象应当聚焦核心骨干人才队伍，应当结合企业高质量发展需要、行业竞争特点、关键岗位职责、绩效考核评价等因素综合确定。中央和国资委管理的中央企业负责人不纳入股权激励对象范围
国务院国资委印发《关于加强中央企业内部控制体系建设与监督工作的实施意见》(国资发监督规【2019】101号)	2019.11	对中央企业内控体系建设与监督工作提出规范性要求。从优化内控体系、强化集团管控、完善管理制度以及健全监督评价体系等方面要求中央企业建立健全内控体系，明确央企主要领导人员是内控体系监管工作第一责任人

（二）9号文：国资放权授权的突破

2019年4月28日，国务院正式印发了《改革国有资本授权经营体制方案》(国发【2019】9号，下称“9号文”)，国资授权经营管理正式进入全面实施阶段。根据9号文，“制定出台出资人代表机构监管权力责任清单，清单以外事项由企业依法自主决策，清单以内事项要大幅减少审批或事前备案”，放权力度之大可见一斑。

在9号文中，既强调了作为授权主体的出资人代表机构要加快转变职能和履职方式，减少对国企的行政干预，也强调授权对象要加强针对授权的行权能力建设，建立规范董事会，完善法人治理结构；既强调出资人代表机构对企业要明晰权责边界，加大授权放权，也强调了国有资产监管体系的建设，以及企业响应国资监管的自身制度建设。

9号文总结下来，就是一个核心，四个基本点。“一个核心”，就是要明确出资人代表机构的职责定位，依据股权关系对国家出资企业开展授权放权。“四个基本点”，第一是明确国企分类管理，对不同类型的企业给予不同范围不同程度的授权放权；第二是完善公司治理体系，强化基础管理，确保授权放权能接得住，行得稳；第三是完善监督监管体系，不能只放不管，坚决防止国有资产流失；第四是坚持党的全面领导，同党中央保持高度一致，为改革提供坚强有力的政治保证。

最终我们要实现的目的，就在于“切实保障国有资本规范有序运行，促进国有资本做强做优做大，不断增强国有经济活力、控制力、影响力和抗风险能力，培育具有全球竞争力的世界一流企业”。

（三）授权放权清单：9号文的进一步落地

2019年6月3日，国务院国资委印发了《国务院国资委授权放权清单（2019年版）》（下称“《清单》”），要求各地国资委按照9号文的要求，结合实际积极推进本地区国有资本授权经营体制改革，制定授权放权清单，赋予企业更多自主权，促进激发微观主体活力与管住管好国有资本有机结合。

《清单》重点选取了5大类、35项授权放权事项，包括规划投资与主业管理（8项）；产权管理（12项）；选人用人（2项）；企业负责人薪酬管理、工资总额管理与中长期激励（10项）；重大财务事项管理（3项）等。

2017年国务院办公厅转发了《国务院国资委以管资本为主推进职能转变方案》（国办发【2017】38号），提出精简43项监管事项；2018年国资委出台了《国务院国资委出资人监管权力和责任清单（试行）》（国资发法规【2018】25号），明确了9大类36项权责事项。国务院国资委有关负责人表示，2019出台的授权放权清单主要亮点可以概括为“3个更加”——

一是更加明确相关条件和程序，确保授权放权落实落地。《清单》的每项授权都务求条件明确、程序细化、权责清晰，确保授权放权在实际工作中能够操作，切实把授权放权真正落下去。比如，《清单》全面取消了事前备案的程序，要求在实践过程中，除干部管理外，不能再有“事前备案”“事前沟通一致”“备案同意后实施”的情形。

二是更加聚焦企业的重点关切，确保授权放权激发活力。对于具体授权放权事项，确保《清单》能够直接回应企业的诉求，增强企业的获得感，进一步激发微观主体活力和内生动力。其中一些权利事项虽在其他文件中已有体现，但《清单》作了强化，有的在授权对象上进行了拓展，有的在程序方面予以细化，有的体现了鲜明的支持态度，便于企业落实。

三是更加强化分类授权，确保授权放权精准到位。《清单》提出的授权放权事项，并不是“一揽子”“一刀切”地直接授予各中央企业，而是根据各中央企业的功能定位、发展阶段、行业特点等实际，将授权事项分为四种类型，包括适用于各中央企业的授权放权事项21项；适用于各类综合改革试点企业的授权放权事项4项；适用于国有资本投资、运营公司试点企业的授权放权事项6项；适用于少数特定企业的授权放权事项4项。

整体来看，《清单》的出台标志着落实国有资本授权经营体制改革迈出了重要步伐，也充分证明，国企改革的号角已经吹响，这是一场必须胜利的改革。

（四）双百九条：双百企业的冲锋号

2019年8月2日，国务院国有企业改革领导小组办公室印发了《关于支持鼓励“双百企业”进一步加大改革创新力度有关事项的通知》（以下简称《通知》），就“双百企业”推进综合性改革过程中遇到的一些共性问题，明确提出了九条有针对性、操作性的政策措施，也被称为“双百九条”。

《通知》是国企改革尤其是“双百企业”的冲锋号，针对相当部分“双百企业”存在“不想改、不敢改、不会改”的情况，强化问题导向，针对“双百企业”在推进综合性改革过程中遇到的共性问题，通过落实国务院国有企业改革领导小组关于强化激励、着力激发企业微观主体活力的有关工作要求，提出抓改革落实、鼓励探索创新的具体措施。

首先，针对审批程序问题，提出商业一类“双百企业”混改方案由中央企业审批；商业二类“双百企业”混改方案由中央企业审核报国资委批准；地方“双百企业”混改方案按照各地国有资产监管相关政策执行。

其次，针对授权放权问题，提出“一企一策”确定授权放权事项；充分落实“双百企业”董事会对企业中长期发展的决策权、经理层成员选聘权、经理层成员业绩考核和薪酬分配权、职工工资分配权等权利，充分保障经理层经营自主权。

第三，针对市场化用人机制问题，提出全面推行经理层成员任期制和契约化管理；支持鼓励“双百企业”按照“市场化选聘、契约化管理、差异化薪酬、市场化退出”原则，加快建立职业经理人制度，对市场化选聘的职业经理人实行市场化薪酬分配机制，并采取多种方式探索完善中长期激励机制。

第四，针对工资总额管理问题，提出对“双百企业”及所出资企业实施更加灵活高效的工资总额管理方式，“双百企业”依法依规自主决定内部薪酬分配。对商业一类和规范达标的商业二类“双百企业”，实行工资总额预算备案制管理；对存在周期性明显等特殊情况的“双百企业”，实施工资总额预算周期制管理。

第五，针对中长期激励问题，《通知》要求各中央企业和地方国资委要指导推动“双百企业”综合运用好各种正向激励政策和工具，坚持短期与中长期相结合，坚持结合实际、能用尽用，建立健全多层次、系统化的正向激励体系。“双百企业”可以综合运用国有控股上市公司股权激励、国有科技型企业股权和分红激励、国有控股混合所有制企业员工持股等中长期激励政策，不受试点名额限制。实施各种形式股权激励的实际收益水平，不与员工个人薪酬总水平挂钩，不纳入本企业工资总额基数。

第六，针对加强党的领导和党的建设问题，提出明确党委（党组）在决策、执行、监督各环节的权责和工作方式，使“双百企业”党委（党组）发挥领导作用制度化、规范化、具体化，确保“双百企业”党委（党组）把方向、管大局、保落实。

第七，针对探索创新和容错纠错问题，提出支持鼓励“双百企业”按照“法无禁止即可为”的改革精神，主动探索、锐意创新。综合分析、大胆容错，切实为敢于担当的干部撑腰鼓劲。鼓励各级国资委建立健全符合本企业、本地区特点的改革容错纠错机制。

（五）央企混改操作指引：混资本 + 改机制

2019 年 10 月 31 日，国务院国资委发布了《中央企业混合所有制改革操作指引》，明确了央企混改基本操作流程、“混资本”和“改机制”相关环节操作要点。中央企业所属各级子企业通过产权转让、增资扩股、首发上市（IPO）、上市公司资产重组等方式，引入非公有资本、集体资本实施混合所有制改革，相关工作参考该操作指引。

《操作指引》重点聚焦在以下三个方面。

首先，是规范混合所有制改革操作流程。中央企业混合所有制改革一般应履行可行性研究、制定混合所有制改革方案、履行决策审批程序、开展审计评估、引进非公资本投资者、推进企业运营机制改革等基本流程。

其次，是明确通过市场化方式“混资本”。明确拟混改企业要合理确定投资人的遴选方式，通过产权市场、股票市场等公开、公平、公正的实施混合所有制改革。投资人遴选过程中，对战略投资人主要关注与企业发展战略、经营目标、主营业务等方面的匹配和协同情况，对财务投资人主要关注资金实力和财务状况等。

最后，是强调要推动国有企业“改机制”。包括完善公司法人治理结构和管控方式、深化三项制度改革、灵活用好多种激励约束机制和加强党的建设，明确相关工作的重点内容、有关规定和指导原则。鼓励混合所有制企业综合运用国有控股混合所有制企业员工持股、国有控股上市公司股权激励、国有科技型企业股权和分红激励等中长期激励政策，探索超额利润分享、项目跟投、虚拟股权等中长期激励方式。

《操作指引》的出台，为中央企业开展混合所有制改革提供了系统的操作指南，有利于中央企业规范混合所有制改革工作流程，深化混合所有制改革内涵，以“混资本”促进“改机制”，切实提高中央企业竞争力、创新力、控制力、影响力和抗风险能力，夯实社会主义基本经济制度的微观基础。

三、再探深水区：五突破与一加强

（一）国企现状：期待体制与技术的双创新

在 2020 年 1 月 15 日举行的国新办发布会上，国务院国资委秘书长、新闻发言人彭华岗公布了中央企业 2019 年成绩单。2019 年，央企累计实现营业收入 30.8 万亿元，同比增长 5.6%；营业收入利润率为 6.1%，同比提升 0.1 个百分点；累计实现净利润 1.3 万亿元，同比增长 10.8%。

根据财政部发布的全国国有及国有控股企业经济运行情况显示，2019 年，国有企业实现营业总收入 62.5 万亿元，同比增长 6.9%；实现利润总额 3.5 万亿元，同比增长 4.7%。

虽然国有企业收入及利润总额仍在上涨，但更值得关注的是，增速却有所下降。从 2010 年至今的十年间，从国有企业总收入的增速情况来看，2014 ~ 2016 三年受经济影响，增速低于 10%，在连续两年高速增长后，2019 年再次回到 10% 以下。而 6.9% 的增速似乎也在暗示，国企迫切需要新的增长点和爆发力。

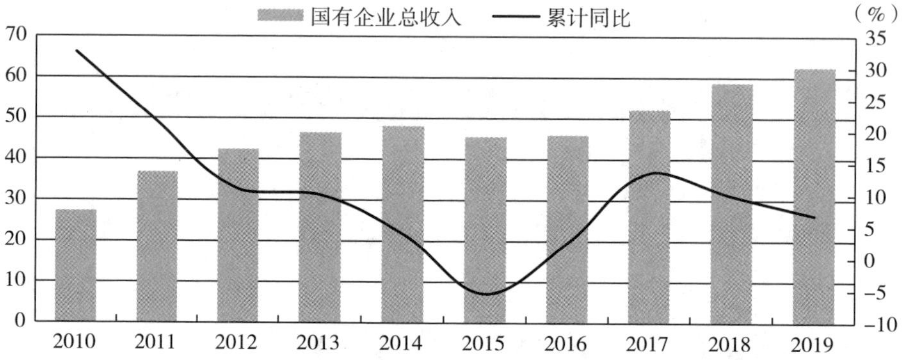

图 1-3　我国国有企业总收入及同比增速（单位：万亿元，%）

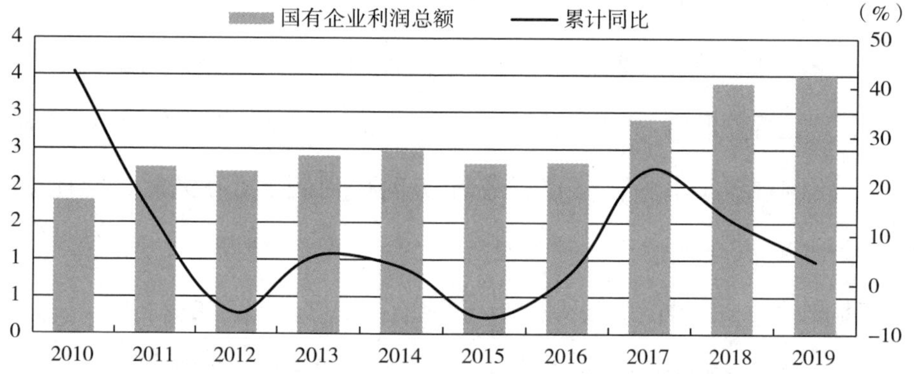

图 1-4　我国国有企业利润总额及同比增长率（单位：万亿元，%）

自 90 年代的国企改革以来，国有企业逐渐集中在产业链上游的资源行业，产业链中下游的制造业和终端消费则逐渐成为民营企业的集中地。我们以上市公司为样本进行统计，截至 2019 年 9 月底，国有企业在采掘、钢铁等上游资源类行业以及公用事业、建筑装饰等重资产行业中的资产占比高达 80% 以上，而在纺织、轻工以及医药、TMT 等行业中的资产比例则较低。

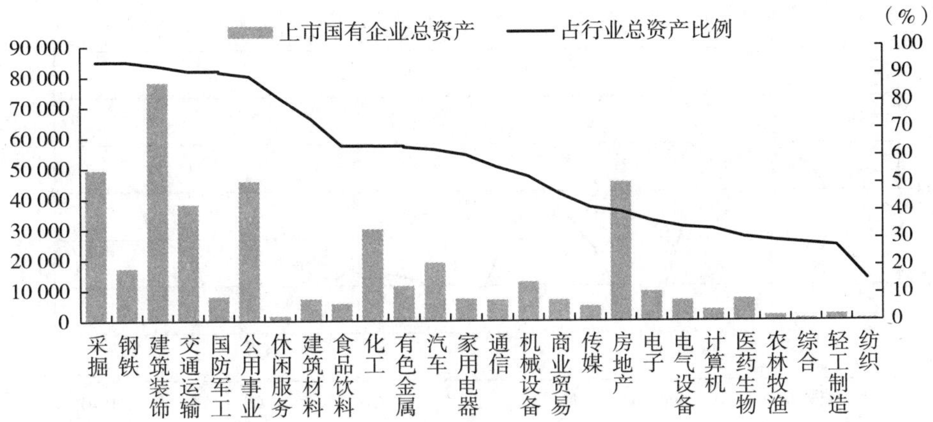

图 1-5 我国国有上市公司总资产及占比(单位:亿元,%)

产业链上企业的组成成分不同，导致了国企和民企的利润率呈现背离趋势。在经济繁荣时期，国企与民企的利润都能获得高速增长。一旦经济增速下降，产业链上的竞争就导致了利润率的背离。比如，当上游产品价格下跌时，国企利润率下降，而民企受益于成本下降，有更多的机会去提升技术实力，利润率反而提高。反之，上游产品价格上升时，国企利润率上升，民企则因成本上升导致竞争力和利润率下降。

我们统计了国有工业企业和私营工业企业的利润率，对比后也可以发现，2008 年之前，国企与民企的利润率均处于上升阶段，而从 2008 年经济危机后，民营企业的利润率迅速攀升，而国有企业的利润率一直位于低位。我们也可以理解为，2008 年经济危机后，集中于产业链下游的民营企业更加灵活，也更注重于技术创新与制度创新的契合，只有不断地提升产品的核心竞争力，才能在经济下滑中保持自身的盈利。而占据上游核心资源的国有企业，在创新方面比民营企业还是落后了一步。

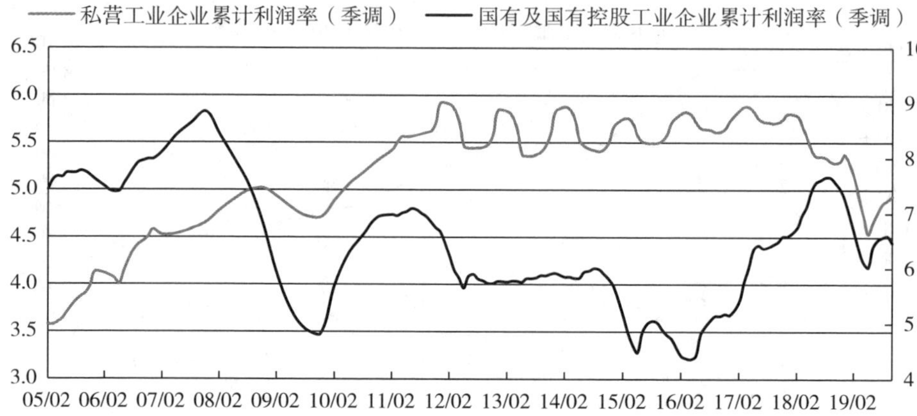

图 1-6　国有工业企业和私营工业企业利润率

因此，国企未来发展的动力就在于技术创新与体制创新的协同发展，要“两手抓，两手都要硬”。只有技术创新，没有完备的体制做承接，创新只是空中楼阁；而只有与时代发展相契合的体制机制，才能促进技术创新走得更坚实，走得更遥远。

（二）难点攻坚：五突破与一加强

2018 年 8 月 17 日上午，国务院国企改革领导小组召开会议，动员国企改革“双百行动”，领导小组办公室主任、国资委主任肖亚庆在会上强调，“双百行动”，不是要再搞一批单项试点，而是要以“1+N”政策体系为指导，以前期各个单项试点成果为支撑，全面拓展和应用改革政策和试点经验，进而形成从“1+N”顶层设计到“十项改革试点”再到“双百行动”梯次展开、纵深推进、全面落实的国有企业改革新局面。

同时，肖亚庆表示，“双百行动”中的企业下一步要聚焦五个突破和一个加强，包括健全企业法人治理结构、完善市场化经营机制、积极稳妥推进股权多元化和混合所有制改革、健全激励约束机制，解决历史遗留问题，以及加强党的领导。

按照会议的精神，国有企业要聚焦“五突破一加强”的目标任务，突出重点、扎实推进，精准发力、狠抓落实。其中最核心的问题在于：即使我们知道在哪些领域、哪些环节寻求突破，但如何去突破，突破的尺度有多大，方式是什么，怎么将突破落地实施？国企改革不是期末考卷那样所有的问题都有标准答案。很多改革的难点是无法在现有的政策和规定中寻找到答案的，真正的解决路径需要在实践中不断探索，认真总结和归纳。

而这也是我们写这本书的初心。希望通过我们多年国企改革的经验与实践，在实现“五突破一加强”的方法路径上提供操作方法，给广大国企干部带来一些思路与启发。

“五突破”，就是要通过股权多元化和混合所有制改革的突破，打造现代企业制度的核心。不管是引入国有资本实现股权多元化，还是通过集体资本、非公有资本等实现混合所有制，其根本目的都是为了促进国有企业转换经营机制，探索形成有别于国有独资公司的治理机制和监管模式。

通过企业法人治理结构的突破，奠定现代国有企业制度的主体。“双百企业”在健全法人治理结构过程中，关键是要规范各类治理主体权责，逐级实现充分、规范、有序的授权放权和行权。各地国资委和各中央企业集团公司，原则上要将董事会对企业中长期发展的决策权、经理层成员业绩考核和薪酬管理权、职工工资分配权、重大财务事项管理权等全部落实到位，并对落实经理层成员选聘权进行差异化的探索实践。

通过市场化经营机制的突破，激发国有企业改革发展的内生活力。相比其他所有制企业，国有企业在市场化经营机制方面确实还有一定差距。增强国有企业活力、建立灵活高效的市场化经营机制，内部三项制度改革十分重要。

通过激励约束机制设计的突破，建立以正向激励制度为主的分配制度。员工持股只是当前国有企业规范实施中长期激励的重要路径和工具之一，“双百企业”要全面综合运用好国有控股上市公司股权激励、国有科技型企业股权和分红激励、国有控股混合所有制企业员工持股等不同的激励路径及相关激励工具。现有的关于员工持股的规范性文件，包括《关于国有控股混合所有制企业开展员工持股试点的意见》（133 号文）和《国有科技型企业股权和分红激励暂行办法》（4 号文），对员工持股范围等内容都有较为明确的规定。

通过解决历史遗留问题上的突破，营造国有企业公平参与竞争的内部环境。国有企业办社会职能的“三供一业”剥离，可以“先移交后改造”。历史遗留问题要按照市场化运行、专业化经营管理等原则，以及政府和国有企业各司其职、合理分担成本等要求，切实减轻企业负担，使国有企业真正成为市场主体、公平参与市场竞争。一些历史欠账的处理要简化程序、提高效率。必要时集体决策，集体担责。

而切实加强党的领导和党的建设，才能牢牢把握国企改革的正确方向。要在公司章程中明确约定党组织的核心地位和领导作用。具体内容要体现党委（党组）在决策、执行、监督各环节的权责和工作方式；界定党委（党组）与其他治理主体的关系。明确党组织研究讨论是董事会、经理层决策重大问题的前置程序。在程序设计上，要做到无缝衔接，确保各司其职、各负其责、运转协调、有效制衡。

（三）三年行动方案：国企改革再出发

2019 年 11 月 12 日，国务院国有企业改革领导小组召开了第三次会议，会议上明确提出，要尽快研究制定“国有企业改革三年行动方案”，明确国企改革的新目标、时间表、路线图。这不仅仅是领导小组的要求，更是广大国企在改革中迫切需要落实的最基本问题。紧接着，在 2019 年 12 月 10 日举行的中央经济工作会议上再次强调，要尽快制定实施国企改革三年行动方案，提升国资国企改革综合成效，优化民营经济发展环境。

国务院国资委秘书长彭华岗在新闻发布会上表示，国资委正在会同有关部门抓紧制定《国企改革三年行动方案》。这个方案起草制定上有如下几方面的考虑。

一是通过三年行动方案的制定实施，更好地贯彻落实党的十九届四中全会新要求新部署。党的十九届四中全会对坚持和完善社会主义基本经济制度作出了新的概括，特别是把按劳分配为主体、多种分配方式并存、社会主义市场经济体制上升到基本经济制度层面，为国资国企改革提出了新的更高的要求。研究制定和实施三年行动方案，也是贯彻落实党的十九届四中全会精神重大部署的积极行动，要把四中全会的一些要求和精神在三年行动方案里面更好地落实。

二是更好地推动国企改革“1+N”政策体系的落实到位。新时代的国企改革更加注重加强顶层设计。这几年国企改革在落实“1+N”政策体系过程中在积极推进。但是，有些政策在落实过程中也存在着不平衡。通过三年行动方案，可以更好地推动相关政策落实落地，按照补短板、强弱项的要求，更好地推动重点难点问题的解决。

三是要更好地总结推广改革过程中涌现出来的先进经验和先进典型。这几年改革，鼓励基层创新，不管是中央企业也好、地方国有企业也好，都探索了很多有益的经验。通过制定实施三年行动方案，可以把提炼出的一些经验和做法上升为改革的政策制度。

三年行动方案是在之前国企改革基础上的升华，是国企改革的再出发。可以预见，随着三年行动方案的实施，国有企业改革的综合效能将进一步得到提升，一些短板和弱项问题将得到有效解决，国有企业的治理体系将更加成熟定型，国有企业将更加具有活力和效率，国有经济竞争力、创新力、控制力、影响力、抗风险能力将进一步加强。

第二章

分类分层推进股权多元化和混合所有制改革

一、分类推进的基本逻辑

二、分层推进的基本逻辑

三、改革过程中的难点突破

一、分类推进的基本逻辑

（一）国民共进，全面改革

2019年底，中国企业改革与发展研究会会长宋志平在参加“2019中国企业改革发展峰会暨成果发布会”时提到，国企改革主要是要做好三个方面的工作：一是突出重点，深化改革；二是以点带面，加快改革；三是国民共进，全面改革。

第一个方面，突出重点，深化改革。从党的十八届三中全会以来，国企改革已经进入到了一个新的阶段。在这个新的阶段，国资委要从“管资产”向“管资本”转变，做好国有资本投资公司和运营公司，同时大力推进国有企业混合所有制改革，以“混资本”促“转机制”，把机制作为激活整个企业微观主体的关键切入点。我们认为，此轮国企改革需要突出的重点，主要集中在两个方面，一是授权放权机制的确认，进一步加大授权力度，建立授权调整机制，探索将部分出资人权利授予试点企业。推动国有资本投资、运营公司进行组织架构调整、管控模式改革，进一步打造市场化运作专业平台，在国有经济战略性重组和布局结构优化中发挥更大作用。二是探索员工中长期激励。包括存量激励和增量激励，设置严格的考核评价标准，体现市场化的要求，实现刚性约束和收入能升能降；综合运用国有控股上市公司股权激励、国有科技型企业股权和分红激励、国有控股混合所有制企业员工持股等不同的激励路径及相关激励工具，建立起风险共担、利益共享的中长期激励机制。

第二个方面，以点带面，加快改革。自从 2018 年双百行动开启以来，“双百企业”在改革上已经率先行动起来。比如，截至 2019 年 7 月，已经有 302 户“双百企业”设立了董事会，211 户国有独资企业中有 94 户实现了董事会中外部董事过半数，“双百企业”董事会获得授权放权事项 2138 项，167 户“双百企业”在企业本级层面推行了经理层成员任期制和契约化管理，137 户“双百企业”在子企业层面开展了职业经理人选聘。现在已经到了总结试点经验，以点带面，全面铺开的阶段了。之前的国企改革是自上而下的，做好顶层设计后，层层落地，接下来的国企改革已经进入到由下而上的阶段，要调动广大国企改革的动力，进一步加快国企改革的速度。

第三个方面，国民共进，全面改革。在改革初期，有不少声音说此次国企改革，又要展开一次“国进民退”的浪潮。毕竟在之前的改革中，的确出现过类似的情况。但在此次改革过程中，中央多次强调，要坚持“两个毫不动摇”，要毫不动摇巩固和发展公有制经济，毫不动摇鼓励、支持、引导非公有制经济发展。不管是“国进民退”，还是“国退民进”，从逻辑和实践上都是行不通的。民营经济与国有经济并不对立，并非发展民营经济就会动摇国有经济的根基，也并非做大做强国有企业就会伤害民营经济的生存环境。我们应该构建一个“国民共进”的社会主义市场经济体制的微观基础，让国有经济与民营经济在不同的领域发挥各自优势，相互促进，共同发展。所以，在22号文中，首先就提到要“分类推进国有企业改革”，在不同的领域内采取适应的改革方式，宜独则独，宜控则控，宜参则参，中国经济的发展既要依靠国有企业，又不能脱离民营经济，双方结合起来，国民共进，才是改革最重要实现的宏伟目标。

（二）分类改革的基本逻辑

一年多来的中美贸易战，美国的理由之一就是声称中国的经济体制是“国家资本主义”，认为中国的社会主义市场经济并不是真正的市场经济，中国是由国家主导的实行保护主义和重商主义的经济体，其主要的依据就是中国实行国有经济，中国政府给予了国有企业过多的产业政策、政府补贴、税收优惠等等。

其实，在发达资本主义国家中，照样有国有企业的身影，曾经还掀起过国有化浪潮。比如在二战之后，为了迅速恢复经济，不少资本主义国家都建立了大批国有企业，遍布国民经济的各个领域。再比如2008年国际金融危机爆发后，西方国家也将大量企业国有化，以应对金融危机带来的经济萧条。在欧洲许多国家，国民经济的基础部门依然以国有企业为主，比如电信、邮政、航空、铁路、供水、供电等基础设施和公有事业，或者钢铁、煤炭、石油以及国防部门。这主要是因为，国有企业有助于弥补市场失灵。在某些资源领域，当发生市场失灵导致的价格畸变时，国有企业更有利于保持价格的稳定，这也是为什么西方国家的基础部门也依然有着国有企业身影的主要原因。

以法国和新加坡为例，其按照企业市场地位或者竞争程度分类。法国将企业分为垄断性国有企业和竞争性国有企业两类，电力、铁路、航空、邮政和电信等都属于垄断性国有企业，加工业、建筑业和服务业中的国有企业则被认为是竞争性国有企业。新加坡将国有企业分为垄断性法定机构和竞争性政府联系公司，经济发展局、电信局、港口、公用事业局等都属于垄断性法定机构，而淡马锡、新科技等四大控股公司及其投资控股的子公司等属于竞争性政府联系公司。

而以芬兰和挪威为代表的是另一种分类方法，按照利益属性和赋予目标进行分类。芬兰将国有企业划分为承担特定任务的国有企业、有战略利益的商业性国有企业和投资者利益为主的纯粹商业性国有企业三类，芬兰电网、芬兰产业投资公司属于承担特定任务的国企，芬兰铁路、航空属于有战略利益的商业性国企，养老金信息服务公司则属于纯粹商业性国企。挪威将国有企业分为执行特殊产业政策国企、兼有商业化和其他特定目标的国企、商业化但总部须在挪威的国企、完全商业化国企四类：机场公司、能源管理公司、国家电网、林业集团等被认为是第一类企业，挪威邮政、国家铁路、国家电力、铁路服务公司被划分为第二类企业，国家石油、海德鲁、挪威电信被划分为第三类企业，北欧航空、国家摇滚乐博物馆等属于完全商业化公司。

而我们的分类方法其实兼而有之，首先参照法国和新加坡的做法，将我国的国有企业分成了商业类国企和公益类国企两个大类。在商业类国企的下面，我们再参照芬兰等国家的方法，将商业类国企分为两类，一类是主业处于充分竞争行业和领域的企业，也就是我们常说的竞争性国有企业，现有的大部分国企应该都属于这一类；另一类是主业处于关系国家安全、国民经济命脉的重要行业和关键领域，或处于自然垄断行业、经营专营业务、承担重大专项任务的企业，也就是我们常说的“处于重要行业和关键领域”的国有企业。

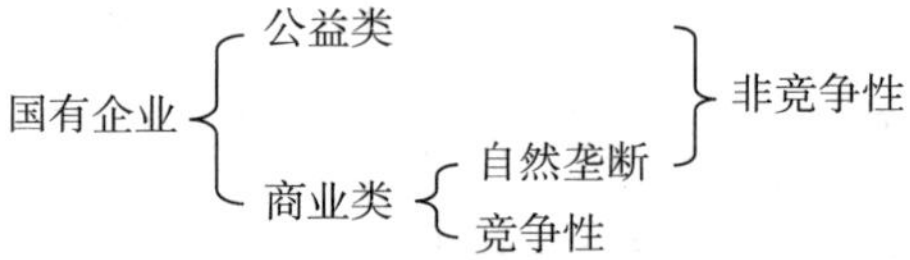

图 2-1　国有企业分类标准

竞争性国有企业追求营利性经营目标，经济效益优先，遵循市场的规则优胜劣汰，这类企业应该以市场为导向，引入社会资本，积极发展混合所有制，促进企业体制机制创新，建立起现代企业制度，打造充满生机活力的市场竞争主体。

处于重要行业和关键领域的国有企业一般包括输电、管道燃气、自来水、铁路运输、水利基础设施建设等，这类国企承担了一定的国家功能，而该功能的实现又要求以企业自身的经营和发展为基础，因此，应该推行以国有控股为主的股权多元化。

公益类国有企业是指以社会效益为导向，以保障民生、提供公共产品和服务为主要目标的企业。此类保障性和公益性较强的企业，要按照市场规则，提高公共服务效率的能力。必要的产品或服务价格可以由政府制定，在企业确保财务收支公开透明，运行有效的前提下，发生政策性亏损时政府给予补贴，因此国家应该保持绝对的控制力，即国有资本绝对控股。

2015 年 12 月 7 日，根据《中共中央国务院关于深化国有企业改革的指导意见》(中发【2015】22 号)有关要求，为了准确界定不同国有企业功能，有针对性地推进国有企业改革，国务院国资委印发了《关于国有企业功能界定与分类的指导意见》，其中提出，“立足国有资本的战略定位和发展目标，结合不同国有企业在经济社会发展中的作用、现状和需要，根据主营业务和核心业务范围，将国有企业界定为商业类和公益类。”同时，将划定分类的权力按照“谁出资谁分类”的原则分配下去，“按照谁出资谁分类的原则，履行出资人职责机构负责制定所出资企业的功能界定与分类方案，报本级人民政府批准；履行出资人职责机构直接监管的企业，根据需要对所出资企业进行功能界定和分类。”

各地政府都根据自身实际情况出台了自己的分类管理办法，比如，四川省国资委在 2016 年 6 月出台了《关于省属企业功能界定与分类监管的指导意见(试行)》，将省属企业总体界定为商业类，具体划分为功能性企业和竞争性企业，其中，功能性企业细分为功能Ⅰ型、功能Ⅱ型；竞争性企业细分为竞争Ⅰ型、竞争Ⅱ型。分类时按照定性分析与定量测算相结合、反映共性与突出个性相结合、相对稳定和动态调整相结合的原则进行。定性分析主要从政府对企业的定位、企业职责、行业特性、业务性质等方面进行，是确定企业属性的主要因素；定量测算以企业近三年财务决算数据为基础，对企业业务板块中功能性业务和竞争性业务的资产总额、营业收入、净利润、从业人员等四项指标占企业对应指标总值的比例进行定量测算，作为确定企业属性的参考因素。

重庆市则是将市属国有重点企业分为了商业一类、商业二类和公益类，并根据企业改革发展情况实施动态调整。其中，商业一类市属国有重点企业以增强国有经济活力、放大国有资本功能、实现国有资产保值增值为主要目标，按照市场化要求实行商业化运作，实现优胜劣汰、有序进退。商业二类市属国有重点企业以保障国民经济运行、承担重大专项任务为主要目标，实现经济效益、社会效益与生态效益的有机统一。公益类市属国有重点企业以保障民生、服务社会、提供公共产品和服务为主要目标，着力提高公共服务效率和能力。

（三）分类改革的具体模式分析

在此，我们以重庆市的分法为例，解读商业一类、商业二类及公益类国有企业各自应采取的混改模式。

1. 商业一类

商业一类国有重点企业以增强国有经济活力、放大国有资本功能、实现国有资产保值增值为主要目标，按照市场化要求实行商业化运作，实现优胜劣汰、有序进退。

商业一类的企业也可以理解为竞争类企业，这类企业所提供的产品也是完全竞争性的产品，原则上这类企业应该完全走向市场，即国有资本从竞争性领域中逐步退出，让国有企业通过产权制度改革成为自主经营、自负盈亏的市场竞争主体。这类国有企业，也是西方国家在谈及我们“国家资本主义”时首先诟病的对象。西方国家认为，由于国有企业往往在政策支持、政府补贴方面享受很多优惠，所以在完全竞争性市场中，享受补贴的国有企业就比同类型的民营企业或外资企业额外获得了优势，存在“与民争利”之类的不当竞争。但其实，只要这类企业不存在行政性垄断，也不存在恶意扰乱市场秩序、地方保护主义之类的行为，国有资本没有必要“一刀切”地完全退出。此次国企改革的任务之一，就是要通过产权明晰、政企分开、科学管理后逐渐使企业成为充分参与市场经营的主体，根据实际情况有选择性地逐渐退出。比如格力的混改，就是珠海市国资委选择性退出的一个非常好的案例。

另外，对于那些效率低下、规模较小、市场竞争度高、市场需求变化快、产业重要性和关联度小，生存很困难，基本靠国家担保和为其埋单的企业，就可以直接通过民营化实现国有资本的退出，比如通过国有股东让出控股地位、股权转让、债转股、兼并重组等多种手段改变国有企业股权结构，优化资产质量，提升企业运营效率。但在国有资本退出的过程中一定要防止低价贱卖，导致国有资产流失，要坚持公开出售原则，避免暗箱操作。

对于商业一类国企进行混合所有制改革的主要目的就是增强国有经济活力，实现国有资本的保值增值。尤其是其中优质的成熟企业，应大力支持通过交叉持股、共同投资、整体上市、兼并收购等方式，借助资本市场力量，迅速做大做强国有资本。对商业一类企业绝不是“一卖了之”，也不是死守着国有股的控制地位，而是要以盈利最大化的方式进行实际的“混改”。

2. 商业二类

商业二类市属国有重点企业以保障国民经济运行、承担重大专项任务为主要目标，实现经济效益、社会效益与生态效益的有机统一，比如电力、电信、铁路、民航、邮政、石油和天然气等。这些行业具有自然垄断特征，一方面是由生产技术的高门槛性质所决定的，另一方面是由行政管制造成的壁垒所决定的。比如，在一定区域同时重复建设网线或管路，显然是不经济的。

商业二类的企业基本是我国的基础产业，或者是处于产业链上游的企业，比如水利、环境和公共设施管理业，交通运输、仓储和邮政业，电力、热力、燃气及水行业等。这类企业一方面要追求利润，另一方面也承担了一定的社会义务。要同时实现这两个目标，就要在通过股份制改革引入多元化投资主体的同时，确保国有资本的控股地位，明晰产权关系，确立法人财产权，尤其需要排除行政性垄断，规范政府与企业之间的关系，完善公司治理结构，优化激励机制，强化市场对公司的约束与激励，提高其经营效率。需要注意的是，虽然国有资本占明显的控制地位，但政府在其中所起到的作用只是产权的代理人，而不是企业的直接经营者，也就是我们反复强调的“政企分开”。

很多央企或地方集团性国企在划分企业类别时，都属于商业二类，都是既要完成利润指标，又承担着部分政府任务。因此我们可以发现，过去央企或地方集团性国企的股份制改造大多在子公司层面，公司总部仍然保留着政府干预度很强的国有独资模式。在此次混改中提出的股权多元化与混合所有制改革，就是不仅对子公司进行改造，对集团总部同样需要进行改革。对于这类企业，我们需要对其进行更细化的分类，对于集团中处于国计民生领域的主业，在混改时依然保持国有资本的控股地位；但对于处在完全竞争领域的辅业，可以采取更积极的混改方式，并不强调国有资本的控股地位，由市场决定产权结构，最终实现从辅业中逐步退出，产业向主业集中，更好地发挥其在国家产业布局中的作用。

另外，要积极引入员工持股制度。在目前国有企业对经营者及员工的激励政策尚不健全的情况下，员工持股对于提高经营者的经营效率及员工的积极性有非常显著的作用。而此次改革中，也反复强调，要加强包括存量激励和增量激励的多种激励手段，设置严格的考核评价标准，体现市场化的要求，实现刚性约束和收入能升能降，建立起风险共担、利益共享的中长期激励机制。

3. 公益类

公益类市属国有重点企业以保障民生、服务社会、提供公共产品和服务为主要目标，着力提高公共服务效率和能力。这类企业提供的产品可分为纯公共产品（如国防、城市道路、街头绿地等不具有竞争性及排他性，社会共同消费的物品），准公共产品（如供水、供电、广播电视、公共交通等需要收费的产品），公益产品（如医疗、教育、社保等）。对于提供纯公共产品的企业而言，由于是社会共同消费的物品，不以盈利为导向，更多的是以完成自身所承载的社会责任为目标，所以对于这类企业，原则上应保持国有独资地位，但在细分环节上，仍有进行混改的空间，比如国防领域的军工产品中，部分中下游产品和服务，可以通过外包的方式引入非国有资本参与生产。对于准公共产品和公益产品而言，可以在保持国有资本控股地位的前提下，引入社会资本，通常应以“加大增量，保持存量”的方式，选择多元化的混改模式。但需要注意的是，公益类企业具有要实现社会目标的任务，这类任务往往都是长期的，比如供水、交通等，投资回报期基本在十年甚至更长时间，因此在混改过程中，国有资本与民营资本间一定是长期的战略合作关系，而不是短期套利的财务投资人，这对于民营资本也提出了更高的要求。

表 2-1　三类国有企业的特征、功能及改革方式

国企类型	企业特征	国企功能	改革方式	典型行业
商业 1 类（盈利性）	市场竞争激烈充分	实现盈利	优胜劣汰，推进所有制改革率先进行改革	房地产、汽车、商贸等
商业 2 类（保障性）	涉及国家经济安全、具备自然垄断特征	保障国家经济安全	破除行政垄断、网运分离、放开竞争，如油气采集业务可垄断，但是管道及终端业务可竞争	铁路、电信、能源、电网等
公益类（公益性）	提供重要公共产品和服务的企业	提供公益性服务，不以盈利为目的	保持国有全资或国有控股，聚焦主业	公共事业、公共交通、军工、航天等

从功能改革的角度总体来看，十八大国企改革有以下三大趋势：其一，推进国有企业向国家安全和国民经济命脉的重要行业及关键领域转移；其二，推进国有企业从竞争行业向公共产品与公共服务领域转移；其三，推进国有企业从传统产业向具有前瞻性、战略性的产业转移。

2019 年，我们在给四川省某市做国企改革调研时，就针对该市

的具体情况，提出“四个坚持”，其中一条就是坚持分类分级推进，要针对市属各级次企业各自的功能定位和基础条件，按照问题导向，一企一策推进混改，“成熟一家，推进一家”，逐步提升混改水平和成果。

在具体操作过程中，我们建议：一是对于市场前景好、技术含量高、经济效益好的竞争类国企，可优先采取引进战投、员工持股等方式，尽快实现整体上市或核心业务资产上市。二是对于功能类和公益类企业，其中功能类业务可通过资产证券化等金融工具实现市场化运作，竞争性业务可采取员工持股等方式，尽快做大做强，实现上市发展。三是对于效益差的短时间无望盈利的充分竞争类企业及低效无效资产，建议放开政策限制，通过挂牌交易等多种方式，尽量减少国有持股比例直至退出国有股份。

（四）分类改革下的国资监管模式

国资委作为国有企业的监管机构，对其职能的表述一般都是从“管资产”为主向“管资本”为主转变，也即国资委今后不再具体干预企业具体的经营活动，而是聚焦于国有资产的保值增值。而对于不同类别的企业，国资监管机构也应当采取不同的监管模式。

比如，对于商业一类国有企业，要与其他非国有资本一样，以提高企业的经济效益为根本宗旨，在市场竞争中不断发展壮大。这类国有企业进行混合所有制改革后，内部要进行公司化的改组，建立现代企业管理制度，将国有企业的所有权和经营权分开，有效解决以前国有企业运行中权利主体不明确的问题。此时，这类混合所有制企业的性质就是真正的市场主体，国资和非国有资本在这个市场主体里的身份就是股东，因此以股东身份享受权利和履行职责，而股东之间的连接就是资本纽带，比如控股、参股等形式形成的股权关系，从而股东成员利益共享、风险共担，平等地行使股权，不能厚此薄彼、有所偏爱。此时国资委对于这类混合所有制企业只履行“管资本”的职能，即只追求利润最大化。①

对于商业二类国有企业，政府的作用是进行合理的价格管制，使其价格定在能够弥补平均总费用的水平上，允许企业获得正常和相对稳定的利润，政府加强监管，保证服务质量。因此国资委通常对垄断性国有企业在“管资本”的同时，兼顾“管资产”。通过管资本来实现国有资本的增值保值，同时，通过管资产来实现超越利润目标的社会目标。

对于公益类国有企业，其公益性是通过政府提供的公共服务来表现的，追求的主要是社会目标，因此国资委对这类企业通常以“管企业”为主，兼顾“管资产”的职能。国资委对公共产品类的国有企业首要目标是满足社会需要，保证必要的公共产品供给，所以原则上来说要“管企业”，但同时也要控制成本和产品质量，尽可能提高公共产品供给的效率，既保证公益类产品的必要供应量，也能保护消费者的利益。比如控制价格和确定的财政补贴数额，价格的控制主要是避免企业利用其垄断地位和定价权损害社会福利。

---

① 中国宏观经济分析与预测课题组：“新时期新国企的新改革思路——国有企业分类改革的逻辑、路径与实施”，《经济理论与经济管理》，2017年第5期。

表 2-2　　分类改革逻辑下的国有企业混合所有制改革

	公益类		商业二类	商业一类
类型	纯公共产品类	准公共共品和公益类	自然垄断类	竞争类
例子	国防	地下水流域与水体资源、海洋资源、牧区、森林、灌溉渠道、公共道路和桥梁、广播电视、农林技术推广、城市的水电供应、公共交通、医疗、教育、社保	水利、环境和公共设施管理业、交通运输、仓储、邮政业、电力、热力、燃气及水行业、电信等	纯私人物品
导向	长期	长期	控制权	流动性
目标	社会目标	社会目标>经济目标	社会目标＝经济目标	经济目标
模式	国有国营，但某些中下游产品和服务不排斥市场机制的混改	国有控股，增量改革，引入战略投资者，长期合作模式；部分可用 PPP 模式	一般国有国控，产权多元化，混改的重点是垄断性国企，对央企集团公司总部进行混改	国有股东可以不用控股，也可以退出，放开所有权
监管	“管企业”为主，兼顾“管资产”		“管资本”为主，兼顾“管资产”	管资本

分类监管可以具体到以下多个方面。

分类推进国有资本布局调整。对商业二类企业，要合理确定主业范围，根据不同行业特点，加大国有资本投入，支持其在服务政府宏观调控、承担政府战略任务和重大专项任务等方面发挥更大作用。对商业一类企业，要支持和鼓励其发展具有竞争优势的产业，优化资源配置和资本投向，加大重组整合力度和研发投入，加快科技和管理创新步伐，培育一批在同行业中具有较强竞争力和影响力的企业；对于没有竞争优势、长期亏损的企业，要推动国有产权流转，实现国有资本有序退出。

分类调整国有企业股权结构。商业二类企业，要保持国有资本控股地位，支持股权多元化。商业一类企业，原则上都要实行股份制改革，积极引入其他国有资本或各类非国有资本实现股权多元化，国有资本可以绝对控股、相对控股或参股，加大改制上市力度，着力推进整体上市。

分类实施企业经营业绩考核。公益类企业，重点考核其管理效能、服务质量和安全保障水平，引入社会评价。商业一类企业，在考核经济效益指标的同时，重点考核企业承担的战略任务和重大专项任务完成情况。商业二类企业，重点考核投资回报、价值创造和国有资本保值增值能力。

分类核定企业负责人薪酬水平。对组织任命和推荐的企业负责人，薪酬结构由基本年薪、绩效年薪和任期激励收入三部分构成。公益类企业以基本年薪和绩效年薪为主，对于商业二类企业，应当以绩效年薪和任期激励收入为主，尤其是中长期激励。

分类加强国资监管重点工作。对商业一类企业，重点加强对国有资本布局的监管，引导企业突出主业，更好地服务于政府重大战略和宏观调控政策。对商业二类企业要坚持以管资本为主加强国有资产监管，重点管好国有资本布局、提高国有资本回报、规范国有资本运作、维护国有资本安全。建立健全监督体制机制，依法依规实施信息公开，严格责任追究，在改革发展中防止国有资产流失。重点加强对集团公司层面的监管，落实和维护董事会依法行使重大决策、选人用人、薪酬分配等权利，保障经理层经营自主权，积极推行职业经理人制度。

二、分层推进的基本逻辑

（一）国企改革的“三三工程”

在《中共中央关于全面深化改革若干重大问题的决定》中，对于国企改革最大的理论创新就是提出“以管资本为主加强国有资产监督”，这是国资监管理念的重大转变。《决定》根据国资监管理念提出一系列国有企业在分类分层改革的新论述，包括根据功能分“三类”、资本分“三层”和国资委监管实现“三个转变”，并称为国企改革与监管的“三三工程”，这意味着国有企业或将进入分类分层改革与监管的新时期。

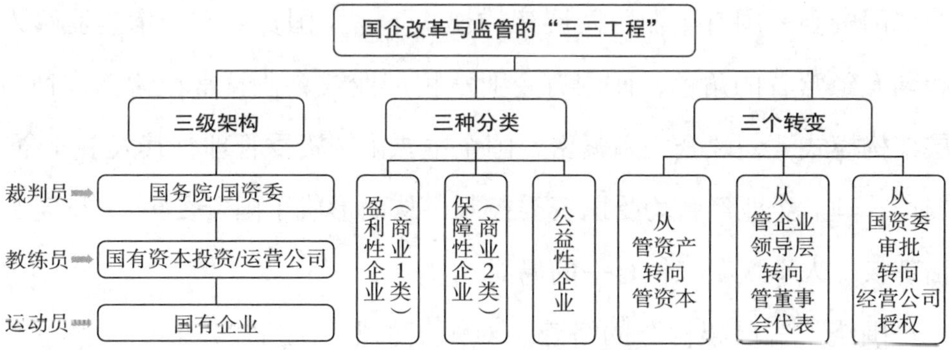

图 2-2　国企改革与监管的“三三工程”

十八大报告对国企改革内容突破了国资委的“三权合一”局面，模仿新加坡的淡马锡，通过成立国有资本投资运营平台，逐渐建立起以资本运作为核心的三层架构管理模式。在这样的模式下，国资委仅仅是出资人，以股东身份存在；设立的国有资本投资运营公司则对下面的企业进行监管，拥有考核与薪酬分配的权利，而企业则掌握自主经营权。

表 2-3　　三层架构的主体、角色及特点

主体	角色	特点
国资委	出资监管人	定规则制度、监督考核国企 组建大国资委，对金融、文化等领域的经营性国有资产实行统一监管，加强上级国资监管机构对下级的指导与监督
国有资本投资/运营公司	国资经营者	具备显著的投资银行特征，主要进行企业重组、兼并、收购、证券发行等业务 促进下属企业提高效益
国有企业	产业或企业日常经营主体	通过生产经营活动实现国有资产的保值和增值 为实现国家调节经济的目标，调和国民经济各个方面的发展

在“三三工程”中，最具亮点的当属“三层架构”的确立，即建立以“管资本”为核心的三层监管模式，实现国资经营主体的转变，即“国资委—国有资本投资运营公司—国有企业”三层架构。在原有的“国资委—国有企业”两层架构模式下，由国资委出资承担监管人和国有经营者的角色，而国有企业承担产业或企业日常经营。这种二层架构模式下，政企关系紧密，国企主要由国资委管理，其人事任命、资产管理、企业经营均受国资委控制，从而形成了国资委集“资产权、治理权、人事权”三权合一的局面。

围绕“三层架构”的搭建，对国资的监管也将实现从“管资产”到“管资本”管理内容的转变、从“工头”到“老板”管理角色的转变，以及从“管理”到“监督”管理职责的转变。具体是指从管企业投资、业务确定、合并重组等资产组合过渡到管总量、管效益、管分

布的资本运营；从管企业领导层过渡到管董事会代表；从管企业实务资产的安全乃至运营过渡到管履行出资人职责机构的监督规则。

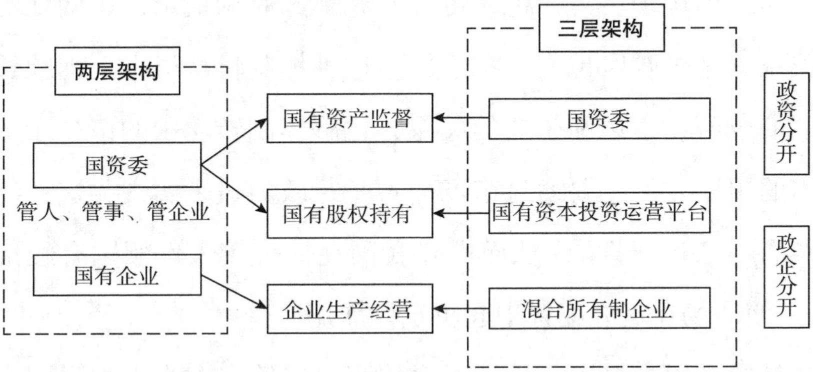

图 2-3　从"两层结构"到"三层结构"

"三层架构"最具有代表性的就是新加坡的淡马锡模式。简单地说，淡马锡模式就是在政府监管机构和国有企业间设置了中间层，即国有资本运营公司。它们不属于政府机关，受政府委托对国有企业进行资本运营管理，政府对该国有资本运营公司享有人事任免权和财务监督权。国有资本运营公司对下属国有企业按照《公司法》管理，履行出资人职能，享受股东的权利和义务。"三级架构"比较好的隔离了企业和政府，使得资产的所有权和经营权相分离，减少了政府的干预，使企业更贴近市场，可以更加灵活地根据市场情况配置资源。但"三层架构"的关键就在于要把握好"中间层"的界限，确定角色位置，明晰权责边界，避免出现放权过多或越权管理的现象。

国资改革的分层推进，更有利于国有资本的布局调整和保值增值，管资本就是改革经营性国有资产的实现形式，由实物形态的国有企业，转向价值形态、可以用财务语言清晰界定、有良好流动性、可以进入市场运作的国有资本。据此可以实现三个目标。

一是国资委层面，政府在“管资本”的体制下，明确自己的“裁判员”而非“运动员”角色，可以站到更超脱的地位，正确处理与市场的关系。这对政府也是一次解放。这种体制将从根本上理顺长期困扰我们的政府、市场和企业的关系，化解体制转轨中的诸多矛盾。国有资本的预期效能主要通过市场而不是行政力量来实现，这就使国有资本具有“亲市场性”，从而保障我国在保持较大份额国有经济的情况下，“使市场在资源配置中起决定性作用”。

二是国有资本投资、运营平台层面，以管资本为主加强国有资产的监管，更加突出了出资人代表的性质，更加突出了国有资本的运作，更加强调从出资人的角度来加强监管。国有资本投资运营平台要依法通过公司章程，通过公司治理，来围绕“管好资本”这四个字落实出资人的职责，不干预具体经营活动，就是不干预企业的法人财产权和经营自主权。

三是混合所有制企业层面，要进行整体的股份制改造，通过混合所有制改革，推动企业建立协调运转、有效制衡的现代公司治理结构，恢复企业在市场经济中的经营主体地位，充分发挥市场配置资源的决定性作用，进一步激发企业活力、创造力和市场竞争力。

（二）股权多元化和混合所有制改革

《中共中央国务院关于深化国有企业改革的指导意见》明确提出：“加大集团层面公司制改革力度，积极引入各类投资者实现股权多元化，大力推动国有企业改制上市，创造条件实现集团公司整体上市。

在实践的过程中，我们发现很多国企领导对于股权多元化和混合所有制的界限不够清晰，经常将股权多元化与混合所有制混为一谈。的确，在国际上，基本用到的都是股权多元化的概念，很少有提到混合所有制。但此轮改革是非常明确的国有企业混合所有制改革，股权多元化的范畴要大于混合所有制，如果只提股权多元化，则是从产权角度上再次模糊了改革的具体路径。

《关于国有企业功能界定与分类的指导意见》指出："引入其他资本实现股权多元化""引入其他国有资本实行股权多元化"。由此可见，股权多元化既包括引入"其他资本"也包括引入"其他国有资本"。股权多元化强调产权构成的多元化、多样性，而不是单一化、唯一性，但并不强调持股方的所有制经济性质，既可以是国有股东间相互持股，也可以是国有、非国有股东间相互持股。混合所有制改革则明确为"国有资本、集体资本、非公有资本等交叉持股、相互融合的混合所有制经济，是基本经济制度的重要实现形式"，强调出资方的不同所有制经济属性，一定是不同所有制资本的交叉持股。

从此意义出发，混合所有制改革的实现过程与股权多元化相比，无论是在实现的形式、内容方面，还是在实现的要求、条件方面，都更为具体、明确和严格。但更应看到的是，两者之间还有很多共同之处，可以互为经验、参考、借鉴和支撑。深化国有企业改革的实践中，更需要把两者统筹兼顾与有机贯通起来，而不应简单分离或者对立起来。

在实际操作过程中，一般集团总部层面，往往采取的都是股权多元化模式。比如2019年7月20日，南航集团宣布正式实施股权多元化改革，广东恒健投资、广州城投、深圳鹏航基金等多个国有资本投资平台以现金方式向南航集团合计增资300亿元。这是首例央企集团层面和地方重大资本的合作。南航集团股权多元化改革之后，将大幅降低资产负债率，为企业发展提供强有力的资金保障。同时，建立现代企业制度，完善董事会决策机制和市场化经营机制，进一步激发企业的发展活力，实现高质量发展，不断向建设世界一流航空运输企业的目标迈进。

任何一项国企改革的任务或举措，一定不是为了改而改的，改革是有方向目标的，是有利益诉求的，更是应以问题为导向的，都要重点回答为什么改革、改革什么以及如何改革等基本问题。股权多元化和混合所有制改革，其缘由就是要进一步推动公有制与市场经济深度融合，不断解放和发展生产力，做强做优做大国有资本。改革什么？就是要着力解决不符合、不适应生产力发展要求的体制和机制障碍，坚持社会主义市场经济发展方向，不断增强国有经济的活力、控制力、影响力和抗风险能力。怎么改革？就是要遵循市场经济规律和企业发展规律，紧紧围绕坚持企业市场主体地位的基本要求，从重要环节、关键领域和重点问题等方面不断取得实质性突破、改进或完善。

（三）分层改革的具体模式分析

2018年，在中央企业、地方国资委负责人的视频会议上，就明确提出了要稳妥推进央企集团层面实施股权多元化，推进主业处于充分竞争行业和领域的商业类国有企业开展混合所有制改革。也就是在此次混改中，除了需要分类改革，还需要分层改革。

对于国有企业而言，分层改革具体可分为三个层面，即在集团层面实现股权多元化，在子公司层面有序推行混合所有制，在三级及以下公司层面鼓励民营控股。

首先，对于集团公司而言，尤其是央企及地方集团公司，往往都是有比较强竞争力的大企业集团，并不实际开展业务，更多的是一个企业投资总部或者管理总部，大多为国有独资公司，资产规模大、行业分布广、业务类型差别大、股权定价难度大，某些企业仍然实行“一把手负责制”，主要领导仍然实行任命制，因此在产权和人事等多方面的关系都没有理顺，改革也就相对缓慢与困难。

集团层面的股权多元化和混合所有制改革在选择合作伙伴的时候，是比较慎重的，只能通过个别试点来进行逐步探索。其中，尤其是关系国家安全、国民经济命脉的重要行业和关键领域，主要承担重大专项任务的国有企业集团公司，要引入非国有资本进行混合所有制改革的难度就相对更大，因为其不但对经济和社会可持续发展的影响大，其规模和企业治理也更加复杂。因此，在企业集团层面进行改革时，我们更建议引入其他国有资本，比如央企引入地方国有资本，省属企业引入央企等，通过股权多元化来实现改革的最终目标。但也有部分集团公司，旗下业务是完全市场竞争的，比如格力集团，那么政策依然鼓励这类企业通过整体上市、并购重组、发行可转债等方式，逐步调整国有股权比例，积极引入各类投资者，实现股权结构多元化和混合所有制改革。

对于子公司层面，往往主营业务相对比较明确，经营也比较规范，甚至很多都已经成功上市，对这些层级的公司进行混合所有制改革就要切实改善国有股“一股独大”的问题。国有股一股独大就是指在企业的股权结构中，国有股占比过高，导致其他非国有资本很难享有实质性的话语权，这会成为引入民资时的障碍，对于国有企业本身也会造成治理缺乏多元股权的有效制衡。所以，目前的国有企业混合制改革大多还在二级及以下的子公司层面。

以中国建材集团的混改为例，其处于充分竞争的建材领域，从分类角度而言，属于适合进行混合所有制改革的领域。但是中国建材集团面临的行业局面是多、乱、散和产能严重过剩，集团直接控制或间接控制的上市公司多达五家，包括以玻璃纤维为主业的中国巨石、以石膏板等新材料为主业的北新建材、以超薄玻璃为主业的洛阳玻璃、以 ITO 导电膜玻璃为主的方兴科技以及以耐火材料为主的瑞泰科技。其中，方兴科技以换股形式收购产业链下游的民营企业；中国巨石则通过引进战略投资者利用社会资本来加大海外业务拓展和对国内生产线进行技术更新；洛阳玻璃与控股股东资产置换后聚焦高端产业，避免同业竞争问题。中国建材集团在改革发展的实践中还开创性地形成了“央企市营”模式，也即中央企业按照现代企业制度的要求，以市场化的运作模式开展经营管理活动。

对于三级及以下企业，则改革的步子可以迈得更大一些，改革的限制可以放得更宽松一些。对于部分优质的充分竞争企业，要借助改革的良机给予它们充分的发展机会，通过混合所有制改革引入业内优质企业，在引入资本的同时，也引入民营企业先进的管理经验和成熟的法人治理结构。对于长期经营困难、发展前途和可持续经营能力堪忧的企业，通过引入民间资本，甚至可能是民营资本控股，实现资源整合与优势互补，改造成非国有资本控股的混合所有制企业。

比如我们 2018 年在给四川某市做国企改革调研方案时，关于分级推进，我们给出的建议就是要针对市属国企的现状，探索推进一级企业混改，稳步推进二级企业混改，优先推进三级企业混改。一级企业以股权多元化为主，优先考虑与央属、省属的行业龙头企业合作，加快做大企业规模，更好发挥战略载体作用。二级企业以引进战略投资者为主，在保证国有股权不低于 51% 的基础上，根据企业具体战略定位，积极引入民营资本，建立协同运转、制衡有效的经营机制，努力支撑一级企业战略功能和国有资本保值增值目标的实现。三级企业以“引战 + 员工持股”模式为主，保证国有股权不低于 34%，并在保持单一大股东和实际控制的基础上，实现三级公司与市场完全融合，打造一批管理效率高、经营效益好的专业化公司，切实提升企业的活力和核心竞争力。

除现有企业外，还可以通过新设公司来完成混合所有制改革，这也是当下混改的重要方式之一，《关于国有企业发展混合所有制经济的意见》中提出：“鼓励国有企业通过投资入股、联合投资、重组等多种方式，与非国有企业进行股权融合、战略合作、资源整合。”因此，联合各类资本，共同出资新设公司实现混合所有制改革是可行的。从操作路径上看，若不以股权出资，则新发起设立混合所有制公司不涉及国有资产产权交易，不需要进场交易。目前来看，新设混合所有制公司普遍落地速度较快。

我们曾为西北某物流公司设计过一套引进战略投资人的方案。该物流公司当时的商业模式是物流仓储商业模式，通过建筑钢材商贸利差模式盈利占比比较小，并不符合业内常态。相对而言，该公司更多的是在做基础赋能，诸如在仓储物流上、资金上、团队上等做出支持，而对下游客户和上游供应商整合上，还需要外部伙伴作为战略投资人参与进来，以促进被投企业实现结构性增长。但是该物流公司在当年的企业改制过程中，因某项资产所用的评估方式不当，留下了一个“硬伤”，为避免国有资产流失，我们建议采用新设公司的方式进行混改。

通过新设公司混改，主要有以下三个优势。

第一，通过新设公司进行混改，在时间上更有效率。由于新设公司属于增量国有资本的活动，不涉及国有资本的变更，所以不用进场交易。如果是各方都用货币资金出资，那么也不必要开展国有资产的评估工作。这两个环节的节省，可以使得混合所有制企业的成立和组建时间大大缩短，也更有利于增强民营资本的信心，按照市场化方式管理和经营企业。

第二，通过新设公司进行混改，更有利于优化资源配置。新设公司的投资金额和股权比例，从一开始就可以通过各方友好协商决定，在给管理团队做员工持股时，“总量”和“个量”也可以设置得更宽泛一些，对民营企业及管理团队更有吸引力。比如引入的某商贸公司和某经贸公司是区域内 H 型钢等型材的重要贸易商和装配式钢构加工企业的材料供应商。两者拥有的行业资源和能力极大提升了新公司的市场竞争力。通过本轮混改扩大了物流公司的钢材经营范围，有助于实现业绩的持续增长，助推企业稳步发展。

第三，通过新设公司进行混改，更容易引入现代企业管理机制。新设公司往往都是零起步，可以从一开始就把原有国有企业的体制机制问题隔离在外，引入非公有制经济发挥其经营机制灵活、企业管理相对市场化的优势，采用精干的组织、高效的文化、市场化的机制，充分增强国有经济的活力、竞争力和抗风险能力。

三、改革过程中的难点突破

（一）引战过程中的关键点

引进战略投资者是目前国企混改的主要途径。战略投资者一般是指国内外专业的行业/财务投资者，其特点在于拥有丰富的投资经验及整合经验，能够在行业、市场、商业模式上给企业提供参考，在资金、管理人才、管理方法、资本市场等方面给企业提供资源，协助被投资企业创造并在资本市场上实现更大的价值。

引入战略投资者对提高国有企业效率和效益有着非常重要的意义。由于历史原因，我国国有企业市场化改革动力不强、经营效率不高，而面对国家经济发展新常态的高要求，国有企业必须考虑离开政府这颗大树，以打开大门迎接市场机制进入的方式提高经营能力。而引入外部战略投资者正是国企市场化建设的重要路径。“外部人”带来的资源与市场压力能促使国有企业提升公司治理水平，达到提高效率和效益的目的。

在国有企业引进战略投资者方面，我们认为，主要有六大挑战。

挑战一：如何将公司的历史和现有资源、机遇和挑战、愿景、发展路径、预备投资的项目等厘清包装，让投资者知晓。主要就是公司战略规划的问题，包括集团层面的规划，子公司层面的规划，业务部门层面的规划，以及未来资本运作的路径。目标企业也要综合考虑自身发展需求，包含战略需求、业务需求、管理需求、竞争需求与资本运作需求。比如某煤业国企在“十三五”规划中提出“以煤为本，相关多元”的发展战略，那么，在混改时就要重点考虑如何发展业务多元化，并引入适当的战略投资者。

挑战二：如何对有意愿的投资者进行筛选，并在接触过程中保证合适的资料披露程度。筛选战略投资者对许多国有企业来说是一件难事。尤其对于一些资质比较优秀的国企而言，在混改的过程中，往往有非常多的民企想要参与进来。比如东航物流，在进行混改时，顺丰、三通一达等知名物流企业都向它抛出了橄榄枝。但最后，基于它制定的 tob 的战略，没有选择以 C 端客户为主的三通一达，而是选择了在 B 端更有优势的德邦物流。所以，在选择投资者时，最重要的是考虑两方面的问题。第一，是上级主管部门的要求，比如上级主管部门是否有相关的政策文件来规定企业引入战略投资者的大致范围和数量，或者是否符合地方性的战略规划；第二，要考虑自身发展诉求，无论是业务上的，还是公司治理层面的，或者市场竞争层面的。比如四川航空集团就以“资本效率化”作为诉求，引入金石租赁、富航基金公司等金融企业作为战略投资者，弥补了四川航空在资本运作方面的不足，促进国有资本流动，加速资金流转。

挑战三：如何应对尽职调查。尽职调查主要是在混改过程中引入的战略投资者对目标企业的资产和负债情况、经营和财务情况、法律关系以及目标企业所面临的机会与潜在的风险进行的一系列调查。调查过程中通常利用管理、财务、税务方面的专业经验与专家资源，形成独立观点，用以评价优劣，作为战略投资方管理层的决策支持。在这个环节，建议目标企业先与第三方做充分的沟通，在尽调团队入场前对自身的经营状况做充分的梳理，以促进混改的快速落地。

挑战四：如何进行交易谈判，除了保证合理的交易价格之外，还要就出资形式、股权结构、治理构架、管理层激励体系、职工安置方案、资本市场战略等达成一致，遴选出最优的投资人或投资人组合。在新一轮国企改革中，这一部分是重中之重。交易价格、股权结构、治理构架、管理层激励体系、职工安置方案，每一项拿出来都大有学问。公司治理和股权结构、员工激励等问题，我们会在接下来的章节中详细分析。在这里只说交易价格的问题，也就是我们常说的估值。估值是国企混改的必要步骤，也是引入战略投资者的基础。对内，估值可以帮助国企厘清自身发展现状和资产规模；对外，是国企确定设计方案的基石。估值过高影响战略投资者进入的积极性，估值过低容易造成国有资产流失。因此，估值部分需要设计方案的咨询公司尽早与第三方估值公司接洽，有利于方案的顺利完成。

挑战五：如何准备各种交易资料。交易资料的准备是贯穿整个国企混改全流程的。比如在前期准备阶段，需要研究、拟定改制思路与业务发展规划，在启动阶段，需要策划、编制并报上级部门预审改制预案，在审议报批阶段，需要审议稿及法律意见书，收尾阶段，需要办理各类手续的法律文件。

挑战六：如何取得国资委等监管当局批准。国企引入战投与民企最大的区别，在于国企引入战投时，混改方案须符合中央、地方政府各类规范性文件的要求。合同、章程等基础文件的制定，合理设置条文条款，构建规范、顺畅的股东合作机制和争议解决机制，切实维护自身合法权益，防范风险。在组建和注册混合所有制企业时，要依据相关法律法规，规范国有资产授权经营和产权交易等行为。受让企业国有产权时，不得向包括标的企业在内的国有及国有控股企业融资，不得以这些企业的国有产权或资产为管理层融资提供保证、抵押、质押、贴现等。

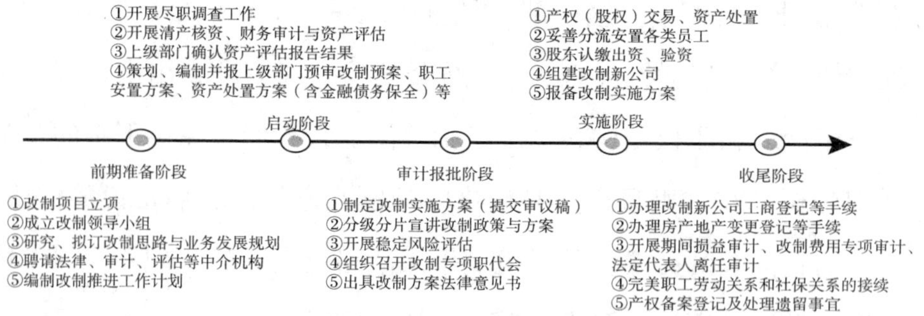

图 2-4　国企混改操作流程

2018 年 5 月 30 日，哈成套所在上海联合交易所发布公告，拟引入 1 ~ 2 家战略投资者，持股比例不超过 23%，同步引入员工持股，比例不超过22%。从我们前述的六大挑战来看，首先哈成套所要解决的，就是厘清自身战略，选择与战略相匹配的投资人。

哈成套所全称哈尔滨电站设备成套设计研究所有限公司，成立于1978年9月，曾为国家机械工业部直属一类研究所，2017年成为国机集团科学技术研究院有限公司全资子公司。哈成套所主要经营范围包括：水、火电站设备成套设计及技术服务与咨询；煤的高效清洁燃烧及环保技术与装备开发应用；高新技术产品研制与电站控制装置设计供货；电站性能保证值考核试验及新型机组全面鉴定试验；电站工程机组调试；电站工程设备监理。经过四十年的建设和不断深化改革，哈成套所已发展成为集"科研、设计、工程"为一体并能提供全价值链一站式电站领域专业化服务的国家级高新技术企业。

哈成套所此次混改的战略需求，是引入行业内具有实力的民营企业，实现企业间进一步全方位、多领域的协同合作，通过资源高效整合，可以助力增量业务协同发展；另外，作为一家老牌国企，面对民营经济灵活的体制机制和创新创业大潮，哈成套所人才流失尤其是核心团队流失日趋严重，企业发展陷入瓶颈。因此哈成套所此次混改的目标非常明确，第一，引入合适的战投；第二，员工持股。

2018年10月17日，哈成套所成功引入杭州锅炉集团股份有限公司、黑龙江大正投资集团有限责任公司两家战略投资者以及员工持股平台哈尔滨成联企业管理合伙企业（有限合伙）。选择杭锅股份，是基于其在余热锅炉、清洁能源技术、项目承包、资本运营等方面的雄厚实力，希望双方能通过这次混改的契机，充分发挥双方各自优势，将抓住未来共同发展的契合点，谋划新的发展思路。另外，哈成套所把对企业未来发展影响大、与业绩关联度高、可替代性低的核心骨干纳入持股范围，持股员工人数有 118 人，占整个哈成套所职工总数的 39.33%，合计持有哈成套所 20.18% 的股权。

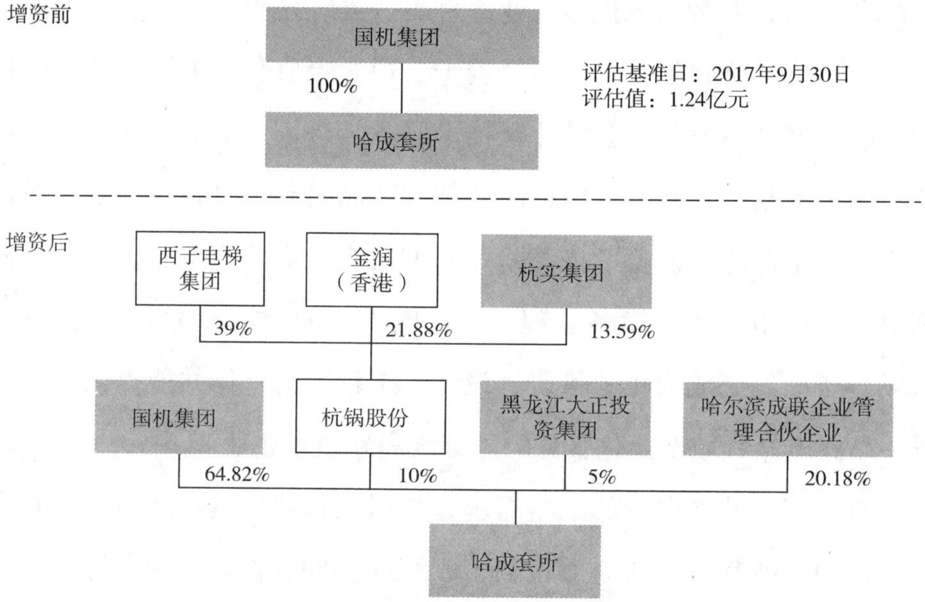

图 2-5　哈成套所引入杭锅股份

2019 年，我们给西南某省国资委批准的混改员工持股试点企业做项目方案时，就是从公司战略入手，最终确立了公司“三位一体”的战略发展方案。

JC 公司主要依托政府、行业数据资源开展大数据产品的创新和研发，通过大数据技术的运用提高政府和行业管理水平，推动传统行业的转型升级。作为员工持股试点企业，JC 公司希望通过员工持股方案的设计，激发员工内生动力。但经过我们的调研，发现公司存在的最大问题并不是员工积极性不足，而是公司的战略定位不清晰，缺少明确的导向，导致员工对企业的长远发展目标并没有透彻的理解。按照西姆咨询公司的“四梁八柱”模型，企业首先需要厘清的就是自身的战略，再根据战略设计合适的组织架构，然后才能设计行之有效的员工持股方案。

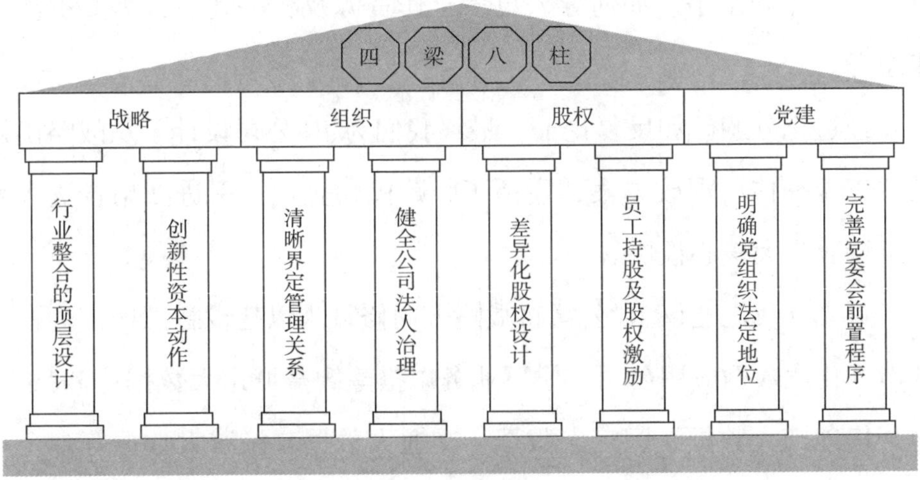

图 2-6　西姆咨询公司“四梁八柱”模型

经过我们的分析，认为 JC 公司的战略，从三个维度看都存在不同程度的问题。首先，从企业发展宏观导向来看，公司缺少明确的发展战略导向，从而详细指导企业到底是以市场业务项目为主，还是研发产品为主。从股东的思路上想要以市场业务为主，但是从人员配备上又是以研发人员为主，各种矛盾的集合导致公司业务迟迟发展不起来。在战略缺失的情况下，很难通过股权激励就完成公司“质”的转变。其次，从打造公司核心竞争力来看，公司依托政府，立足于行业数据资源，主要开展人数据产品的创新和研发，但由于仍处于初创期，治理层与经营层依章程履职虚化，相关资质缺失，在自主承接项目的过程中，缺乏足够让人信任的品牌竞争能力、研发创新能力，现有的管理团队与技术团队的能力也与公司的发展方向不匹配。最后，从业务发展布局来看，公司前期主要以当地市场为主，开拓了部分智慧社区等大数据项目，通过项目来孵化具有市场竞争力的标准化产品。但这种模式，并没有将国有体系的优势充分发挥出来，很难有效地持续提升公司的盈利水平，如何导入更多合作资源及相关利益方需要更深一步思考。

经过充分调研和反复论证，最终我们为JC公司设计了从战略出发的“三位一体”混改方案，囊括了收购民营企业、引进战略投资人和员工持股三大核心板块。

首先，我们建议JC公司将战略方向修订为以建设智慧城市为核心的市场化大数据应用公司，旗下业务以搭建智慧城市大数据业务为主，包括房地产大数据、医疗大数据、交通大数据、旅游大数据等多个业务板块。而鉴于JC公司与同类型其他公司相比，市场能力相对较强，但技术能力较弱的现状，我们建议JC公司通过收购相关民营企业，迅速充实自身研发力量，先做实其中某一个板块，积累经验后拓展至其他业务板块。在设计收购方案时，为避免被收购的民营企业在收购后业绩“爆雷”，导致国有资产流失，我们专门设计了“Earn-Out”的收购模式，分期支付，收购价格与被并购企业业绩挂钩，业绩超预期则估值上升，业绩低于预期则估值下降，甚至变为0，从而绑定被收购民营企业与JC公司的利益关系，避免了民营企业股东“一卖了之”的套现心理。

其次，在确定了战略方向后，在组织架构方面，我们建议JC公司选择“小总部，大产业”模式，总部主要承担融资投资、资本运作、集团管理等业务，而将具体的产品研发、业务开发等下沉到各个子公司中去，让每个子公司都成为独立的市场主体，在合理范围内将权力充分下放，加强子公司的权力和责任心，减弱对总部的依赖心理，建立管理有效、活力激发、监督到位的体制机制。同时，选择与JC公司战略规划路径相匹配的战略投资人，利用资本市场拓展融资渠道，夯实资本实力，优化治理结构，不断提升公司的核心竞争力。JC公司通过在股权交易所挂牌，已经迅速找到了合适的战略投资人。

最后，是JC公司的员工持股方案设计。我们建议JC公司搭建两个持股平台，持股平台A主要面向JC公司的中高层管理团队，以及为未来引进人才所预留的股份，由JC公司高管成立的有限公司担任持股平台的普通合伙人，负责管理合伙事务，持股员工以持股出资额成为持股平台的投资股东，作为有限合伙人；持股平台B主要面向JC公司收购的子公司员工，由子公司高管成立的有限公司担任持股平台的普通合伙，持股员工以持股出资额成为持股平台的有限合伙人。

这样一个“三位一体”的方案既促进了企业在大数据业务的横向拓展，又兼顾了民企在业务和人才方面的优势，同时也考虑了国资在并购案中对估值交易的风险，通过业绩调整估值延期支付的方式解决了国资对国有资产流失的担忧，最终将国企、民企、员工三方面的积极性都充分调动起来。我们认为，这才是国企改革的最终目的，就是实现国企与民企共进，企业与员工共赢。

（二）平衡不同利益群体间的博弈

国企改革目前状态是“政府在忙，企业在盼，少数人在干，多数人在看，少数企业在试，多数企业在等”。不仅国企心有所忧，民企亦心存犹疑。国企的担心，主要是国企资产评估和引入民企对象方面，容易引起外界“钱权交易”的猜忌，怕改革担责，甚至怕被人扣上“国有资产流失”的帽子，从而出现了国企内部“懒政”“慵政”的现象。

而民企老板们的猜疑，则主要集中在国企不放开控股权之下的混合所有制，民企没有话语权，没有运营权，是否会沦为“陪太子读书”的角色。尤其在目前的国有企业混改中，利润高的企业国有股东不愿意拿出来混改，亏损的企业让民营企业参股，但为了确保国有企业控股权，释放的股份又很少，民营企业真金白银地参与进来，但是在企业具体运营上还是要听控股股东的，还是要遵循国企那一套管理流程，很难将民营企业在管理和制度上的优势真正容纳进来。因此国有企业不积极，民营企业没热情，混改推进就陷入窘境。

混合所有制改革虽然有好的文件和指导，但没有真正完全落地，只混不改、只混少改的问题仍存在。同时现在国企混改也存在着人事、财政制度等不配套的现象。国有企业的所有权不完全在国资委，某些人事权在中组部，某些财权在财政部，某些投资权在发改委，某些工资权在人社部，它们之间在国企混改方面的政策并不完全配套，如果让国企负责人在混改中自己或者通过国资委去协调那些配套性的政策，确实有不少难以解决的困难。需要从顶层上设计一个相互协调配合的配套性政策，减少国企混改的障碍。

我们认为，在国企混改中要协调好不同利益群体间的关系，最重要的是要做好“三颗心”。

第一，是不忘初心。国有企业是壮大国家综合实力、保障人民共同利益的重要力量，必须理直气壮做强做优做大，不断增强活力、影响力、抗风险能力，实现国有资产保值增值。国企改革的“初心”不是完成任务的应付，也不是跟着上层喊口号，而是要实实在在、刀刃向内的解决国企存在的实际问题，是要推行实干精神，以解决问题为导向，围绕国有企业的近期目标和长远目标，切实做出改革样板。看不明白国企改革的“初心”，就不知道国企改革应该怎么做，不知道应该采取什么样的措施和方针，才能推动国企改革的真正落地。

第二，是强化信心。强化信心，一方面是强化国企干部的信心，不能总是“干得多，错得多，罚得多”，正是基于此，国资委出台了《中央企业混合所有制改革操作指引》，明确了央企混改基本操作流程，强调流程的公开、公平、公正。同时，中共中央办公厅也印发了《关于进一步激励广大干部新时代新担当新作为的意见》，对建立激励机制和容错纠错机制，进一步激励广大干部新时代新担当新作为提出明确要求，改革过程中犯错没关系，一定要分辨是因为经验不足犯错，还是因为道德问题犯错；是因为在“摸着石头过河”的实验中犯错，还是因为能力不够而犯错。这些举措，都是在不断地增强国企领导人的信心，要放开步子大踏步地推动改革前进。另一方面，则是强化民营企业的信心，其中最重要的就是保护民营企业的权益，产权平等，治理同股同权，运作过程公开透明，这样才能让民营企业放心大胆地参与进来，而不是担心自己是不是被国企借混改之名收割的“韭菜”。

第三，是国民同心。国民同心，就是国企与民企同为混改企业的股东，秉承着支持混改企业发展壮大的共同目标，通过多种资本的融合，发挥各自的优势，形成协调的利益共同体，共同提高混改企业的经营业绩，实现国有企业和民营企业共同的发展。很多国有企业对于混改认识不清晰，总觉得混改后的企业还应该由国有股东说了算，继续保持“一言堂”，民营企业在其中进退两难。以及投资比例不平衡、剩余利润分配不均衡、控制权问题和经营决策理念不同等多种问题的出现，导致国企在引入民营资本后矛盾重重，非但没有达到提高经营效率的初衷，反而伤害了民营企业参加混改的热忱和积极性。只有“国民同心”，双方都依照现代企业制度中的股东身份及权益，同股同权的行使股东权利，提高企业治理效率，才能使国企混改取得实质性进展，真正推动混改逐步落地。

而在具体实践过程中，不同的混改企业，由于实际状况不同，国企与民企本身的情况差异，不同的企业需要根据自身特性设计不同的方案，来平衡其中不同利益群体之间的关系，既保证国有资产的保值增值，也保证各个参与主体能够得到期望的符合市场要求的回报。

我们曾经做过一个案例，就是通过优先股的设计，来协调其中国企与民企在混改企业中的经营权和分红权关系。

优先股是享有优先权的股票。优先股股东在利润分配及剩余财产分配的权利方面，优先于普通股，但优先股股东没有选举及被选举权，即对公司的经营没有参与权。《关于国有企业发展混合所有制经济的意见》中提出：“探索完善优先股和国家特殊管理股方式。国有资本参股非国有企业或国有企业引入非国有资本时，允许将部分国有资本转化为优先股。”基于此，优先股可以作为混改的一种新模式，通过国有股东持有优先股，一方面，优先享有利润分配权，可以通过约定，优先享有股息，保证了国有资产的保值增值；另一方面，将运营权更多地交给民营股东，借助民营股东的管理和运营优势，有助于企业更贴近市场，更能体现混改的活力。

该公司创建于1951年，是国家重点生产装载机、挖掘机等工程机械产品的骨干大型一类企业，已经形成以铲运和挖掘机械为主，具备整机与核心零部件的研发、制造和营销服务能力的工程机械公司。在外部经济环境和内部经营管理问题双重影响下，其营业收入出现大幅度的下滑，2018年营业收入不足2011年营业收入的1/4，全年亏损7亿元，战略性进入重组阶段。而重振计划的核心思路是集团公司只保留核心业务，聚焦发展，其余亏损业务尽量剥离。其中一块核心业务的细节部分，我们就是通过优先股来完成的。

从战略设计上来看，该核心业务迫切需要的是引进外部资源来提升技术实力，优化管理体系，提高产品质量，进而提升经营业绩。由于是集团核心业务中的一部分，所以集团公司需要保留控股权。但对引进的外部团队而言，又希望国有股东能充分放权，不要让他们被国有企业那一套管理制度和流程所束缚。

基于此，我们建议，该项目整体从集团公司剥离，资产、业务和人员（部分）进入新设公司，集团公司将资产以及部分现金注入新设公司，同时外部团队以及原有核心骨干与集团公司一起出资，成为新设公司的股东，参与运营。在新设公司中，集团公司是第一大股东，但其持有的股份分为普通股和优先股两部分，其中现金出资部分为普通股，资产出资部分为优先股。也就是说，集团公司资产出资部分的股份，在企业盈利后有优先分红权，但在企业运营中没有表决权。这样，一方面，虽然管理团队的实际持股不足50%，但表决权超过了50%，在公司运营中就有了足够的话语权，可充分表达自身诉求；另一方面，又保证了集团公司在该项目盈利后的优先收益。

更重要的是，优先股除了享有优先表决权外，还享有优先清算权。如果在约定经营期（该项目为三年）后，项目没有如期盈利，大股东可以发起清算。在清算时，优先偿还优先股东的资产，进一步确保了国有资产的安全，避免国有资产流失。对于管理团队而言，由于充分获得了运营权，管理团队也愿意以出资金额承担更多损失。而约定经营期满后，如果项目如期盈利，则大股东可将部分优先股转为普通股，也可以回购管理团队的股份，重新获得该项目公司的控股权。

该方案从某种意义上说，其实是完成了一个优质项目的“体外孵化”，孵化成功后，则纳入集团公司进一步发展。这对于国企混改，尤其是以技术创新为主的混改企业，是条非常值得借鉴的路径。

（三）如何由“混资本”到“改机制”

2019年11月，在国务院国资委发布的《中央企业混合所有制改革操作指引》中，明确中央企业所属各级子企业通过产权转让、增资扩股、首发上市（IPO）、上市公司资产重组等方式，引入非公有资本、集体资本实施混合所有制改革，相关工作参考操作指引，明确国企改革一定要以“混资本”促“改机制”。

在我们2019年中出版的《国企混改：理论、操作与案例》一书中就已提到，“近年来国家大力推进国有企业混合所有制改革，通过引入非公有资本，借力产权主体多元化，发挥非公有资本的‘催化剂’作用，进而促进国有企业管理机制转变。然而从现实情况来看，部分改制后的国有企业并未摆脱发展困境，原有的管理机制并未产生实质性的改变，‘引资本’的效果未达预期。”

这也就是前文提到的，一定要明确国企改革的“初心”，并不只是简单地引入民营资本，而一定是在引入资本的同时引进机制，进而达到国有企业做大做强的最终目的。

我们在 2019 年为西南某市做国企混改调研时，也非常明确地提出了由“混资本”到“改机制”的战略方针。

比如在“深化国有企业混合所有制改革的政策导向”方面，我们就提到国企改革正在进行的三个转变：由政策向行动转变，由“混”向“改”转变，由顶层设计向方案细节转变。

由政策向行动转变。在中央“1+N”政策体系下，各地方政府及国资系统结合各地实际情况，进一步配套细化了针对本地的相关改革政策和要求。刘鹤副总理在国企改革座谈会上提出“国有企业改革正处于一个行动胜过一打纲领的关键阶段，也是改革乘数效应最大的阶段”，展现出“必须混改”的决心。继 404 家“双百行动”，21 家国有资本投资运营公司试点后，2019 年又推出第四批 160 家混改试点企业，进一步印证了国企混改已由“政策”向“行动”转变。

由“混”向“改”转变。2018 年 11 月，国务院国资委对开展国企改革“双百行动”进行动员部署，首次提出以健全企业法人治理结构、完善市场化经营机制、积极稳妥推进股权多元化和混合所有制改革、健全激励约束机制、解决历史遗留问题和加强党的领导党的建设为核心的“五突破一加强”，充分显示国企“混改”已经开始注重实质效果。当前及未来要真正“增强微观市场主体活力”，要在“混”的基础上，进行深层次的“改”。

由顶层设计向方案细节转变。一是授权调整机制。2019 年要进一步加大授权力度，建立授权调整机制，探索将部分出资人权利授予试点企业。推动国有资本投资及运营公司进行组织架构调整、管控模式改革，进一步打造市场化运作专业平台，在国有经济战略性重组和布局结构优化中发挥更大作用。二是员工中长期激励。包括存量激励和增量激励，设置严格的考核评价标准，体现市场化的要求，实现刚性约束和收入能升能降；综合运用国有控股上市公司股权激励、国有科技型企业股权和分红激励、国有控股混合所有制企业员工持股等不同的激励路径及相关激励工具，建立起风险共担、利益共享的中长期激励机制。

同时，还要指出，要多路径推进“混资本”，全方位落实“改机制”。

多路径推进“混资本”，就是要坚持市场化导向，结合先进地区经验，针对企业自身基础和条件，选择采用一种或多种路径组合的模式实施混改。第一，积极引入战略投资人，针对该市优质竞争类企业，按照“强强合作、优势互补、协同发展、长期共赢”的原则，加强策略制定，合理包装宣传，提高企业吸引力，通过增资扩股、股权转让、新设公司等方式，积极引进在战略和产业方面高度协同的战略投资人；第二，灵活推进优先股，根据战略需要，针对部分亏损、低质低效、短期利润不佳，需要专业团队运作的企业，将国有股份转变为优先股，通过股权结构的设计，在确保国有控股地位、保证国有股东优先清偿权的基础上，引入专业管理团队，让渡经营管理权，充分发挥民营资本灵活的管理机制，进一步发挥引资本对转机制的促进作用，真正实现各种所有制资本取长补短、相互促进、共同发展；第三，稳妥推进员工持股，针对科研院所、高新技术企业、科技服务型企业等技术要素、人才资本和贡献占比较高的企业，尤其是总资产低于5亿元的竞争类企业，在充分吸纳试点经验的基础上，实施管理层和核心骨干员工持股，积极探索突破持股人员、持股比例、退出机制等方面的政策限制，简化审批流程，激发内生动力，促进企业长期发展；第四，加快推进上市及资本运作，针对市场化程度高、盈利能力强的未上市企业和资产，推动企业通过直接IPO、并购等方式实现上市，提高资产证券化率，改善公司治理结构；第五，有序推进国有资本基金化，分类分级构建规模化、体系化的基金群，借助基金的专业化投资能力更好地参与混改企业的治理与监督，促进混改企业治理与管理水平的提升。

全方位落实“改机制”，首先要优化法人治理结构，以董事会建设为核心，引入民营董事、外部董事，构建多元化董事会结构，规范各类治理主体权责，逐级实现充分、规范、有序的授权放权和行权，全面推进依法治企，形成“三会一层”定位清晰、运转有序、有效制衡、“形神兼备”的法人治理结构；其次，要完善职业经理人制度，充分吸收民营股东的市场化经营经验，实行经理层成员的任期制和契约化，完善经理层人员的选聘、激励约束、绩效考核和退出机制，全面推行公开招聘制度，严格规范招聘程序和条件，企业重要岗位、关键岗位的职务实行公开招聘；最后，要完善激励约束机制，严格按照绩效考核结果，落实收入能升能降的“强激励、硬约束”机制，合理拉开工资分配差距，向关键岗位和紧缺急需的高层次、高技能人才倾斜，综合运用股权激励、员工持股、跟投等不同的激励路径及相关激励工具，建立风险共担、利益共享的中长期激励机制。

当然，上文只是针对该市的具体情况提出的实质性建议。而对于每个不同的省，不同的市，各自旗下的国企情况不尽相同，因此，国企改革一定不能“一刀切”，要根据每个省市的具体情况，对国有企业进行深入调研访谈，摸清大家的具体问题，才能针对性地给出解决方案。

比如，2018年底，国务院首次披露了2017年度国有资产管理情况，全国国有企业资产总额183.5万亿元，负债总额118.5万亿元，其中浙江、江苏、广东以10.44万亿元、9.93万亿元、8.27万亿元位列三甲。2018年，全国国有企业资产总额达到210.4万亿元，排名前三的依然是浙江、江苏、广东三省。那么，浙江、江苏的混改经验，放到宁夏、海南这边，就未必合适。而东三省的国有企业，可能更需要通过员工持股的方式，先激发企业的内在活力，改变因循守旧的旧机制，再通过引战做强国有资本。而山东、四川等地的国有企业，可能就更需要通过引入战略投资人，从而带来充满活力的新机制，来促使企业由外而内地发生改变。但不管通过什么样的方式，最终达到的都是“改机制”的目的。

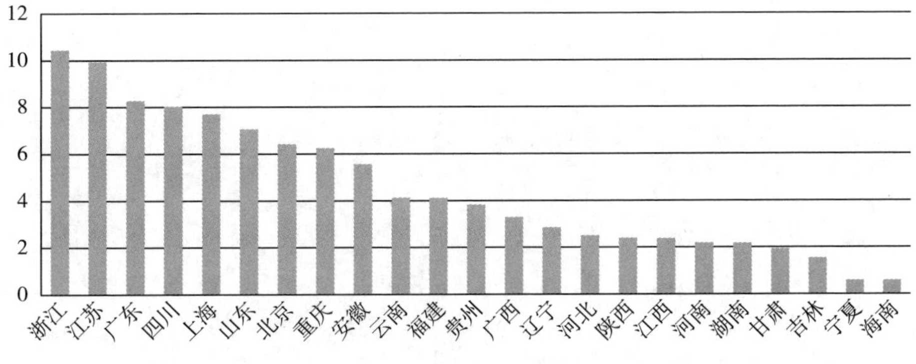

图 2-7　部分省市首次公开国有资产总额（单位：万亿元）

第三章

健全企业法人治理结构

一、国有企业的法人治理结构

（一）法人治理结构的基本理念

2017年4月24日，为改进国有企业法人治理结构，完善国有企业现代企业制度，国务院办公厅印发了《国务院办公厅关于进一步完善国有企业法人治理结构的指导意见》。文中提到，到2020年，党组织在国有企业法人治理结构中的法定地位更加牢固，充分发挥公司章程在企业治理中的基础作用，国有独资、全资公司全面建立外部董事占多数的董事会，国有控股企业实行外部董事派出制度，完成外派监事会改革；充分发挥企业家作用，造就一大批政治坚定、善于经营、充满活力的董事长和职业经理人，培育一支德才兼备、业务精通、勇于担当的董事、监事队伍；党风廉政建设主体责任和监督责任全面落实，企业民主监督和管理明显改善；遵循市场经济规律和企业发展规律，使国有企业成为依法自主经营、自负盈亏、自担风险、自我约束、自我发展的市场主体。

在完善法人治理结构上，包括国家层面政策，各部委的文件，都在试图通过简政放权，激发微观经济的活力，提高国有企业的管理效率和效益。但是，鉴于国有资本的一股独大，“大股东说了算”“一竿子插到底”还是在所难免。

而新一轮国企改革，主要实现路径在国企混改上。国企混改的主要方式就是引进战投、股权激励和员工持股。所有以上这些方式的最终结果是非公经济参与到国有企业中来，成为国企的股东。这和国有独资的国有企业不同，非公经济股东作为企业的利害关系人，不是简单地做做完善法人治理结构的表面文章，做也好，不做也好，反正最终负责人是国资股东，尽管国资股东在事实上也是缺位的。

因此，混改后的混合所有制企业，非公经济股东对公司治理会提出新的诉求，会带来公司治理的实质性改变，也会给国有企业的管理和运营带来新的挑战。

法人治理结构是现代企业制度中最重要的组织架构。狭义的法人治理结构主要是指公司内部股东、董事、监事及经理层之间的关系，广义的法人治理结构还包括与利益相关者（如员工、客户和社会公众等）之间的关系。公司作为法人，也就是作为由法律赋予了人格的团体人、实体人，需要有相适应的组织体制和管理机构，使之具有决策能力、管理能力，行使权利，承担责任，从而使公司法人能有效地活动起来，因而法人治理结构是公司制度的核心。

法人治理结构，按照《公司法》的规定由四个部分组成：股东会或者股东大会，由公司股东组成，所体现的是所有者对公司的最终所有权，是公司的最高权力机构；董事会，由公司股东大会选举产生，对公司的发展目标和重大经营活动作出决策，维护出资人的权益，是公司的决策机构；监事会，是公司的监督机构，对公司的财务和董事、经营者的行为发挥监督作用；经理，由董事会聘任，是经营者、执行者，是公司的执行机构。

法人治理结构是一套成熟的理论体系，我们在这里并不关注理论体系本身的相关内容，比如董事会要如何设置，监事会规则等等，我们更侧重于讲述在此次国企改革中，在法人治理结构中纳入了非公经济和管理团队之后，原有的国有股东、非国有股东、管理团队之间要如何通过董事会、监事会、经理层的设置来达到一种“共赢”的平衡点。

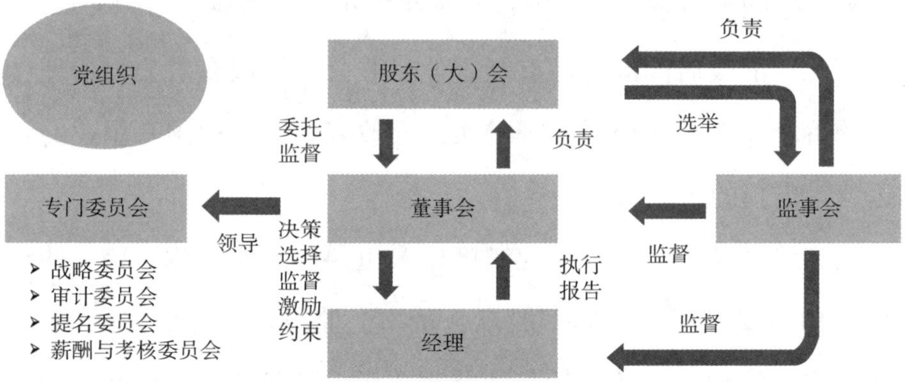

图 3-1 法人治理结构

（二）法人治理结构对国企改革的重要性

1. 有效行使国家所有权职能

许多发达国家国有企业治理的经验表明，国家要管理好大量的国有资产就必须做一个负责任的所有者，以积极的所有者身份行使自己的职责，这样才能实现国有企业保值增值以及为社会创造财富的目标。完善国有企业公司治理必须要有效地行使国家所有权。如何有效行使国家所有权面临着以下挑战。第一，国家如何一方面积极行使对国有企业的管理职能，另一方面又避免对国有企业的正常经营进行不当干涉。第二，国家如何为国有企业与私有企业创造一个公平、公正的竞争环境，并在行使国家监督管理职能的同时始终履行这一竞争原则。第三，国有企业治理中还涉及十分复杂的代理链条。从中央政府、国有资产管理机构到公司、地方政府到公司管理层、董事会，代理关系错综复杂，为国有企业治理带来了很大难度。因此国家所有权职能在行使过程中，如何处理好国家管理监督职能和企业自主经营之间的关系，如何建立公平的竞争市场并简化国有资产委托代理链条，是改善国有企业治理的关键因素。

2. 保障国有企业投资者权益

完善公司法人治理就是要建立良好的公司治理，即“良治”。中国人民大学商法研究所所长刘俊海教授提出公司良治的六大核心价值观，即公开透明、民主决策、股东主权、股权平等、诚信问责、社会责任[①]。良好的公司治理可以保障投资者权益。对于国有企业来说，良好的公司治理可以保证国有企业董事会、监事会、股东会等机构的正常运行，保证所有权和经营权的分离，股东尤其是小股东可以正常地行使自己的权利，如果没有良好的公司治理，会出现股东“用脚投票”

① 刘俊海：“全面推进国有企业公司治理体系和治理能力现代化的思考与建议”，《法学论坛》，2014 第 3 期。

的现象。机构投资者和个人投资者的资金流入国有企业后，转化为生产资金，有效的公司治理结构将会促进资金的转化，因为良好的公司治理可以吸引更多的投资者，大力促进国有企业的发展，提高国有企业的竞争力，保持经济的稳定增长。

3. 提高国有资本运营效率

良好的法人治理是对股东诚信的表现，是取得投资者信赖的基础，因为在完善的法人治理下，国有企业表现出强大的竞争力，会吸引更多的投资者，因此会有更多的资金注入公司，并转化为生产资金，国有企业的发展得到持续的动力，就会进入良性发展的循环。反之，如果国有企业缺乏良好的公司治理，就无法保证投资者的权益，个人投资者、机构投资者或外资可能通过用脚投票离开公司。而政府面对投资者离开公司的局面，也将会陷入两难的境地。一方面，如果不对国有企业经营进行干预，就会造成国有资产流失的后果；另一方面，如果对国有企业进行干预，国有企业改革又会回到政企不分、所有权和经营权不分的阶段，改革就会面临失败的风险。

4. 充分发挥市场机制作用

国有企业可以弥补市场失灵，实现国家宏观调控的职能。由于市场调节存在自发性，有时会出现市场失灵，不可能做到资源的最大优化。特别是完全依靠市场调节的私人企业承担公共产品的生产和服务，在产品定价较低甚至低于市场价时，往往会导致私人企业生产利润低下甚至无法继续运营下去。因此在国有支柱行业、公共福利、公共服务行业等领域国有企业具有天然的优势，因为国有企业具有宏观调控的职能，可以弥补市场失灵的缺陷。国有企业有效的公司治理是走向资本市场的必备条件，是发挥企业市场竞争力的首要因素。

（三）亟待解决的问题

1. 股权结构不合理

我国国有企业在公司治理方面面临的首要问题是股权集中度过高，及其引发的大股东控制等一系列问题。时至今日，学界公认的结论是我国上市公司股权集中度在全球资本市场中都处于很高水平。有学者将其归纳为“东亚模式”，与邻国韩国、日本相仿。股权集中度过高，大股东的权益对中小投资者形成压倒性优势，进而控制公司，为大股东谋利。而由于国家作为出资人仅是抽象的产权主体，因此国有企业往往被董事会主席或者公司总经理等关键人所控制，导致这些关键人成为公司的最高权力者以及唯一的控制人。这些问题具体而言包括以下五个方面。

第一，股权过度集中会造成公司治理机制的失效。根据公司法的规定，公司董事会由股东大会选任和更换，公司经理由董事会选聘。由于我国国有企业一股独大，公司选任机制形同虚设。大部分国有企业公司董事会成员由上级行政部门任命，董事会、经理以及股东会的相互制衡机制很难实现。

第二，公司内部人控制严重。国有企业一股独大，国家往往是国有企业的唯一股东或最大股东，国家的股东权由政府和资产管理部门代为行使，由于资产管理部门行政管理机构的性质限制了其出资人职责的有效行使，国资委地位十分尴尬，不能有效地履行出资人的职责，所有权和经营权分离带来了较为严重的委托—代理问题，股东对于企业的实际控制人和经营者缺乏有效的监督和控制，导致内部人控制严重。

第三，中小股东权制受到严重损害。证券市场上以利用国有企业控制权获得收益为目的侵害中小股东利益的现象十分普遍，类型也非常复杂。而中小股东长期没有话语权且受到不公平待遇，中小股东权益的相关法律法规虽然在不断完善中，但诉诸司法实践却困难重重，导致中小股东对于公司治理无法行使自己的应有权利而产生“搭便车”的现象，对公司经营和治理丧失兴趣，公司虽然建立了现代企业制度，但董事会、监事会形同虚设，公司资源配置安排效率和竞争力低下。

第四，政企不分现象严重。虽然国资委的建立标志着国有资产出资人的法定地位的确立，但是由于国有股绝对控股，国有企业中的大多数监督管理人员都来自行政机关，考核方式仍然采用的是行政考核，造成政企不分的局面。

第五，国有资产流失。国有资产主体缺位以及国有股一股独大不仅导致政企不分，还导致委托—代理问题严重，由于信息不对称和监督不到位，影响公司运营效率，进而导致投资者和国家利益受到损失。

2. 董事会权力界限不明晰

首先是董事会授权不足。董事会是公司治理的关键机构，董事会是否能有效行使其法定职权是公司能否持续运营的重要条件。政府作为国有企业的出资人，应赋予公司独立的经营决策权。传统的公司法理论认为股东会是公司的最高权力机关，而董事会仅是执行机关。但是国有企业的最大股东是国家，国家仅是抽象的产权主体，不可能实际履行股东权力，而国资委作为国家的出资人代表很难同时有效地履行出资人职权和国有资产监督管理权双重职能。当然产权问题不能忽视，但公司的经营决策权由哪个机构来履行是公司治理必须要厘清的重要问题。目前我国《公司法》和相关法律法规虽然从法律层面对国有独资企业以及国有控股公司董事会的职权有所加强，但是董事会的权限仍然受到国家行政权力的控制。例如国有独资企业董事会的部分权限仍由国资委决定。我国从立法上仍是股东会中心主义，我国在保证国家控制权的基础上应明确董事会的决策经营权，以有利于解决所有权和经营权分离带来的公司治理问题。

其次是董事会结构不完善。外部董事特别是独立董事在董事会中的比例仍然较低，而公司治理发达的国家董事会中的独立董事人数大多占有较高的比例。同时我国对于董事会专业委员会的具体职权规定仍较为笼统，仅体现在《国有独资公司董事会建设的指导意见（试行）》的规定，公司法等相关法律规定应加强对专业委员会职权的规定。另外，董事会选拔的机制目前仍遵循“党管干部”的原则，这与现代公司治理的理念差异巨大，应采用公开、透明的方式通过市场化的方式进行选任。

最后是对董事会职权的制衡不够。一方面应保障董事会职权的独立性，另一方面董事会职权应得到适当的监督。因为很多国有企业是国有独资公司，而我国国有独资公司不设股东会。因此为了保障董事会的职权得到有效的制衡，应完善董事会职权制衡机制。以下制衡机制仍需进一步完善。第一，国资委的法律性质一方面是国家出资人代表，但是另一方面又是行政管理机关，履行国有资产监督管理职能。但国资委不能既当出资人又当监管人，应明确国资委的主要职能。第二，国有企业股东会的职权如何行使在我国公司法及相关法律中没有明确的规定，可以将国资委的出资人权即股东权分离出来，由国有资产投资、运营公司行使，从而保障国有企业的独立经营。第三，2017年4月出台的《国务院办公厅关于进一步完善国有企业法人治理结构的指导意见》明确提出了党委核心领导的法定地位，我国相关法律应进一步规定党委核心领导具体体现在哪些方面以及具体履行哪些职权，以及应明确党委核心领导和董事会经营权独立的区别。党委既对董事会职权的履行进行监督，又不能干涉董事会的日常经营。第四，监事会外派制度是对董事会良好的监督制衡机制，但目前外派监事会仅局限于事后监督和结果监督，且外派监事会的成员都是国家公务员，往往不具备公司治理的专业知识和经验，因此该监督机制并不能很好地发挥其对董事会监督制衡的作用。

二、混改企业中的股东会博弈

（一）平衡非国有股东及员工股东的关系

股东会是公司的法定机关，也是公司的决策机关，依法就其职权范围内的事项作出决议，形成公司意思。作为公司的权力机关，其决议由董事会负责执行并报告。股东享有的资产收益、参与重大决策和选择管理者等法定权利，主要是通过股东会来实现的。

对于国有企业而言，原来大多为国有独资公司，拥有唯一股东，因此股东会的决策就是国资意见的表达。而混改之后，国资不再是唯一股东，就要逐步建设以股东会、董事会、监事会和经理层为核心的“三会一层”法人治理结构。法人治理结构的逐步健全与完善，也是对原国有股东的一大挑战。

由于此次改革主要是混合所有制改革，核心就是引入战略投资人及员工持股，在“混资本”的基础上完成“改机制”，因此，健全法人治理结构主要的挑战就表现在两个层面。

第一个层面，是国有企业股东与非国有企业股东之间的平衡关系。非国有企业的股东已经习惯了按照现代企业管理制度来监督和管理企业，但是，在国有企业中，依然是国家通过各级政府主管部门来管理企业，国有企业上级政府部门和各级资产管理部门是虚拟的自然人主体。虽然有国资委履行国有企业出资人代表制度，但是并没有解决股东缺位的问题。目前大多数国有企业依然存在着企业产权关系不清的问题，导致企业内部缺乏对经营代理的监督与控制。而在非国有企业股东入股后，如果不能妥善解决法人治理结构问题，双方必然会在企业管理和监督层面发生矛盾。

第二个层面，是员工持股对混改企业股东会的影响。在此次混合所有制改革中，员工持股是政策大力推进的关键举措，也是非常大胆有力的尝试。员工持股，就是通过让企业管理人员、技术人员等直接或间接持有企业股份。员工持有企业的股份，也就拥有了企业的部分产权并获得相应的管理权，从而增加企业员工的归属感，调动员工工作的积极性，也能使企业管理层更为有效地对员工进行监督与管理，实现多方共赢。而纳入员工进入股东会，与其他股东共同通过投票管理公司事宜，这也需要原国有股东改变自己的旧管理方式和管理思维，逐步建立现代企业管理制度。

2018 年初，我们通过公开招投标的方式承揽南方某城市建筑设计总院国企混改项目。该城市建筑设计研究总院有限公司始建于 1982 年，为该市直属的大型国家综合甲级设计院。建院以来，伴随着该市的发展而不断成长，从一个只有几十人的设计室发展到拥有从业人员近 2800 人的大型综合设计院，其中中国工程院院士 1 人，全国工程勘察设计大师 1 人，教授级高级工程师 8 人，技术力量雄厚。

我们为该设计总院设计混改方案时，就涉及引入的战略投资人和员工在混改后的公司治理体系中，如何恰当地发挥作用，其中一条就是设计持股员工参与公司治理的架构。通过设计持股员工代表会议制度，构建“持股员工小组——持股员工代表会议——持股员工董事”三层级架构的治理模式。建立持股员工代表会议制度的目的是为了充分维护持股员工的股东权益，并积极推动利益共同体的形成，通过最大化发挥持股员工的智慧和潜能，推动公司战略落地，最终实现独立上市的中长期发展目标。

在这一治理结构中，持股员工小组由全体持股员工组成，建立 9 个持股员工小组（或其他单数个小组），每个小组人数不能太多，以 10 ~ 20 人为宜，便于沟通。将持股员工按照经营管理、技术管理、生产管理等分类，分派到各小组，打造知识、经验结构合理，具备较强综合议事能力的持股员工小组。每个小组民主选举 1 名组长，负责会议召集、活动组织、意见征集工作，并作为小组代表参加持股员工代表会议。推选持股员工小组组长的小组会议参加人数必须超过应参加人数的 2/3，小组组长候选人可以等额选举，也可以差额选举，参加会议的持股员工 2/3 赞成方为有效当选。本持股员工小组 1/3 以上提议，可以重新选举本小组组长。持股员工小组组长原则上任期 3 年，可以连选连任。持股员工小组的会议组织、意见征求，可以采用微信群、QQ 群、视频等方式开展。此外，总院高级管理人员不得担任持股员工小组的组长。

参与持股员工代表会议的正式成员由持股员工小组组长组成，会议由总经理召集并主持。表决性议题，作为召集人和主持人的总经理不参加投票。表决性议题会议，参加人数必须超过应到会人数的 2/3 方为有效。公司其他高级管理人员，可以应邀列席会议。其他持股员工，有义务参与会议的事务性工作。持股员工代表会议必须现场召开，并保存记录档案。持股员工代表会议的主要议事范围包括：提名持股员工董事和监事人选；推荐总经理人选；对董事会、监事会议案提出意见，由持股员工董事带入董事会。针对重大改革、投资、发展议题征求意见等。

在这一治理结构下，持股员工主要针对重要董事会或股东会议行使股东权力。该设计总院总经理应布置持股员工代表广泛征求意见，应组织持股员工代表会议汇总、讨论、分析持股员工意见，形成集体意见和态度。员工持股平台的执行事务合伙人自己或签发书面授权委托书委托其他持股员工参加股东大会，依据上述集体意见和态度行使股东权利。

（二）混改企业的个性化需求

很多国有企业在进行混合所有制改革时，最担心的就是丧失控制权，尤其是对于原来国有独资企业，已经习惯于按照国资条线管理。混改后要开始设置股东会，重大事项需要通过股东会表决，让他们开始担心，如果表决时民营企业不配合怎么办，国有股东不能百分之百表达自己的意志怎么办？曾经我们和某地领导接触时，该领导就提出，混改企业引入战略投资人时，出让的股份是不是不应该超过 33%，要保证国有股在 67% 以上，这样国资才能有绝对的话语权。但是，如果这样混改，和没改又有什么区别呢？

我们认为，国有股东有这样的担心很正常。一方面，我们需要对混合所有制改革的目的和政策进一步的学习和研究，要对于建立现代企业制度有正确的认识，国企和民企并非对立的群体，而是应该在合适的制度下共同进退。另一方面，我们可以通过差异化股权设计，在释放较多股份的同时，依然保持国有股东在某些重大方面的控制权。

差异化股权制度是相对于同股同权的股权制度而言的。同股同权，是指同一类型的股份应当享有一样的权利。我国《公司法》第一百二十六规定：股份的发行，实行公平、公正的原则，同种类的每一股份应当具有同等权利。这是同股同权的法律依据，也是“同股同权同利”的由来。但是，“同股同权”虽然体现了“公开、公平、公正”的市场经济基本法律原则要求，但它从根本上侵害了“契约自由”的法律精神。

首先，在公司这个组织中，股东之间的关系显然属于民事主体范畴，特别是混改之后，非国有经济组织成为被混改企业股东。非国有经济组织的股东更强调的是在自愿基础上的平等互利的法律关系。因此，任何强加在这个主体之上的法律规定或者制度安排，严格地说是不符合这个基本原理的，也无疑剥夺了合同法关于“作为平等民事主体的股东之间依法订立合法契约的权利。”

其次，公司中股东这一重要的参与主体，对权利要求的个性化设置，也是各方意志的合法表示，更是股东之间的博弈、妥协的结果。法律依法保护这一结果是它应尽的责任，也是法律制度存在的最大功能。例如，国资机构组织更强调在让利的同时如何通过股权制度安排来实现对国有企业的控制，或者在控制权做出让渡的同时如何防止国有资产流失。非国有经济组织更强调发挥其机制的作用，达到混改的目的，使企业能迅速适应日益竞争的市场环境。

第三，国内资本市场对差异化股权的排斥，导致很多优质的企业和资产奔赴国外资本市场，包括差异化股权制度修改后的香港证券市场，例如，阿里巴巴、京东、小米、海底捞等。这本不是企业股东们追求的，这样的局面相信也不是主管部门或者监管机构愿意看到的。

值得庆幸的是，差异化股权的制度安排仅限于股份有限公司，当然包括我国主板的上市公司，而非上市的有限责任公司，包括刚出台的科创板上市公司，该制度设计已经有了它的法律和制度生存空间。国企改革过程中有越来越多的企业开始并尝试通过优先股、有限合伙、黄金股和双重架构等差异化股权制度设计，从而达到一企一策，使混改迅速落地实施。

严格地说，我国 1994 年颁布的公司法，并没有为差异化股权设定留下空间。其中第四十一条："股东会会议由股东按照出资比例行使表决权。"到了 2006 年公司法修正后，就为差异化股权留下了设计空间。其中，2006 年修正后的公司法第四十三条规定，"股东会会议由股东按照出资比例行使表决权；但是，公司章程另有规定的除外。"2018 年修正后的公司法第四十二条也有相同的规定。因此，对于有限公司的表决权，《公司法》是以"按照出资比例"行使为原则，但同时也认可股东通过协商一致形成公司章程的特别约定。所以，对于有限公司，股东可以通过章程的约定自主决定表决权的行使。比如，我们给一家港股上市公司下面的子公司设计的差异化股权规则是分红倒挂，即管理层出资 20%，但前三年分红比例是 40%，企业创始股东（老板）愿意额外拿出 20% 激励管理层团队。我们这一制度设计的背后逻辑是，充分调动管理层积极性和能动性，让他们在尽可能短的时间内，快速实现新公司的盈利，避免走“一年亏损、二年平衡、三年盈余”的传统老路。

除了表决权之外，在收益权方面，现行的公司法规定也为差异化股权留下了很大的空间。

《公司法》第三十四条规定：“股东按照实缴的出资比例分取红利；公司新增资本时，股东有权优先按照实缴的出资比例认缴出资。但是，全体股东约定不按照出资比例分取红利或者不按照出资比例优先认缴出资的除外。”可见，《公司法》对于有限公司股权收益权以“按实缴出资比例”分配为原则，全体股东约定不按出资比例分配作为补充和例外，也是受法律保护的。

《中华人民共和国合伙企业法》第二条规定，“有限合伙企业由普通合伙人和有限合伙人组成，普通合伙人对合伙企业债务承担无限连带责任，有限合伙人以其认缴的出资额为限对合伙企业债务承担责任。”在有限合伙这个企业里面，普通合伙人和有限合伙人出资相同，收益相同，但管理权限不同，当然承担的责任也不同。

综上，对于有限公司，包括非上市的国有企业，都可以通过章程对股东表决权作出特别的约定，还可以通过全体股东约定对收益权分配作出特别约定。纵观公司法的相关条文，值得注意的是，对于表决权的特别规定必须通过章程约定，而收益权分配的约定则并没有这样的限制。但本质而言，公司股东达成的一致，其效力构成对股东行为的约束。

前已述及，与有限公司不同，股份公司的表决权只能按照一股一权进行分配，不允许章程或全体股东对此作出特别的规定或约定，表现在现行《公司法》第一百零三条规定，“股东出席股东大会会议，所持每一股份有一表决权。”

有限合伙企业则按照合伙企业法规定。

国有企业，特别是国有公司，就其形式，当然属于公司法调整范畴，只不过它的股东的性质有所不同。新一轮国企改革，无论是并购重组，还是引进战投，还是国企混改等其他形式，其本质都是通过国家持有的股权的释放，达到改革所实现的目的。但在释放股权过程中，不同类型的国资、国企本身对混改的要求不同，其诉求也不一样。这里仅从国有控股要求和防止国有资产流失角度来设计差异化股权制度。

（三）从保障国有控股的角度进行差异化股权设计

1. AB 股机制的运用

在 AB 股的股权架构下，公司可以发行拥有不同投票权的普通股，一般称 A 类、B 类，即 AB 股。AB 股的核心，就是同股不同权。简单理解，就是把投票权和分红权分离。比如，A 类股票 1 股有 1 票投票权，1 票分红权；B 类股票 1 股可以有 N 票投票权，但依然是 1 票分红权。通过 AB 股这种股权差异化的设计，其本意是可以确保创始人对企业的控制权。

AB 股模式在资本市场并不鲜见，采取这类架构的主要是科技类公司。2000 年美国总共有 482 家公司采用双重投票结构，互联网泡沫破灭后，2002 年下降到 362 家。采用 AB 股模式的科技公司包括美国的

Google、Facebook、Groupon 和 Zynga，以及中国概念股人人公司、百度公司、优酷公司和土豆公司。

对于科技类公司，之所以要采取 AB 股模式，主要为了保证公司的控制权。由于科技类公司在前期往往需要大量的资金来维持公司运营，而多次融资带来的直接后果就是创始人股份被稀释，逐渐丧失公司的控制权。但是在 AB 股的模式下，创始人就可以持有多票投票权的 B 股，这样即使股份被稀释，也可以保证自己的控制权不丧失。

京东就是采取了 AB 股的架构，使得公司在不断地融资稀释股权的过程中，刘强东依然牢牢地把握住了公司的控制权。京东的 AB 股制度是这样设计的：

①普通股分为 A 类（Class Acommon stock）和 B 类（Class B common stock）两类，刘强东持 B 类，每 1 股拥有 20 票投票权；其他投资人持 A 类，每 1 股拥有 1 票投票权。

② A 类上市交易，B 类不上市交易。

③ A 类在任何时候均不可以转换为 B 类；B 类可随时自由转换为 A 类。

④ B 类转让给非联属人士（联署即直系或其控制的实体）时，则自动转换成为 A 类。

⑤当刘强东不再担任京东董事兼 CEO 或其他特定情况时，其持所有 B 类将自动立即转换为等量的 A 类。

⑥ A 类及 B 类就所有呈交股东投票的事项一并投票。普通决议，出席的简单多数通过，特殊决议，出席的 2/3 通过。

根据2018年年报，刘强东持股15.4%，放大20倍后，刘强东的投票权达到78%。根据目前的设置，即使刘强东的持股被稀释到9.09%，他依然持有超过67%的表决权。刘强东也就是通过这种AB股的制度，牢牢掌握了京东的控制权。

在国企改革过程中，很多国企担心的就是，如果民营资本占多数，国资丧失了控制权怎么办？所以，我们完全可以运用AB股原理，把国资的股权设定为B股，出让分红权，增强投票权，让国资在企业中承担刘强东的角色。其他股东作为A股，按照持股比例行使表决权。这样即使在混改过程中，国资股份被不断稀释，其表决权仍然可以掌握在国资手里。

2. 有限合伙企业的运用

有限合伙企业也是国有企业常用的增强控制权的手段之一。

有限合伙企业由普通合伙人和有限合伙人组成，其中普通合伙人就是我们常说的GP，负责有限合伙企业的具体运营，对企业承担无限连带责任；有限合伙人是我们常说的LP，主要以认缴的出资额为限对合伙企业承担有限连带责任。在有限合伙企业中，普通合伙人（GP）作为有限合伙企业的事务执行人，掌握合伙企业的全部决策权，有限合伙人（LP）只享受企业的利润分配权，但对合伙企业并无决策权。这样，有限合伙企业就可以通过决策权与收益权的分离，实现普通合伙人“以小博大”，用小额股份来控制合伙企业的决策权。

比如，企业A持有某企业30%的股权，企业B持有某企业40%的股权，另外，还有一个有限合伙企业作为员工持股平台持有30%的股份，A 占股 1%，为 GP。那么，就相当于企业 A 只用 30.3% 的出资，就控制了 60% 的表决权。

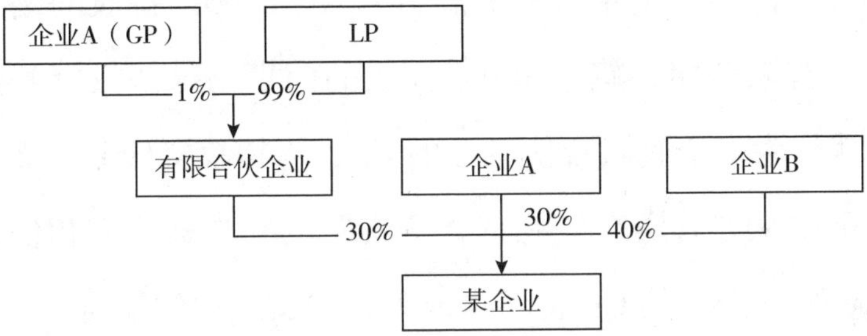

图 3-2 员工持股平台股权架构

通过以上示例，我们可以将国有出资企业（国资委）设定为企业 A，除了是企业的股东之外，还担任有限合伙企业里面的 GP，拥有更大比例的控制权。但是，《合伙企业法》第三条规定，“国有独资公司、国有企业、上市公司以及公益性的事业单位、社会团体不得成为普通合伙人”。那么，国企改革中是不是就没有办法采用有限合伙企业作为差异化股权设计的手段了呢？

关于有限合伙这样的企业形式在国企改革中的运用，更多的应该采取实质重于形式的理念。合伙企业法的此条规定，主要是出于普通合伙人需要对有限合伙企业承担无限连带责任的考虑，而国有独资公司、国有企业、上市公司以及公益性的事业单位、社会团体这些企业或者相关主体不能够也不适宜在企业经营中承担无限责任。但在实务中，作为员工持股平台的有限合伙企业只作为持股平台，并不参与企业经营，无需承担企业经营风险，国有企业出于增强控制权的考虑，作为有限合伙企业的 GP，并不违背法律精神要求。

虽然法律规定对国有企业担任 GP 作出了限制，但在实际操作中，国有投资公司在作为私募股权投资基金的有限合伙企业中担任 GP 的情况越来越多，国有企业担任 GP 已成为私募股权投资基金中 GP 的重要组成部分。比如由南京市江北新区管委会 100% 持股的南京扬子国资投资集团有限公司，旗下 100% 控股的南京扬子江投资基金管理有限公司，就作为多个有限合伙企业的 GP，承担投资任务。而根据新一轮国企改革中从“管资产”到“管资本”的要求，我们相信，国有企业担任有限合伙企业的 GP 将不再成为一个实质性的障碍。

这也好比国企干部不能经商办企业，这是来自《国有企业领导人员廉洁从业若干规定》第五条的明确规定。国有企业领导人员不得“个人从事营利性经营活动和有偿中介活动，或者在本企业的同类经营企业、关联企业和与本企业有业务关系的企业投资入股”。国有企业领导人员应当遵守此规定。但是，国企改革中的许多做法是，让国企核心高管成立有限公司，作为股权激励员工持股有限合伙平台的普通合伙人。其本意也是该公司已经不再是规定当中的经商办企业。所以，这些内容必须从立法本意去思考和理解，而不要犯教条主义的错误。

（四）从防止国有资产流失的角度进行差异化股权设计

1. 优先股的设计

随着国企混改中非国有经济，特别是民企入股国企，当然也有国企入股民企或者共同设立合资企业，民营企业主导企业的管理和运营是一种比较常见的形式。引进民企过程中，作为混改目的之一就是充分发挥民营经济体制和机制的活力，民营资本也将由其主导管理和运营作为参与的基本条件之一。但当民营资本主导企业管理和运营时，如何保证国有资产不被流失，或者保值增值，就需要在机制设置上进行差异化的股权设计。其中优先权是一种常见的也是被《中共中央关于深化国企改革的指导意见》所支持的，“允许将部分国有资本转化为优先股，在少数特定领域探索建立国家特殊管理股制度。”

优先股在前文中已详细讲述，在此不作赘述。

需要强调的是，对于有重大战略意义的新兴产业，企业设立初期，国有资本应当予以扶持，至其相对成熟以后再行退出。这类企业不适合由国有资本控股，但仍需要国有资本掌握一定的控制权，所以国有资本在持有优先股的同时，仍应有 34% 以上的普通股。这类普通股可以设计为可转换的优先股，至企业发展成熟时，将其转换成普通股并置于二级市场出售，以实现企业收益最大化。同时应增设回售条款，当企业经营不善亏损严重时，国有资本可以通过回售途径退出，以避免企业经营风险而导致的国有资本流失。

国有股转成优先股可以大幅提升国有企业的公司治理水平，在当前是国企改革的最好路径之一。国有股转化优先股无非是经营权与所有权的再分配，不涉及国有资产转让流失，而是通过改革提高国有资产的效率，防止一些流于形式的改革并避免贱卖国有资产的行为。且国企改革不宜急于快速私有化，避免成为少数人瓜分国有资产的盛宴。简单、快速私有化并不是国企改革的唯一道路，否则狂欢之后很可能是一地鸡毛。

2. 黄金股的设计

黄金股（Golden share）制度本质上是一种特别的股权安排机制，其赋予国家或者政府超过普通股东的特权，其制度来源是私人公司在公众化过程中的特别股的设置。

黄金股最初出现在历史舞台，是在英国20世纪80年代的国有企业改革中，为了对公共企业进行私有化改革，英国政府出售了其在电信公司50%的股权给民间投资者，让电信公司私有化，最终只保留了1%的股份，这一股就是黄金股。黄金股只是名义上的一股，票面价值为1英镑，并无实际经济价值，也不参与利润分配，但是这一股却是"一票否决权"，即政府可以在关于国计民生、国家安全和黄金股股东权益的保护等重大方向性问题上行使一票否决。黄金股显然打破了"同股同权""一股一权"的传统观念，黄金股虽然股少（通常为一股），但是意义和价值重大，因而成为了普通股股东眼中的"黄金股"。

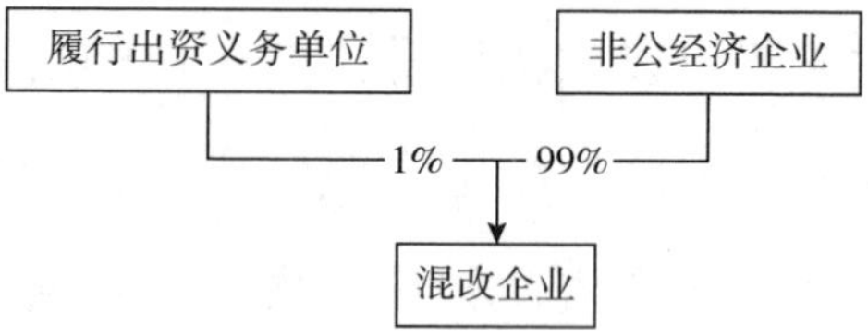

图3-3　黄金股示意图

公司股东最常见的三种权利是知情权、收益权和表决权，普通股与优先股以及黄金股在这三种权利上的不同之处如表3-1。

表 3-1 三类股东与三大权利的对应关系

	知情权	收益权	表决权
普通股	有	有	有（事前表决权）
优先股	有	有	无
黄金股	有	无	有（事后表决权）

江西萍乡钢铁有限责任公司是江西省属国有独资企业。由于萍钢底子薄、负债重、资产结构不尽合理，与其他大型钢铁企业相比，存在较大的差距，在竞争中处于劣势地位。为从机制和体制上寻求今后发展的动力源泉，积极主动地应对钢铁企业新一轮竞争，实现萍钢长期稳定持续快速发展，2002 年江西省政府决定对萍钢全面进行改制。

萍钢转让有四个特点：第一，规模大。萍钢为大型国有企业，占地 6000 亩，总资产 28.77 亿元，总负债 20.78 亿元，净资产 7.98 亿元。第二，员工多。2002 年萍钢员工约 1.3 万人，其中钢铁业在职职工 7512 人，非钢铁业在职职工 2164 人，退养职工 2955 人，下岗离岗职工 825 人。第三，负担重。萍钢是典型的企业办社会的例子，改制以前企业内部开设了学校、医院、幼儿园、招待所、居民委员会、公安分局等。第四，影响面广。萍钢作为萍乡市的一家最大的国有企业，职工 1.3 万余人，分布于该市各县区，萍钢改制涉及千家万户，关系全市的稳定。

经过公开招标谈判，2003 年 8 月 2 日通过了改制方案，由深圳市飞尚实业发展有限公司、安徽省芜湖恒鑫铜业集团有限公司等作为受让方，以 6.5 亿元的转让价受让萍钢，高出评估价 1.67 亿元，资产增值率为 34.5%。转让协议中，对萍钢公司职工的安置及其他重点事项做了特别规定。

江西省政府在转让协议中还规定了一条，即“一股保障”。方案规定，江西省政府将在改制后的新企业总股本中设立“国有金股”，数量为一股。而这一股“国有金股”是在改制后的萍钢公司总股本中具有特殊身份和特别权力的国有股股份，持有者为江西省国有资产管理办公室，由其代表政府行使权力。作为特别股东，不干预企业生产经营，不干预经营决策，不参与分红，不承担企业生产经营中发生的一切民事责任，但是，如果新企业股东或董事会违背转让条款，或侵犯职工合法权益，“国有金股”可行使一票否决权。该“国有金股”将在企业履行既定改制方案后退出，期限定为企业改制后 3 至 5 年。

从萍钢改制的方案中可以看到，其“黄金股”的设置是通过与战略投资者签署协议的形式，这是东欧采取较多的模式。这种模式更能吸引投资者，萍钢通过转让协议中的“一股保障”来约束改制后企业有可能发生的违约行为。对于投资者来说，转让协议清楚地约定了合同双方的权利与义务，投资者能够清楚了解政府黄金股特权的具体范围，而且萍钢的案例中国有金股规定了明确的期限，消除了黄金股长期存在的障碍，时间段的规定也能够保证完成其历史使命。对于企业和政府而言，维护了社会的稳定和经济发展，同时国有股又退出得很彻底，明确表明国有股不干预企业经营决策，不参与企业分红，杜绝了有可能发生的政府权力扩大化的问题。在国有企业转化为民营企业后，企业大量裁员和精简人员的例子层出不穷，职工的利益得不到保障，发生很多的集体上访甚至暴力的群体行为，而萍钢通过协议的方式，通过“一股保障”的特殊约定保证了职工合法权益不受侵犯，体现了当地政府的亲民政策和人本精神。

综上所述，国有企业改革过程中，国资一般会全部或部分转让给民资，最终国资可能是彻底地退出企业，但是，一旦退出后，政府一方面会担心企业完全民营化之后发生损害国计民生等公众利益的现象，无法“撒手不管”“一卖了之”；另一方面又要让改制后的企业充分发挥经营自主权，不然改制便无意义。黄金股制度正是作为国企股权改制的特殊方式出现，政府在股权结构中只占有一股（也可以是占股34%的防守型股权架构）的份额，而这一股则赋予政府一票否决权的黄金权利。如此一来，黄金股被用在公众利益相关的重大事项上，又不分红，不表决，不影响改制后民营企业的自主经营权，可谓“一举两得”。而国资以“一股”掌全局，相较于国资自己运营来说，这种管理方式成本代价更低、效果更长久。

三、混改企业中的董事会建设

（一）董事会中心主义

在传统的“股东会中心主义”治理模式中，公司决策体现的是“资本多数原则”，话语权掌握在公司大股东手里。而“董事会中心主义”治理模式与“股东会中心主义”治理模式的不同就在于公司控制权的实质拥有者是由职业经理人构成的公司管理层，而非大股东。公司控制权的配置重心从股东向管理层转移，职业经理人逐渐成为公司价值创造的主角。而在此次国企混改提出的国资监管机构要由“管资产”向“管资本”转变，将所有权与运营权分开，其实就是“董事会中心主义”的体现。

董事会中心主义是指以董事会为公司权力中心的公司治理模式。其要义在于，让董事会成为公司治理结构的核心，弱化股东（大）会的职能，强化董事会的职能和董事会的独立性，以期从根本上解决控股股东滥用控制权、公司独立性缺失与少数股东权益难以得到保障的问题[①]。董事会中心治理模式的特征是：董事会享有广泛负责所有经营管理决策的权力，股东权力限制在对主要决策的表决权和对董事的任免，董事与股东的权力分配不能通过合同约定加以改变，董事会的权力主要受董事会信赖义务的约束[②]。

在国有企业混合所有制改革中，民营企业家时常担心，在国家绝对控股或相对控股、党管干部的体制下，混合后一旦发生纠纷，法规往往抵不住文件，政策的稳定性堪忧[③]。实践中，此类担心时有发生，尤其是在王老吉混合所有制改革一案中具有充分体现。

王老吉药业股份有限公司是一家隶属于广州市国资委的地方国企，大股东为国有控股公司广州白云山医药集团股份有限公司。2004 年王老吉药业以向第三方定向增资方式，吸收民营企业香港同兴药业有限

① 叶敏，周俊海：“从股东会中心主义到董事会中心主义——现代公司法人治理结构的发展与变化”，《商业经济与管理》，2008 年第 1 期。

② *See* Larry E. Ribstein：*Why Corporations*，Berkeley Bus. L. J.，197（2004）.

③ 中共南京市委统战部课题组：“发展混合所有制经济的探索实践及对策建议”，《新社会阶层》，2015 年第 4 期。

公司入股，改革成为混合所有制企业，主要生产绿盒装“王老吉”凉茶、广东凉茶颗粒、保济系列等。白云山医药和同兴公司双方各占48.0465%的股份，剩余3.907%的股份为职工股。经营后期，由于红罐王老吉与加多宝之争，多少对绿盒王老吉产生一些不良影响。而同兴药业的董事长王健仪也是加多宝的名誉董事长。2013年，白云山公司与同兴药业矛盾激化，同兴药业意图解散公司，因此，白云山公司擅自停止财务总经理的职务，在王老吉公司单方设立“行政班子暨党政联席会议”和“应急维稳管理委员会”负责公司生产经营。2014年，白云山公司又在王老吉公司成立“临时管理委员会”，取代董事会和行政班子。2014年王老吉公司首次出现亏损，其中上亿元成本费来历不明[①]。

本案中，白云山公司不经董事会的决议单方设立“行政班子”和“应急维稳管理委员会”、擅自停止财务总经理职务的行为，是国有股东对控制权的滥用，侵犯公司独立性和少数股东的合法权益。无论是国有股东还是非国有股东，当任何一方都不愿意放弃控股地位或滥用控制权时，就不可能实现不同所有制资本的真正融合。只有董事会中心主义治理模式才能够实现股东权与董事权的分立，有效遏制控制权或控股权的滥用，维护公司独立性并公平保障少数股东的权益。

企业重大事项的决策权、经理层成员的选聘权、职工工资的分配管理权等重要权力，通常被认为是现代企业制度下董事会的主要职能，而在央企董事会中，这些重要权力却往往收归上级管理部门。在深化

① 同兴药业有限公司与广州王老吉药业股份有限公司申请强制清算纠纷上诉案，广东省高级人民法院（2015）粤高法民二清（预）终字第1号民事裁定书。

改革背景下，为改变这一现状，把企业管理权力更多地交还给企业，按照《关于进一步完善国有企业法人治理结构的指导意见》的安排，董事会建设方面三项试点将在宝武集团、国家开发投资公司和中广核集团开展，市场化选聘经营管理者和职业经理人制度试点将在国家开发投资公司、中国通号等中央企业的二级企业开展。围绕董事会建设，改革力度将进一步加大，不仅试点央企数量增加，董事会职权也会进一步下放。

中石化销售公司也是较早进行混改的企业之一。通过混改，中石化销售公司在治理层面的激励与监督机制得到完善。中石化通过混改引进了各个相关领域的龙头企业，例如零售业龙头厚朴资产和资本运营的佼佼者复星集团，它们在管理经验上具有较大的优势，有能力也有动力帮助中石化销售公司完善公司的实际管理和治理。这就能够对原有的国有股东产生影响，一是能够起到监督作用，防止监督缺位，二也能避免激励作用在大股东身上被弱化。

2015 年 12 月底，中石化销售公司召开的混改引战后第一次董事会有着非常重要的意义。本次出席的董事与常规不同，并不是直接由上级委派，而是根据混改后的持股比例，邀请了民营资本参与。出席的 11 位董事中，原本体制中的高管仅有 4 位，3 位来自外部投资者，3 位独立董事，还有 1 位是职工代表。这一组成代表中石化销售公司为进一步改善管理系统和治理机制提供了有利的条件，改革后合理分配的董事席位，有助于民营资本发挥监督管理的职能，有利于建立更加有效的员工考核系统，有利于用更透明的方式管理人力资源。

2014 年开始，国资委已经在中国节能、中国建材、国药集团、新兴际华 4 户企业启动落实董事会职权试点。同时，2015 年国资委指导宝钢、中国节能、国药集团，由企业董事会选聘了 5 名副总经理，由新兴际华董事会选聘了总经理，实行聘任制和契约化管理。2017 年市场化选聘经营管理者试点在各级履行出资人职责机构直接监管的国有独资、控股的一级企业进行。2018 年，在中广核等 5 户中央企业统筹推进经理层成员契约化管理、职业经理人制度两项试点。

但是，董事会中心主义不是嘴上功夫，要实实在在通过制度落实到实际操作中去。如果只是形式上的董事会中心主义，董事会实际上形同虚设，董事会治理失灵，也会对企业的发展产生不利影响。

2014 年，中兴通讯一位高管去美国时在机场被扣下来检查，美方在与该高管同行的秘书的电脑里发现了涉及“规避方案”的两份文件。美方指控中兴通讯串谋非法出口，阻挠司法以及向联邦调查人员作出虚假陈述，据此判决中兴通讯支付约 8.9 亿美元的刑事和民事罚金。禁止美国企业向中兴通讯销售元器件。

2018 年 6 月 12 日，中兴通讯发布公告称，已与美国商务部工业安全局（BIS）达成《替代的和解协议》，包括中兴通讯将支付 14 亿美元民事罚款；BIS 将签发为期十年的新拒绝令；中兴通讯需更换公司和其子公司深圳市中兴康讯电子有限公司的全部董事会成员；与负有责任的管理层或高级职员解除合同等。其中最值得注意的是，美方要求中信通讯更换全部董事会成员。这说明，至少美方认为，中兴通讯董事会在这一事件过程中负有不可推卸的责任。而作为同时在 A 股和 H 股上市的企业，中兴通讯按照要求建立了规范的公司治理体系，也设立了形式上完备的董事会。公司第七届董事会共有 14 人，董事长和总裁由不同的人担任，有 2 名执行董事，5 名独立非执行董事，也设置了审计等专业委员会，制定了公司治理各项规则等。按照这种标准，中兴通讯的公司治理应该是规范有效的。

在美方看来，中兴通讯的董事会关于此次事件有明显失职，董事会成员违背了忠实义务和勤勉义务，具有不可推卸的责任。

一是董事会角色缺失，形同隐身。董事会应该处于公司治理的中心地位，但是在这一事件发生的过程中，我们几乎没看到公司董事会的身影。从中兴通讯董事会会议召开的次数、会议需要表决的内容来看，中兴通讯 2017 年只召开了 13 次董事会工作会议，而且和具体经营有关的表决内容不多。这就说明了公司经营权并不在董事会手中。按照公司章程规定，设立新公司以及继续开展同伊朗的贸易，应该都要通过董事会决议才行。但是我们没有看到董事会有关的决议。这样的董事会，并不是真正意义上的董事会中心主义。

二是董事会的监督功能缺失。董事会的作用之一就是决策与监督，而董事会没有能够阻止事件的发生，可能的原因是该事件从一开始就绕过了董事会，高管层面决定了就开始执行。但是，至少在执行过程中董事会没有进行有效监督，未能发现此违规事件的发生。

三是董事会成员没有能够履行忠实和勤勉的义务。董事会成员中的执行董事都是公司高管，非执行董事来自公司股东，其对于与伊朗的业务均应该知情。更重要的是，本应该处于相对客观地位的独立董事，在这一过程中几乎没有声音。这就涉及我国独立董事如何有效发挥作用的问题。我国公司的独立董事更多起到的是咨询、建议而非对公司的经营方案进行投票决策的作用。提出的建议如果管理层不采纳，也就听之任之[①]。

因此，另外要注意的就是，在董事会建设的过程中，还需要强化独立董事的作用。独立董事代表中小股东，比如在混合所有制改革中引入的民营企业，对公司行使独立决策权和监督权；而要使独立董事能有效行使决策权和监督权，必须首先提高独立董事的比例。根据北京师范大学公司治理与企业发展研究中心发布的《中国上市公司中小投资者权益指数报告 2015》，在 1008 家国有控股上市公司中，独立董事比例达到 2/3 的公司仅有 3 家，占比 0.30%；达到 1/2 但不足 2/3 的公司有 32 家，占比 3.17%；1/3 以上但不足 1/2 的公司有 964 家，占比 95.64%；达不到规定比例 1/3 的公司有 9 家，占比 0.89%。全部国有控股上市公司独立董事在董事会成员数量中的占比为 36.36%，整体比例偏低，难以起到否决大股东或实际控制人涉嫌侵害中小股东提案、中立维护公司利益的作用。

（二）董事会权限的突破

董事会作为业务执行机关，其权限分对内对外两方面。对内行使管理公司内部事务的权力，除法律和章程规定应由股东会行使的权力外，其他事项均可由董事会决定。具体是指股东会的召集，经理人的任免，董事长、副董事长、常务董事的选任，新股的发行等等。对外行使代表公司的权力，即代表公司与第三人进行交易活动。另外，备

① 吴国鼎："中兴通讯董事会治理反思"，《董事会》，2019 年 9 月刊。

置公司章程和各种簿册，及时向股东会报告资本和亏损情况以及在公司资不抵债时向有关机关申请破产等。

董事会授权机制是现代企业法人治理结构的重要环节，按照现代企业制度，股东会、董事会、监事会和经理层各自有各自的权力与职责，应各司其职，确保企业的顺利运行。授权经营的链条中，股东会授权给董事会，董事会管理经理层，监事会监督公司运营，其中董事会起到了关键的承上启下的作用，董事会的运行畅通与否，决定了公司经营决策的科学性和风险防控的有效性。

但是对于国有企业董事会而言，存在的最严重的问题就是董事会与股东会、经营管理层的关系混杂。例如董事会与股东会的决策边界不清，董事会与经营管理层的管理权限重叠，董事会往往只是听命于国有股东（尤其是国有独资股东），导致董事会只是简单执行股东决议，大大降低了董事会的决策地位，影响决策效率。虽然按照我国《公司法》《企业国有资产监督管理暂行条例》，以及中央企业董事会试点出台的有关的规定，对国资委与公司董事会权利界分基本上是合理的，但落实到具体的授权经营制度上，缺乏可操作性，授权困难，导致国资委和公司董事会权利配置在实践中失衡。

国有企业董事会及经理层受制于现有授权体系的局限性，不能适应激烈竞争、快速变化的市场需要，导致国有企业运营效率低下、发展受到制约。因此，落实国有企业董事会授权体系、理清国有企业董事会及经理层各方权责，将成为国有企业建立中国特色现代国有企业制度的关键一步。建立透明高效的董事会授权体系将赋予董事会更多权限，有助于激发企业活力，进而形成企业健康发展的良性循环。

以 2004 年国资委发布的《关于国有独资公司董事会建设的指导意见（试行）》为基础，国有企业董事会建设正式展开。此后，各种政策文件纷纷出台，推动国企董事会建设不断深入完善。

表 3-2　　　　国企董事会建设相关文件及主要内容

发布时间	文件名称	主要内容
2004.06	《关于国有独资公司董事会建设的指导意见（试行）》	董事会成员原则上不少于 9 人，其中至少有 1 名由公司职工民主选举产生的职工代表
2017.04	《国务院办公厅关于转发国务院国资委以管资本为主推进职能转变方案的通知》	精简 43 项国资监管事项，其中取消 26 项，下放 9 项，授权 8 项
2017.04	《关于开展落实中央企业董事会职权试点工作的意见》	授予董事会中长期发展决策权、经理层成员选聘权、经理层成员业绩考核权、经理层成员薪酬管理权、职工工资分配管理权、重大财务事项管理权等 6 项权力
2017.05	《国务院办公厅关于进一步完善国有企业法人治理结构的指导意见》	到 2020 年，国有独资、全资公司全面建立外部董事占多数的董事会，国有控股企业实行外部董事派出制度
2019.04	《国务院关于印发改革国有资本授权经营体制方案的通知》	国资投资运营公司：授权战略规划和主业管理、选人用人和股权激励、工资总额和重大财务事项管理等 其他商业类和公益类企业：维护董事会依法行使重大决策、选人用人、薪酬分配等权利

十九大报告提出：国企改革的目标是“培育具有全球竞争力的世界一流企业”“一流的公司必须有一流的董事会”。落实董事会职权，首先要准确界定董事会在公司治理中的定位，继而明确与董事会治理定位相对应的职权内容。也正是因此，国务院先后发布了多个文件，强调以管资本为主加强国有资产监管，在实现“授权与监管相结合、放活与管好相统一”方面做出了非常大的努力。在 2017 年发布的《国务院办公厅关于转发国务院国资委以管资本为主推进职能转变方案的

通知》中对董事会职权试点企业进行了相关事项授权。

表 3-3　　国务院国资委授权事项

序号	事项内容
1	制定中央企业五年发展战略规划和年度投资计划
2	经理层成员选聘
3	经理层成员业绩考核
4	经理层成员薪酬管理
5	职工工资总额审批
6	中央企业子企业以非公开协议方式增资及相应的资产评估
7	国有参股企业与非国有控股上市公司重组
8	大额预算外捐赠、重大担保管理和债务风险管控

2019 年 4 月，国务院又印发了《改革国有资本授权经营体制方案》，对改革国有资本授权经营体制作出部署和安排。其中最关键的就是确定权责边界，明确“谁来授，授给谁”。明确了国资委、财政部或其他部门机构根据国务院委托作为授权主体，依法科学界定职责定位，依据股权关系对国家出资企业开展授权放权。将依法应由企业自主经营决策的事项归位于企业，将延伸到子企业的管理事项原则上归位于一级企业，原则上不干预企业经理层和职能部门管理工作，将配合承担的公共管理职能归位于相关政府部门和单位。

与此同时，强调了分类开展授权放权，确保“授得准”。对国有资本投资运营公司在战略规划和主业管理、选人用人和股权激励、工资总额和重大财务事项等方面，一企一策有侧重分先后地向符合条件的企业赋予更多自主权。对其他商业类企业和公益类企业要充分落实企业的经营自主权，逐步落实董事会的职权。

最后，加强企业行权能力建设，确保“接得住”。要把加强党的领导和完善公司治理统一起来，加快形成有效制衡的公司法人治理结构、灵活高效的市场化经营机制，建设规范高效的董事会，深化企业内部“三项制度”改革，加强国有资产基础管理，优化集团管控，提升资本运作能力。

2019 年，我们为江南某文旅集团设计了一套如何落实董事会职权的细则方案。该文旅集团是一家省属国有独资公司，主要业务为酒店连锁、健康养老两大核心产业，辅营业务为贸易电商、物业管理等，并运营管理省养老产业投资基金。2017 年末，该集团总资产 60 亿元，净资产 36 亿元。实现营业收入 24 亿元，利润总额 3.58 亿元。

该文旅集团本部主要行使控股管理职能，其授权经营的绝大部分资产均以法人资产的形式注入到了各分、子公司。其定位一是要成为酒店业国内同行业中的领军企业，二是成为健康养老产业国内同行业领先的探索者和实践者。在本次“双百行动”中，该集团除了开展混合所有制改革之外，落实董事会职权也是本次改革重点内容之一。

在落实董事会职权方面，该集团在本次“双百行动”中的核心成果是和国资监管部门落实了董事会六项职权的相关实施细则。

一是中长期发展决策权，授权集团公司对外部宏观环境展开洞察分析，明确集团面临的机遇和挑战，基于集团战略定位和战略目标，制定《集团总体战略发展规划》《各业务板块战略发展规划》及相应策略、重点发展举措，确保党代会的总体目标实现。

二是经理层成员选聘权，授权集团公司制定和优化完善董事会选聘集团公司经理层的工作程序、相应的经理层岗位职责和任职条件等。

三是经理层成员业绩考核权，授权集团公司制定和完善集团经理层人员的年度考核和任期考核体系，包括指标筛选、考核方式、目标值制定，考核结果应用等。

四是经理层成员薪酬管理权，授权集团公司建立与选人方式相匹配、分类管理相适应的差异化薪酬体系。

五是职工工资分配管理权，授权集团公司出台相应的工资总额管理办法，并进一步优化集团内部各层级薪酬激励、职业发展和绩效考核等人力资源相关制度体系，落实集团“十三五”人力资源规划目标及三项制度改革要求。

六是重大财务事项管理权；授权集团公司构建全面风险防范体系，完善授信、担保和债务事项的管理。

未来，该集团还将继续深化改革内容。在公司治理方面构建集团的公司治理结构设计，明确三会一层及各专业委员会的架构及其职能职责；根据业务发展的需要和管控内容的需要，有针对性地完善三会一层会议制度及其流程体系。同时，明确董事会与经理层的权责边界和管控机制。

一是设计多级董事会体系，对集团内各级董事会体系进行梳理，包括董事会的工作职责和流程、董事会运行的相关制度体系及外派董事的权责和工作流程，从而通过运营机制和议事规则的制定，使集团各级董事会体系成为一个统一的整体。

二是设计组织职能，合理设计集团及下属子公司法人治理机制，包括党委会和董事会、监事会、经营层的机构设置，明确机构职能和权责范围。

三是优化公司章程，同集团及下属子公司进行多轮沟通，对公司章程进行修改完善，从而与法人治理结构和集团管控体系等制度保持一致。

（三）董事会专门委员会设置的突破

近年来，董事会专门委员会也越来越受到监管者和投资者的重视。一般情况下，公司都会至少设置四个专门委员会，包括战略委员会、审计委员会、提名委员会、薪酬与考核委员会。有些公司会根据自身的需求，再设置其他的专门委员会，比如风险管理委员会、关联交易控制委员会等等。根据中国证监会和前经贸委联合发布的《中国上市公司治理准则》，上市公司董事会可以按照股东大会的有关决议，设立战略、审计、提名、薪酬与考核等专门委员会，成员全部由董事组成。其中审计、提名、薪酬与考核委员会中独立董事应占多数并担任召集人，审计委员会中至少应有 1 名独立董事是会计专业人士。

我们按照现代公司制度可以将这些委员会分为两类，一类是公司治理类委员会，成员以非执行董事为主；一类是公司管理类委员会，主要执行集团管理和战略管理职能，成员包括执行董事和非执行董事。

公司治理类委员会主要是为了确保公司规范运作和保护股东利益，其组成和运作都要受制于监管部门和证券交易所的一些规则的限制。公司管理类的委员会则主要确保高层战略管理上的有效性与质量，各公司之间差异很大，在其组成和运作上，董事会有非常大的自主权，可以根据情况变化组建一个新的委员会或解散一个现存的委员会。这类委员会的作用是向董事会全体会议报告和提出建议，不做最后决策[①]。

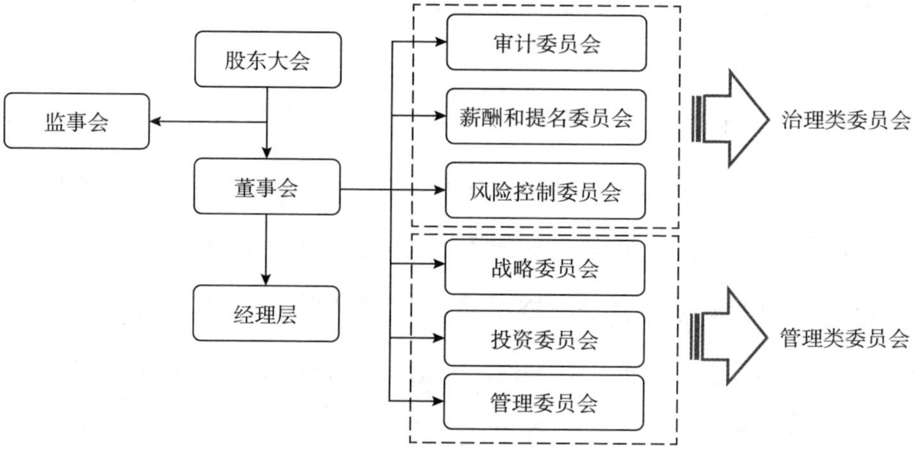

图 3-4　董事会专门委员会

前文提到董事会授权问题，其实在国资委向董事会授权不足这个问题上，还有另一个层面的原因，就是企业本身缺少一个运作规范、靠得住的董事会，导致国资委无法授权，以至于国资委在行使股东权利的同时还不得不行使董事会的部分权力。再比如，董事会内部结构不合理，董事因直接委派或兼职导致缺乏所处行业的专业性，未能形成职业化的董事思维，很难以市场化的角度对决策事项进行分析判断等等，这都影响了董事会本身的决策能力和决策效率。

而专门委员会的设置，可以吸纳不同领域的专业人才，从不同的

① 仲继银："董事会的委员会"，《董事会》2008 年第 4 期。

维度为公司的运营出谋划策。比如，战略委员会的主要职责，就是对公司所处的外部环境、现有的内部条件以及长期发展战略规划进行研究并提出建议；研究管理层提交董事会的投资发展战略、经营计划和预算；对公司的总体业绩与发展趋势进行监督、预测等等。投资委员会其主要职责是审议公司投资发展战略，并监督战略的实施；审核公司有关投资管理的内控制度、管理模式、决策程序等；审核公司年度投资计划与方案、投资品种的配比结构，并提请年度董事会审批；审核资产负债的配置计划、单个投资品种的投资比例和范围，指定投资管理的绩效评估与考核的基准和方法，定期评估投资业绩等等。

而对于治理类委员会中的审计委员会，主要的职责更偏向于“治”而非“管”，比如，监督公司内部审计制度及其实施，并提出改进意见和建议；提议聘请或更换公司的外部审计机构；审核公司的财务信息及其披露；查阅审核公司资金运用状况；检查并完善公司内控制度；向董事会提交公司整体的风险管理战略与体系，建立相关的激励约束机制；如有理由认为公司任何董事、高级职员或雇员与违反法律、公司章程或规章制度的活动有牵连或知情。审计委员会有权要求公司聘请的审计机构给予协助并对公司的上述人员进行质询等等。

再比如薪酬与提名委员会，就要根据公司业务发展、资产规模和股权结构等因素，就董事会的规模和构成向董事会提出建议，要研究董事、高级管理人员的选择标准和程序，并向董事会提出建议；要广泛搜寻合格的董事和高级管理人员的人选，并对董事人员、高级管理人员的人选进行先期审查并提出建议；就股票期权的设立、股权管理计划等长期激励事项提出建议等等。

因此，董事会专门委员会的设置和有效运作，是做实董事会职责、提升董事会运作效率和质量的有效治理方式，那么，对于国有企业，通过一定的授权，用好董事会专门委员会，也是落实董事会权限的重要方面。我们认为，提升专门委员会的效率，主要在于以下几点。

首先，要清晰定位董事会和董事会专门委员会的关系。如果把董事会看成一个公司，那专门委员会就是它的“部门”，为充分发挥合力作用，就需要通过《议事规则》达成共识。董事长负责董事会组织和功能的有效运行，同时也是各专门委员会的“总指挥”。

其次是明确工作节奏，除了把握专门委员会的年度工作计划外，还需要各专门委员会制定自己的议事规则，细化至可操作可考核的范畴，呈报董事长批准后由董事会办公室负责备案并监督实施，确保每份工作都落到实处。

第三，是对专门委员会引入考核机制。将专门委员会视为部门，进行岗位分析、评价，并施以科学的考核和激励，充分激发专门委员会的能力，为建立科学、高效的董事会决策机制贡献力量。

（四）董事会成员及其构成的突破

关于董事会成员，《公司法》第四十四条“董事会的组成”中规定，有限责任公司设董事会，其成员为三人至十三人；但是，本法第五十条另有规定的除外。两个以上的国有企业或者两个以上的其他国有投资主体投资设立的有限责任公司，其董事会成员中应当有公司职工代表；其他有限责任公司董事会成员中可以有公司职工代表。董事会中的职工代表由公司职工通过职工代表大会、职工大会或者其他形式民主选举产生。董事会设董事长一人，可以设副董事长。董事长、副董事长的产生办法由公司章程规定。第一百零八条和第一百零九条中规定，股份有限公司设董事会，其成员为五人至十九人。董事会成员中可以有公司职工代表。董事会中的职工代表由公司职工通过职工代表大会、职工大会或者其他形式民主选举产生。董事会设董事长一人，可以设副董事长。董事长和副董事长由董事会以全体董事的过半数选举产生。董事长召集和主持董事会会议，检查董事会决议的实施情况。副董事长协助董事长工作，董事长不能履行职务或者不履行职务的，由副董事长履行职务；副董事长不能履行职务或者不履行职务的，由半数以上董事共同推举一名董事履行职务。

在 2004 年发布的《关于国有独资公司董事会建设的指导意见（试行）》中，针对国企董事会的建设方面提出：董事会成员原则上不少于 9 人，其中至少有 1 名由公司职工民主选举产生的职工代表。试点初期外部董事不少于 2 人。根据外部董事人力资源开发情况，在平稳过渡的前提下，逐步提高外部董事在董事会成员中的比例。董事会设董事长 1 人，可视需要设副董事长 1 人。董事长、副董事长由国资委指定。董事会每届任期为 3 年。董事任期届满，经国资委聘任可以连任。外部董事在一家公司连任董事不得超过两届。

同时还规定，建立董事会的同时，要加强党的建设。公司党委（党组）主要负责人应当进入董事会；非外部董事中的党员可依照《中国共产党党章》有关规定进入党委（党组）；党委（党组）书记和董事长可由一人担任。

该《指导意见》发布后，宝钢集团率先展开包括外部董事选聘、职业经理人选聘等试水动作，按照“外部董事超过董事会全体成员半数”的原则来配备人员，由国资委从企业外部选聘符合条件的人员来担任独立董事。在宝钢内部的各个专门委员会中，同样也是外部董事占据多数，其中审计委员会和薪酬考核委员会全部由外部董事组成。

一般而言，股东在董事会的席位是和他的股份比例相对应的，也就是说，股东在股东会的投票权和在董事会的投票权比例相当，不然股东会丧失一部分权力。但是对于国有企业而言，国有资本基本处于控股地位，如果按照这个原则来执行，那么董事会中民营股东和职工董事的意愿就很难得以表达。

2014 年，中石化销售公司实施了混合所有制改革，向 25 家境内外投资者增发股份。增发后，中石化持有销售公司 70.01% 的股权，全体投资者持有销售公司 29.99% 的股权。如果仍按照股份占比来设置董事会，那么就失去了混改的初衷。而中石化销售公司最终董事会成员共有 11 人，其中中石化委派董事 4 人，社会资本方委派董事 3 人，独立董事 3 人，职工代表董事 1 人，充分实现了董事会的多元化，为后续建立正规的法人治理结构打下了良好的基础。

在本章第二节中曾提到的南方某城市建筑设计总院国企混改项目中，我们对于其董事会成员构成也做了类似的设计。

在董事会结构方面，混改后的该设计总院董事会设立 7 个席位，其中国有控股股东推荐一名外部董事和一名执行董事，持股较多的战略投资者推荐一名董事（另一方持股较少的战略投资者推荐一名监事），依照《公司法》设置一名职工代表董事，员工持股平台作为股东之一推荐一名董事（持股员工之一），此外再聘用两名外部独立董事，一名为行业专家，一名为管理专家。通过这样的设置，实现外部董事占多数的公司治理结构，同时控股股东推荐董事和公司员工董事合计占多数，又能保证国有股东和该设计总院自身对企业重大经营决策的把控。

而后，对于两名独立董事的选举流程也进行了明确。其中，行业专家推选遵循以下流程：首先由总院技术委员会推荐多名候选人（董事、监事、股东皆可推荐），之后由提名委员会组织进行沟通、面试确定 3 名以上候选人，再由非独立董事投票选择 1 ~ 2 名，最后通过股东会进行表决。管理专家推选遵循以下流程：首先由总院战略管理部汇总推荐多名候选人（董事、监事、股东皆可推荐），之后由提名委员会组织进行沟通、面试确定 3 名以上候选人，再由非独立董事投票选择 1 ~ 2 名，最后通过股东会进行表决。

在专业委员会的设置方面，该设计总院董事会设置提名委员会、薪酬与考核委员会、审计委员会三个专业委员会，每个委员会成员三名，都必须包含一名外部董事。其中，提名委员会须包含由持股员工推荐的执行董事，保证提名委员会对公司更加熟悉，推荐更符合公司实际的人员；薪酬考核委员会主任由外部董事担任，而且必须包含外部独立董事（管理专家），提高薪酬考核工作的科学性；审计委员会主任由外部董事担任，须包含由国有股东推荐的董事，从而加强国有资产运营的监督职能。

（五）董事会成员产生途径的突破

董事会由董事组成，董事通过行使董事权利影响公司董事会的决策，因此在选择公司董事时应该根据公司当前的业务状况和未来的发展方向，经综合考量后进行选择，根据董事的身份不同分为职工董事和非职工董事。一般而言，公司非职工董事由公司股东会或股东大会选举；职工董事由公司职工通过职工代表大会、职工大会或者其他形式民主选举产生。

对于国有独资公司而言，根据《公司法》规定，不设股东会，由国有资产监督管理机构行使股东会职权。国有资产监督管理机构可以授权公司董事会行使股东会的部分职权，决定公司的重大事项，但公司的合并、分立、解散、增加或者减少注册资本和发行公司债券，必须由国有资产监督管理机构决定；其中，重要的国有独资公司合并、分立、解散、申请破产的，应当由国有资产监督管理机构审核后，报本级人民政府批准。

国有独资公司设董事会，董事每届任期不得超过三年。董事会成员中应当有公司职工代表。董事会成员由国有资产监督管理机构委派；但是，董事会成员中的职工代表由公司职工代表大会选举产生。董事会设董事长一人，可以设副董事长。董事长、副董事长由国有资产监督管理机构从董事会成员中指定。

因此，对于混改企业，董事会成员应如何确定，也是一件值得考量的事情。在《公司法》中，其实只对于国有独资公司的董事会成员如何选拔做出了规定。但在实际操作中，国有全资公司、国有控股公司基本都比照国有独资公司在进行，即董事长、副董事长由国有资产监督管理机构来指定。

而《公司法》对于股份有限公司董事长的产生，在第一百零九条中规定，董事长和副董事长由董事会以全体董事的过半数选举产生。那么对于混改后的企业，到底是还像原来一样，由国有资产监督管理机构来指定董事长和副董事长，还是按照公司法的规定，真正由董事会来选举产生呢?

不得不说，这是我们现行法律和国有企业运行一个极大的矛盾点。虽然从公司治理的逻辑上而言，董事应该对公司负责，而不仅仅是作为股东代表的存在，董事长就是董事选举出来管理公司的。但是从实际运行上来看，董事长还承担着向国有控股股东，比如各级国资委或国有资产投资运营平台汇报的职责，如果选举出一个民营股东推荐的董事担任董事长，从国资监管的逻辑来看又产生了偏差。

但是，在此次国企混改中，既然提出了“五突破一加强”的理念，提出了改革要“伤其十指不如断其一指”，就要将改革落至实处。在董事会成员产生途径上，也还是有一些国有企业走在了前列。

比如，2017 年，上市公司云南白药的控股股东云南白药控股有限公司完成了董监高人员的改选，新一届董事会共 4 人，民营资本方代表、紫金矿业前总裁王建华出任董事长，新华都集团董事总裁陈春花入选董事，这是在公司治理层面迈出的非常关键的一步。另外，此次混改还以增资扩股的方式引入民企新华都集团的现金资本约 254 亿元，混改后，白药控股高管将不再保留省属国企领导身份和职级待遇；新任公司高级管理人员将按市场化方式选聘。此次混改让白药控股可以充分借助国资和民资的优势，将以真正的市场竞争主体向成为千亿级企业目标进发。

（六）董事会成员考核及其激励机制的突破

在“董事会中心主义”的架构下，董事会是整个法人治理结构的核心。对于股东而言，董事会是受托者，接受股东的委托，实现股东对资产保值增值的要求；对于经理层而言，董事会又是委托者，授权经理层开展公司经营活动并对其实施监督和控制，以实现其经营目标。因此，可以说，董事会的治理水平就是整个公司法人治理结构水平的缩影，如果董事会治理出现问题，轻则影响公司效益，重则遭受灭顶之灾。

在2002年中国证监会和前国家经贸委联合发布的《上市公司治理准则》中，就明确规定了“上市公司应建立公正透明的董事、监事和经理人员的绩效评价标准和程序，董事和经理人员的绩效评价由董事会或其下设的薪酬与考核委员会负责组织，独立董事、监事的评价应采取自我评价与相互评价相结合的方式进行。”

但是对于大多数非上市的国有企业而言，几乎没有有效的董事考核体系、评价体系，导致董事缺乏责任心，不能履行勤勉尽责义务。或者有些企业只是对执行董事有业绩考核要求，但对非执行董事或者独立董事，除了每年支付固定费用，并没有任何考核条件。

因此在董事会成员考核上，我们认为，主要是两个方面的突破。

第一，是对于董事会成员考评体系的突破。一个合理的正确的考评体系能够有效提高董事会成员履行其责任的动力。根据委托—代理理论，董事会成员与股东之间也存在着利益冲突，在这种利益冲突下，董事会成员并没有足够的动力去切实履行责任。而董事会考评体系将迫使董事会积极地监督和管理经理层，促使经理层更好地完成公司业绩。但这一要求的前提是考评体系的合理性，如果考评体系本身的要求是不合理的，或者不全面的，那么势必导致董事的行为出现偏差，影响公司最终的经营效果。

第二，是对非执行董事的考核。目前国内还很少出现对非执行董事的考核要求。但是，如果对非执行董事没有任何业绩考核的措施制度，他们很可能不关心公司真正经营业绩的好坏，履行董事勤勉尽责的义务就变成了一句空话。从另一个角度说，如果非执行董事对公司兢兢业业，恪尽职守后公司业绩出现了大幅提升，但其获得的利益却和公司业绩毫无关系，这也会挫伤非执行董事为公司工作的积极性。现在对非执行董事的颇多诟病，就是在于对他们责任心的担忧上，认为他们对公司的实际情况了解不够，投票时候完全是“用脚投票”。因此，一个明确的考核制度，将非执行董事的考核结果与绩效挂钩设计报酬方案，可以最大限度地调动非执行董事的工作积极性，从而充分发挥董事会的有效性。

关于董事会的考核，首先要关注“谁来考”。根据《公司法》中对于监事会职权的界定，“监事应对董事、经理执行公司职务时违反法律、法规或者公司章程的行为进行监督”以及“当董事和经理的行为损害公司的利益时，监事应要求董事和经理予以纠正”，董事会的考核应由股东大会委托监事会进行。监事会既可以公开董事会绩效评估的标准和目标要求，也可以定期公布评估结果和不足之处，并将股东对董事会的要求予以反馈。也可以由其他部门对董事会进行考核，比如中国网通就是委托提名公司治理委员会按自然年度组织实施对董事会及所属专业委员会的业绩评估工作。

其次，就是“怎么考”，我们可以借鉴绩效管理的一般流程，明确董事会绩效考核考前、考中、考后的具体工作内容，考前的工作主要是由股东大会就经营计划和董事会进行沟通，确保董事会对经营计划的理解；考中的工作是董事会就制定的战略目标下达给经营层，定期对公司业绩完成情况进行评估，定期对经营层进行考核等；而考后的工作就是董事会根据公司各项指标的达成情况进行总结，根据考核指标的完成情况制定来年的考核标准。

最后，是“考什么”，我国企业对董事会考核普遍不清晰，大多还是以非量化的指标来考核，比如江苏省国资委曾经下发的《省属国有独资公司董事会及董事评价办法（试行）》中指定的考核标准，重点是评价董事会运作的规范性和有效性，主要内容包括董事会工作机构设置、制度建设、日常运行、决策效果以及对经营层的考核与管理等。因此我们认为，对董事会的考核重点应分两类，一类是整体的量化指标，主要是董事会在公司经营中是否有效地发挥了应有的作用；另一类是个体的非量化指标，即董事个人的能力素质、工作表现等等。

四、混改企业中的监事会作用

监事会作为企业内部的监督机构，其主要职权是监督检查公司的财务会计活动；监督检查公司董事会和经理等管理人员执行职务时是否存在违反法律、法规或者公司章程的行为；要求公司董事和经理纠正其损害公司利益的行为；执行公司章程授予的其他职权等等。之前，企业监事会往往受控于大股东、职权配置缺少实质性内容、缺乏必要的激励与约束，一直存在整体失效、形同虚设等问题[①]。而监管正是政府最为擅长的环节，国有股拥有政府支持，不易受控于非国有股或管理层。必要时，在发现控股股东、董事、高管侵害公司权益后，还可以借助行政手段，有力打击被监督者。同时，政府对于国有资产流失的顾虑赋予其足够的激励履行监督权。因此，在国有企业进行混合所有制改革的过程中，一定要充分发挥好监事会的职能。

比如新加坡的国资运营平台淡马锡在解决国资监管和国资运营矛盾方面就有非常好的可借鉴之处。淡马锡法人治理结构致力于突出董事会与专业投资委员会的决策能力与自主领导权，强调治理结构的精简与决策效率，通过独立的董事会制度将政府干涉降到最低。用审计委员会代替监事会，成员全部由独立董事组成，除了审查内控等内容，还会考核外部审计的范畴、结果及独立性。这种扁平化结构，可以使

① 李建伟：《公司法学》，中国人民大学出版社 2014 年版，第 306 页。

各个环节充分发挥应有的职能[①]。

淡马锡成立于1974年，新加坡财政部持有其100%的股权。淡马锡在新加坡国民经济中具有重要地位，它直接掌控的新加坡企业20家，间接控制企业2000余家，几乎涵盖了新加坡通信、金融、航空、科技、地产等主要行业。而在新加坡10家规模最大的企业中，淡马锡涉足7家。正因如此，新加坡的经济模式被称作是“国家资本主义”，即通过国家控制的私人企业来进行投资，主导以私营企业为主的资本市场。

淡马锡法人治理结构的两大亮点，一是所有权与经营权的分离，一是多元化监管体系。

所有权与经营权的分离，在淡马锡主要体现在两个层次。首先是淡马锡股东对淡马锡层面。淡马锡虽全资隶属于新加坡财政部，但二者具有明确的职责划分。新加坡财政部作为政府机构，担当的是政策制定者和市场监管者的角色；淡马锡作为一家私人公司，以盈利为目的进行投资，持续追求股东的最大回报。淡马锡独立于政府部门，完全按照商业化模式运作。新加坡财政部并不干预淡马锡的日常运营，只有在涉及淡马锡关联公司的股份并购、出售等重大事项时才会参与进来。在淡马锡董事会现任的10名董事中，执行董事只有2名，8名非执行董事均来自国际国内知名企业的独立董事和政府部门的股东董事。淡马锡董事会人员的任免由董事会任命委员会提名，但最终必须经总统同意，基本上隔断了政府滥用职权干预微观运营。为避免政府不当地干预企业的具体经营管理，董事会和总裁一经任命即拥有自主

① 王中杰：“国企改革与公司治理的8大问题”，搜狐财经，2016年10月23日。

经营决策权，与此同时，作为淡马锡股东代表机构的董事会，必须实行内外制衡的人员结构，其中多数董事为外部独立董事，少数由财政部的官员代表政府委任，但不在企业拿薪酬。这种制度设计使得政府既可以直接监督淡马锡的重大经营决策，确保国有资产经营安全；又无法完全干预淡马锡的内部经营管理。这也就是我们此次国企改革重点强调的所有权和经营权"两权分立"。这种模式促使淡马锡遵循市场规律进行最有效的决策。

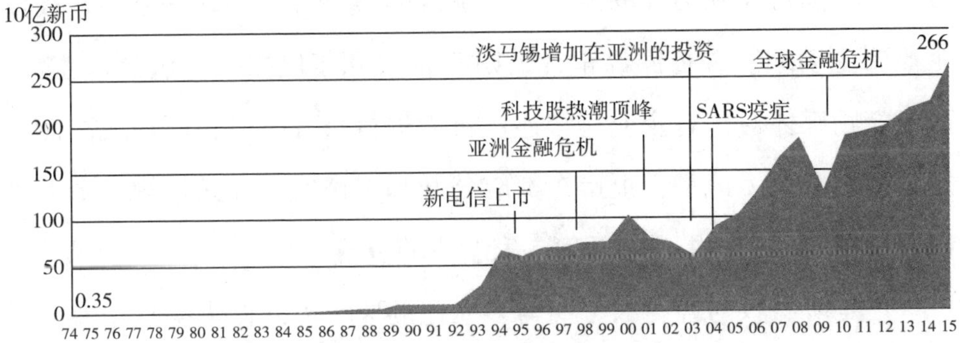

图 3-5　淡马锡投资组合市值

其次是淡马锡对投资企业层面。淡马锡对投资企业也是保持所有权和经营权"两权分立"的态度，无论是参股还是控股，均不干预企业的日常运营，而是通过盈利要求、考核财务指标等方式对企业进行监管。若企业无法达到设定的标准和要求，淡马锡就会通过减持股份等市场化的方式进行处理。

第二个亮点就是多元化的监管体系。监管体系也分两个层面，首先是股东对淡马锡的监管。一方面，政府委派官员进入淡马锡董事会，影响和监督公司的重大决策；定期审核淡马锡的财务报告，监督公司的财务及运营状况；不定期派遣专员到淡马锡或其子公司了解情况。

另一方面，董事会负责对公司管理层进行监督和约束，董事会内设执行委员会、审计委员会和管理人才培养与薪酬委员会，由董事会成员分别领导，各司其职。公司不另设监事会。

其次是淡马锡对投资企业的监管。一方面，被投企业的董事长、首席执行官任命须报请淡马锡批准，任期不得超过6年，且两者原则上不可由同一人兼任；被投企业董事会必须保留一定比例的外部董事；被投企业开拓新业务须经淡马锡审核批准；定期对被投企业进行业绩考核，不同行业和情况的公司设立不同的考核标准。另一方面，被投企业要主动编写并披露经审计的财务报表和年度报告，供公众监督；政府鼓励媒体对国有企业违法违规行为进行公开曝光；新加坡法律规定，国有企业无论是否上市，都应公开基本情况，任何机构或个人可以低成本地在注册局查阅任何一家企业的资料。

正是所有权与经营权分离与多元化的监管方式两大亮点，使淡马锡以及旗下企业的运作和管理尽可能地保持稳健和透明，避免这一庞大的国有资产体系失去控制，滋生腐败。

因此，加强国有股对监事会的控制就是为了实现国有股东对企业的有效监督，这必须依靠有效的组织手段、适当的管理方法和专业的监督能力。

第一，由国有资产监督管理机构派出监事，确保监事的独立性。企业内部监事会缺乏独立性是我国国企公司治理中普遍存在的问题，提高国企监事会的有效性必须从体制上增强监事会的独立性。由于内部监事很可能受制于各方股东、实际控制人，难以独立行使职权，所以应当由国有资产监督管理机构向国有企业派出监事，并由派出机构支付监事的薪酬。

第二，建立信息沟通协调机制，明确监事会在合力监督中的作用。随着国企改革中公司内部治理机制的完善，除监事会外，党的领导、由外部董事组成的审计委员会等多种力量均对国有企业行使监督职能[①]。从公司治理的内部机构来看，各机构采取的一些监督手段可能会有重叠，比如审计，各机构根据自己的需求要求企业相关部门提供不同的信息，极有可能使得企业相关部门为了提供相同的信息而付出重复的劳动。所以，应当建立有效的信息沟通协调机制，如信息共享平台，以避免浪费监管资源。通过明确监事会等监督部门的职责范围，实现有的放矢的错位监督。

第三，选用专业人才，加强监事会队伍的专业化建设。履行监事职责不仅需要掌握企业管理、财务、审计等专业知识，更需要熟悉企业情况、市场经济和产业政策、具备丰富的阅历和工作经验。国有资产监督管理机构在选任监事和监事会主席时，往往过于注重行政级别、资格经历和企业工作经验等非专业因素，并且，在相对封闭的内部人事圈内选任监事通常难以发挥好中选优、优胜劣汰的竞争机制[②]。鉴于此，应当坚持监事会监督机制创新的市场化取向，施行组织配置与市场配置相结合，面向社会选聘优秀人才，加强监事会队伍的专业化建设，从而确保所选任的监事能够有效发挥监督国有企业运营状况和重大决策的职能。

---

① 高明华："公司治理与国企发展混合所有制"，《天津社会科学》，2015 年第 5 期。

② 刘震伟："创新监督体制与机制 增强国企监事会工作有效性"，《上海市经济管理干部学院学报》，2011 年第 5 期。

五、“三个清单”的均衡格局

在混改企业中，股东会、董事会、监事会和经理层之间的关系，在理论上没有什么晦涩难懂的内容，但实际当中，如何把握三会一层之间的关系，合理地进行权责分类，界定各自的权责界面，往往存在着相当困扰和操作上的难度。

从更接近实操方面去设计，其实可以用“三个清单”来形成“三会一层”之间的均衡格局。“三个清单”的第一个清单是指股东会和董事会之间通过“权力清单”来管理，界定股东会该做什么，董事会该做什么，特别是股东会要做到“法无授权不可为”；董事会和经理层之间通过“负面清单”管理，明确董事会应该做什么，特别是经理层不该做什么，做到“法无禁止皆可为”；董事会和监事会之间通过“责任清单”来管理，明确监事会该怎么监管董事会与经理层，真正起到监督作用，做到“法定责任必须为”。

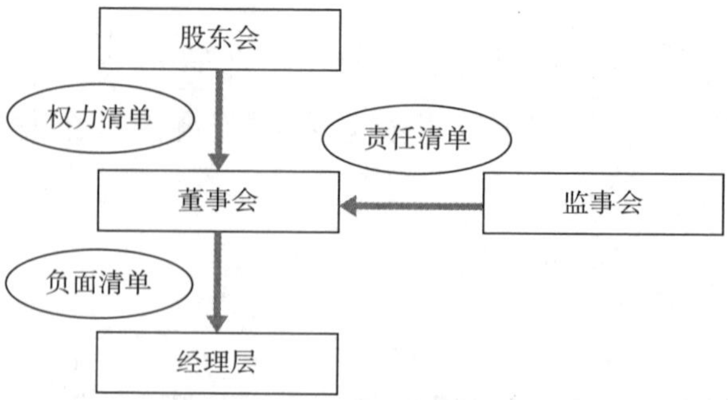

图 3-6 “三个清单”的均衡格局

（一）权力清单

首先，权力清单是股东会和董事会职责公开透明运行的一项基础工作，凸显了现代企业制度中权力责任匹配的基本原则，也是此轮国企混改的重中之重。

就股东会和董事会的权力清单，其实无论在最初制定的公司法，还是后来历经修改后的公司法，对于股东会和董事会的权力界定都是作为一项重要内容来规定的。其中，公司法第三十七条有关股东会的职权是这样规定的，“股东会行使下列职权：①决定公司的经营方针和投资计划；②选举和更换非由职工代表担任的董事、监事，决定有关董事、监事的报酬事项；③审议批准董事会的报告；④审议批准监事会或者监事的报告；⑤审议批准公司的年度财务预算方案、决算方案；⑥审议批准公司的利润分配方案和弥补亏损方案；⑦对公司增加或者减少注册资本作出决议；⑧对发行公司债券作出决议；⑨对公司合并、分立、解散、清算或者变更公司形式作出决议；⑩修改公司章程；⑪公司章程规定的其他职权。”而董事会的权力在公司法第四十六条是这样规定的，“董事会对股东会负责，行使下列职权：①召集股东会会议，并向股东会报告工作；②执行股东会的决议；③决定公司的经营计划和投资方案；④制订公司的年度财务预算方案、决算方案；⑤制订公司的利润分配方案和弥补亏损方案；⑥制订公司增加或者减少注册资本以及发行公司债券的方案；⑦制订公司合并、分立、解散或者变更公司形式的方案；⑧决定公司内部管理机构的设置；⑨决定聘任或者解聘公司经理及其报酬事项；⑩制定公司的基本管理制度；⑪公司章程规定的其他职权。”

从公司法对于股东会和董事会的权力界定中，我们不难理解它们的权力清单是有的，而且恰巧都是十一项权力，包括最后一项的兜底项。但仔细分析一下就不难发现，公司法对股东会和董事会权限如此的规定存在一定的矛盾之处，或者在划分二者之间权限的逻辑上存在一定的不周延性。其理由为，第一，股东会和董事会的权限通过列举式的方式，严格地说是不能穷尽的，至少随着企业性质、行业特性、股权结构、股东背景的不同，股东会和董事会的权限设计也各不相同。其次，股东会和董事会这两个组织，在公司治理中所起的作用是不同的，股东会是公司的最高权力机构，董事会是经营决策机构。公司在运转过程中，会不断有新的事项发生，需要及时作出决策。当股东会层面或者董事会层面遇到清单之外的事项需要决策的时候，即使公司的个性化章程条款十分全面，但总有面对新问题无章可循的情况发生。这就是公司法规定存在的逻辑缺陷。

因此，明晰股东会与董事会的权力清单就非常重要。首先，股东会的权限必须明确，而且应该针对股东会会议周期性较长的特性，适当规定股东会的权限。其次，要在确保股东会权威性的前提下，最大限度发挥董事会的作用。因此，董事会的权限划分上应该是除了股东会之外的所有权限，包括公司章程规定的权利，也包括公司章程规定之外的权利，还有公司章程没有规定的权利。这样事实上是采取了两分法，即不是股东会的权限就是董事会的权限，使股东会做到“法无授权不可为”，董事会实现权力兜底，确保公司董事会决策的及时性和有效性。

所以，为确保公司的有效治理，应该更加清楚界定股东会和董事会之间的权限，以及界定权限的内在逻辑。这样在实际工作中，容易理解，便于操作。

（二）负面清单

负面清单是董事会和经理层之间实现有效治理的清单。

负面清单管理是管理中的一种模式，最早运用在对外投资当中。通常情况是指政府规定哪些经济领域不开放，除了清单上的禁区，其他行业、领域和经济活动都许可。这种模式的好处是让外资企业可以对照这个清单实行自检，对其中不符合要求的部分事先进行整改，从而提高外资进入的效率。

现实中的董事会和管理层之间如何界定职责权限，是公司治理中难度最大之处。

董事会是经营决策机构，特别是前已述及的董事会建设，用发展的眼光，构建战略型董事会更符合现代企业制度的要求。董事会负责经营方面的决策，经理层负责实施。董事会和经理层的关系构成事实上的委托—代理关系，董事会是委托方，委托经理层具体执行决策，组织公司的生产管理。作为资源控制者，董事会通过聘任或解聘经理层人员并决定其报酬来发挥其经营管理的功能，从这个意义上来说，董事会发挥的更多的是战略管理功能。另外，董事会对经理层享有考核权，这也是《公司法》赋予董事会的法定权力。因此，考核经理层是发挥董事会作用的一个重要手段。董事会对经理层的考核有利于强化董事会对经理层的激励与约束，发挥董事会公司治理主体的作用，更好规范公司法人治理。

董事会和经理层的职责权限搞清楚了，接下来是如何在实际当中得到实施。而现实当中，董事会和经理层在权利界定方面一般是不够清晰的。

董事会和经理层的职权界定不清晰，会带来很多不利的后果。一种情况是董事会、经理层一体化。形式上也有时候会表现为董事长兼总经理，有时候尽管董事长和总经理分设，但实质上还是董事会一竿子插到底，这在一些规模不大的企业，包括规模不大的国有企业比较常见。另一种情况是虽然董事会、经理层分设，董事长和总经理分设，但不能清楚地厘清二者之间的权力界限，董事会常常干预经理层，凡事必须请示汇报，凡事必须上董事会研究，还有的董事会以党管干部的要求来对经理层指手画脚，公司治理存在严重问题。这在规模较大的国有企业比较常见。

所以，我们的任务不是简单地阐明董事会、经理层的性质，甚至在理论上规定各自的权责范围。由于前已述及的“一竿子插到底”“内部人控制”等做法难以解决实践中存在的权责不分问题，因此，负面清单管理不失为一种有效的方式。

负面清单管理表现在企业董事会和经理层这一环节，就是在规定董事会权限的前提下，重点梳理经理层的权限。经理层的权限表述当然不能采取过去的通常做法，而是厘清经理层不能做哪些事。我们过去习以为常的是规定能做哪些事，即具有哪些权利，在表述不能做哪些事的时候往往拿捏不准。实践中，特别是我们最近连续咨询的几个国有企业的任期制和契约化项目，这一点表现尤为突出。

任期制和契约化的前提就是授权问题，这里所说的授权存在于两个层面，一个是履行出资义务的上级机构（集团或者国资委）和企业之间，另一个是企业董事会和经理层之间。前一个不在这里赘述，我们主要集中在第二层面，即董事会和经理层。

任期制和契约化的考核主体是公司董事会，被考核主体是经理层。一个考核主体，一个被考核主体，这两者之间如果职责不清，界限不明，考核起来就愈加困难。“一竿子插到底”的治理模式，考核者既是裁判员又是运动员，弊端显而易见；“内部人控制”的治理模式，事实上是被考核对象说了算，考核显然失去意义。于是，任期制和契约化的客观要求，董事会和经理层的职责必须明确。

比如我们在给江苏某双百企业做任期制契约化方案设计时，就是采用了负面清单的方式进行管理的。董事会对经理层的授权，就是通过“法无禁止即可为”的负面清单来管理，比如“总经理无权决定超过 5000 万元以上的对外投资”，那么除此之外的对外投资，总经理就都有决策权。

负面清单管理的直接效果不仅仅解决了授权的逻辑，更重要的是解决了责任的区分。一旦责任区分问题得到解决，董事会对经理层的监督、责任追究和容错纠错等一系列机制就得以建立，相应的问题也就迎刃而解了。

（三）责任清单

责任清单是管理董事会和监事会之间关系的有效手段。

责任清单管理也常常用于政府部门的管理之中，比如，各级政府部门必须承担哪些责任、必须做哪些事情。每个部门的“职责边界”必须明确。

那么，对于董事会和监事会的责任界定该如何进行呢？

董事会的性质我们在前面提到过。作为监事会，根据公司法第四章第四节的规定，监事会是由股东（大）会选举的监事以及由公司职工民主选举的监事组成的，对公司的业务活动进行监督和检查的法定必设和常设机构。

关于监事会的职权范围，公司法的规定也是很清楚的。

公司法规定，“监事会（或不设监事会的公司的监事）行使下列职权：①检查公司财务；②对董事、高级管理人员执行公司职务的行为进行监督，对违反法律、行政法规、公司章程或者股东会决议的董事、高级管理人员提出罢免的建议；③当董事、高级管理人员的行为损害公司的利益时，要求董事、高级管理人员予以纠正；④提议召开临时股东会会议，在董事会不履行《公司法》规定的召集和主持股东会会议职责时召集和主持股东会会议；⑤向股东会会议提出提案；⑥依照《公司法》第一百五十一条的规定，对董事、高级管理人员提起诉讼；⑦列席董事会会议，对董事会决议的事项提出质询和建议；⑧发现公司经营情况异常，可以进行调查；⑨公司章程规定的其他职权。”

以上公司法关于监事会职权的规定，虽然比较清晰，基本实现了监事会对公司的财务、业务和管理者的监督的制度保障。但监事会如何行使这项权利，如何进一步发挥监事会的功能作用，现实中需要不断探索。

2017年，国务院办公厅颁发的《关于进一步完善国有企业法人治理结构的指导意见》中谈及部分国有企业“尚未形成有效的法人治理结构”，在推进监事会制度建设的同时，也特别提到“一些董事会形同虚设，未能发挥应有作用”。也就是说，实际情况下的监事会，大家对其认识不容乐观，“花瓶”“摆设”的声音不绝于耳。

所以，现实中的监事会，在发挥其作用和履行其职责方面还存在很多问题。为了解决这一问题，让监事会的职责履行落到实处，责任清单管理制度就显得尤为必要了。

责任清单管理的第一要素是设置监事会的权利。尽管公司法或者相关文件当中也规定了监事会的权利及其范围，但相对比较笼统，实操性不强。因此，我们在咨询实践当中，往往是把公司法和相关文件包括公司章程中的监事会权利进一步梳理和细化，变原则规定为具体事项，让每一条权利都很清晰，使监事会的权利能具体落到实处。

责任清单的第二要素是行使这些权利的程序保障，具体表现为监事会的议事规则。这个规定，一般情况下，企业都已经建立健全。

责任清单的第三要素，也是核心要素，就是责任追究机制的建立。我们会把监事会权利的行使不仅仅表现为一种权利，更会从义务的角度规范权利不行使应当承担的责任，即不作为的后果。同时厘清与其他机构，比如董事会的责任界限。

比较典型的一个例子是，我们服务的一家国企。在设定公司治理制度时，发现董事会的六项权利中的经理层的选聘权并不在董事会，这也是很多国企面临的现实。因为很多国企的经营层的任免权在上级集团或者组织部门。那么，对任期中途考核不合格，或者没有完成任期目标的经理层人员，严格地说，董事会不能对其解聘。为了解决现实中这一棘手问题，我们在任期制和契约化方案中是这样设计的，“当经理层年度考核不合格，或者任期届满后考核不合格的，应当由监事会向有任免权的机构或者部门提出请求解聘的建议。”这里我们用了“应当”二字，表明这不仅属于监事会的职责，也是监事会必须履行的义务。

第四章

完善市场化经营机制

一、积极推进任期制和契约化

二、任期制契约化改革案例

三、探索建立职业经理人制度

四、推行职业经理人制度的核心内容

一、积极推进任期制和契约化

（一）任期制契约化的基本内涵

我国的任期制最早来源于党政干部人事制度改革，十四届四中全会明确提出建立党政领导干部职务任期制，其具体内容是指限定各级党政机关中担任领导职务的干部一定的任职年限和连任届次，并且对于不同职务层次的干部实行不同的任职期限和连任届次，达到规定的任职期限和连任届次的，应按规定程序免去现职，正常退出现岗。之后国有企业中的领导干部也开始以此来进行改革。任期制是一次国有企业领导干部人事制度上的深刻变革。由于之前国有企业对经理层成员实施终身制，领导干部在岗位上一待就是几十年，虽然在一定程度上保证了企业的稳定性，也在某些阶段发挥了应有的作用，但是随着外部环境的变化，这种终身制的弊端便暴露出来。比如在任领导的职业通道不畅、年龄结构普遍偏高、创新活力不足、专业化能力不强等，阻碍了新时期国有企业进一步发展。所以在当前形势下，国有企业推行经理层任期制，就是要赋予国有企业经营者一种全新的观念和意识，真正对其在企业的升职降职用确定时间内的工作结果来决定，打破以往“无功无过就不下”的传统观念。

任期制相对于终身制，最大的优势是能够针对内外部环境的变化，及时对企业的经营者进行吐故纳新，在经营者选用评价制度完善的基础上，从内外部找到最合适的领导人来带领企业发展，这从组织行为学上来讲，是保持一个组织健康有活力的最重要条件，因为它可以加速企业高级管理人员队伍的流动和新陈代谢；增强经营者的责任意识、创新意识、竞争意识和危机意识，克服惰性心理，为企业创造良好的制度环境；同时也为上级部门和基层员工观察了解这些经营者提供时间保障，让经营者能够稳定地在任期内实施自己的宏图大志。

任期制主要包括两项内容：任期管理以及任期权责。任期管理包括一个完整的任期制内为经营者确定的任期目标、任期时长、最高连任次数等方面。国有企业经理层成员的各种激励约束制度体系需要依据任期管理的各项指标来确定。比如经理层成员的任期长度，就需要匹配企业制定的战略发展规划时限。当经理层成员的任期届满之时也就是企业在这个阶段的战略部署落实的终点，届时就需要通过对经营者在此阶段的工作进行客观合理评价，并通过必要的选举或任命形式来确定下个任期的经理层成员。任期权责的内容则相对更加复杂，包括任期内经理层成员所担任岗位的工作职责以及和上下级的权限关系。经理层成员的岗位职责一般根据各自在企业分管的领域进行分工而得，其主要内容包括经理层的岗位工作内容，任职资格以及相应的能力条件；经理层的权限关系一般包括对上对下两层，这当中最主要的是明确与上级部门之间的权责界面。由于绝大部分国有企业已经在形式上拥有比较完备的治理结构，所以在这里首当其冲需要明确经理层与董事会之间的权限划分，进而确定整个企业与上级国资监管部门之间的权限划分。

所谓契约化管理，在人力资源管理体系中就是经理层成员的候选者通过竞聘上岗的方式，把企业与岗位人员之间的关系从原来的体制内雇佣关系向市场化聘用关系转型。完整的契约化管理必须是严格基于科学的管理学理论，并依据法律法规，在确定并认同企业给自己下达的工作任务、指标的基础上，以契约的形式来确定经营者任期内的指标和奖惩措施。运用契约化管理的最大好处就是把原来上级通过行政命令式的管理变更为法制化且符合企业实际情况的科学式管理。

实行契约化管理在当前国企改革背景下有非常重要的意义。由于企业外部经营环境波动加剧，内部管理日益复杂化，加之社会能够培养输送的人才更加专业化，国有企业不能再像以前那样单纯通过行政手段来获取资源项目，且与经营者之间仅仅是一个简单的雇佣关系，而是需要运用法律契约的形式，用更加科学化的指标体系和精细化的管理手段，来确定与经营者之间的合作关系，并且在此过程中不断完善企业的选人用人机制和激发经营者的积极性。

契约化管理内容包括对经理层成员需要考核的业绩指标、考核形式内容、考核机构以及相应的薪酬水平的制定，并按照规定的程序和方法签订经营业绩责任书。具体制定步骤内容如下。

第一，对企业发展战略进行解读，针对不同业务板块提出不同的发展要求，明确薪酬管理体系优化方向，并尽可能地从完整性、合理性、执行性和合规性等维度对与经理层的薪酬绩效相关的现行制度进行评估，分析现行薪酬绩效管理体系对经营者主观能动性的束缚。

第二，由于不同的国有企业从属行业大相径庭，所以接下来需要根据企业分属的不同主辅业板块，社会功能和市场化程度，运用国企改革分类管理的思路，采用企业功能分类定位模型对于企业进行评估，划分为不同类别，并对标相应企业的资产规模、经营业绩、利润水平、员工规模等进行评估，确立能反映经理层市场价位和区域实际相结合的薪酬水平，最关键的是针对企业各自所处的板块和行业，通过科学选择同业进行对比核算，弱化企业资源导向的薪酬差异，强化管理团队能力导向的薪酬差异。对于"双百企业"来说，经理层团队的薪酬体系设计应严格遵循"双百九条"中关于薪酬制度改革的精神，坚持"水平适当、结构合理、管理规范、监督有效"的原则，完善任期制契约化管理，在薪酬体系设计上，重点要关注风险与收益对称、短期与中长期激励结合、现实科学性和前瞻预测性兼顾。

第三，在确立经理层业绩考核目标时应立足于上级部门，如集团或国资监管部门所确定的考核目标，科学制定企业三到五年的发展战略规划。由于一般国资监管部门所规定的考核目标包括利润和国有资产保值增值率，一般情况下无法全面客观反映出企业的行业特性，如行业周期性以及一些行业所拥有的特殊情况，所以需要企业根据这些特点在经济效益指标基础上设计定制化的考核指标，这样才能对经理层的工作成果做出更全面客观的评价。

第四，考核周期上，一般来讲对于公司经理层的考核周期通常采取任期考核和年度考核并行的模式，其中年度考核侧重于短期经济效益类指标，如净利润；任期考核侧重于长期效益类指标，如国资保值增值率等。此外，无论是任期考核还是年度考核，都需要建立严格的绩效目标和考核流程，保证考核的严肃性、纪律性和规范性。

（二）任期制契约化改革之路

最初提出任期制和契约化改革，主要是针对国有企业在发展过程中对于经理层的身份定位不清的问题。由于脱胎于计划经济下的政府部门，国有企业的经理层成员一直都是“亦官亦商”的身份，即“具有相应行政级别的国企干部”，其职位的任命和变动并非像现代企业那样由董事会严格根据其管理的企业经营效益决定，而是主要取决上级单位尤其是政府部门，其人事任免更多考虑的是政治因素。由于在管理方式上近乎于行政机构，所以一直存在着经理层对于企业不能着眼于长远发展和市场趋势，甚至发生损害企业利益来获取个人利益最大化的情况；人事方面能上不能下、干好干坏都一样，在位的经理层成员亦很难有改革创新、提升企业效益的动力。

为打破这一发展桎梏，1999 年中共十五届四中全会通过的《中共中央关于国有企业改革和发展若干重大问题的决定》提出，对企业及企业领导人不再确定行政级别；2000 年，国家经贸委发布《国有大中型企业建立现代企业制度和加强管理基本规范（试行）》中规定企业不再套用党政机关的行政级别，也不再比照党政机关干部的行政级别确定企业经营管理者的待遇，实行适应现代企业制度要求的企业经营管理者管理办法。然而在很长一段时间内，行业垄断的特征、体制思维的惯性和管理工具的缺乏都使得这些改革措施一直没有得到真正的贯彻落实。

2013 年召开的十八届三中全会上，中共中央《关于全面深化改革若干重大问题的决定》吹响了新时代国企改革的号角。以此为契机，并且为了配合国资流动平台的建设和大批即将整体上市的国有企业市场化经营机制的搭建，同年 12 月上海市率先公布了《进一步深化上海国资改革促进企业发展的意见》，提出 20 条改革举措，在比较关键的经理层管理方面，上海提出“全面推行国有企业领导人员任期制契约化管理”，“合理提高市场化选聘比例，在市场化程度较高的企业，积极推行职业经理人制度”等一揽子措施。接着，2014 年上海国有企业领导任期制契约化管理正式启动，计划按照创新式的“国资统一管理、国企分类监管”原则，对所有的上海市国资系统企业实行任期制契约化管理，形成“有职务任命就有明确任期、有职务就落实考核、有业绩就兑现奖励工作”的全覆盖工作体系，在对国资系统企业科学分类的基础上，对于不同分类的企业实施差异化考核：竞争类企业引入行业对标机制，重点考核股东价值、主业发展和持续能力；功能类企业引入政府主管部门评价机制，重点考核功能作用和运营能力；公共服务类企业引入政府部门和社会第三方评价机制，重点考核服务水平、成本控制和持续能力。在考核方式上，上海国资委将原来的年度考核改为年度实施动态跟踪、任期结束全面考核，鼓励企业着眼长远，“培育有国际竞争力和影响力的企业集团”。

在这次改革当中比较引人注目的是把经理层的任期考核结果与其职务任免、激励约束相挂钩，即实行结果“三同步”：同步对接领导班子和领导人员综合考核，结果作为是否续任的主要依据；同步实施企业领导人员任期激励，按照中央有关要求，建立经理层的“三重薪酬”体系；同步建立约束机制，包括业绩挂钩、财务审计、信息披露、延期支付和追索回扣等。

2015 年上海国资委分别同地产集团、申通集团等 16 家企业法定代表人签订任期目标责任书。至此，上海国企的任期制契约化改革走上轨道，开全国之先河。

之后，全国范围内的国企改革迅速铺开，各类重要的政策相继颁布，其中无一不对任期制契约化管理进行强调：2015 年 8 月 24 日，中共中央、国务院分别印发了《关于深化国有企业改革的指导意见》，其中提到“推行企业经理层成员任期制和契约化管理，明确责任、权利、义务，严格任期管理和目标考核”；2015 年 9 月 24 日，国务院发布《关于国有企业发展混合所有制经济的意见》，其中提到“职业经理人实行任期制和契约化管理，按照市场化原则决定薪酬，可以采取多种方式探索中长期激励机制”；2017 年 4 月 24 日，国务院发布《关于进一步完善国有企业法人治理结构的指导意见》，其中提到“国有独资公司经理层逐步实行任期制和契约化管理”，此三项政策一出，任期制契约化管理才在真正意义上成为国有企业改革体系中重要的一环，成为各类国有企业改革顶层设计方案的有力落实保障工具。

2018 年 8 月，一份包括了上百家中央企业子企业和百家地方国有骨干企业的“双百企业”名单正式出台，它代表着各地区最具有改革动力的一线企业，是未来全面落实国企改革的“先锋队”。在“双百企业”著名的“五突破一加强”中再次强调了任期制契约化的重要性，在市场经营机制“突破点”上明确强调要“全面推行经理层成员任期制和契约化管理，明确责任、权利、义务，严格任期管理和目标考核，激发和保护企业家精神，更好发挥企业家作用。”

由于绝大部分“双百企业”身处完全竞争性行业，而且在各企业上报的“双百行动”方案中，囊括了各类复杂的改革政策措施，未来改革是否能够成功实施，以及之后企业经营业绩的优劣更加依赖于经理层，如何贯彻落实任期制契约化管理，最大限度发挥经理层成员的能力，在“双百企业”身上显得更加地重要。

2020年2月7日，为深入贯彻落实党中央、国务院关于推行国有企业经理层成员任期制和契约化管理、建立职业经理人制度的决策部署，指导“双百企业”率先全面推进相关工作，国务院国有企业改革领导小组办公室印发了《“双百企业”推行经理层成员任期制和契约化管理操作指引》。任期制和契约化针对的就是“人事”的改革，其目的就是要在选人用人制度上，国有企业要打破传统的“干部”和“工人”之间的身份界限，变身份管理为岗位管理，建立以合同管理为核心、以岗位管理为基础的市场化用工制度，畅通退出渠道，构建起正常流动机制。在“双百企业”中率先实现“不看身份，不看级别，只看岗位，只看贡献”的市场化氛围，真正形成“能者上、平者让、庸者下”的用人导向。

（三）实施过程中的问题及解决方案

现阶段的国有企业改革随着“三年行动方案”的出台又被推向

了一个新的高潮，变革已是大势所趋，不可逆转，许多国有企业正在通过分析外部环境，努力提升内部管理水平，激发企业内生动力，积极参与市场竞争。任期制契约化管理在国有企业发展过程中扮演着越来越重要的角色，尤其是对激发国有企业经营者的主观能动性，提高企业人、财、物的利用效率，有效地控制日常运营成本，最终提高企业经营业绩有着至关重要的作用。然而由于时间短、任务重，许多企业在任期制契约化管理的具体实施过程中遇到了许多困难和问题。

第一，任期管理手段单一，周期制定较死板，缺乏灵活性。虽然许多国有企业对于经理层已经实施了任期制管理，规定了经理层成员任期的年限以及任期届满是否连任的条件资格，但实际上由于很多经理层成员仍然保留着相应的行政级别，实质上是党政体系下的干部，其任免仍然受制于行政命令，所以严格的任期制实施流于形式，且任期周期缺乏变通，与企业实际的战略发展阶段、行业周期等因素相关性不大。

第二，缺乏明确的契约化管理意识。由于国有企业长期以来主要任务是推动国内经济发展，所以上级部门在考核国有企业时比较注重其经济产出规模，而忽略了其内部管理体系的建设，例如为了追求规模效应而忽视企业各项成本支出，导致无法及时发现企业经营过程中存在的各种问题，进而虽然在“量”上有大的成绩，但是“质”上难有改观，许多资源被浪费。

第三，经理层的权限界面模糊。许多国有企业的经理层与上级国资监管部门和下级公司的权限划分不明确；虽然在形式上确定了责任目标和相应的薪酬待遇，但是由于实际的权力没有到位，实际运用过程中权责不匹配，极大打击了企业经营者的积极性，而且上级部门干预企业经营过多，束缚了企业自身的创新灵活性，导致那些处于充分竞争型行业的国有企业无法真正充分发挥优势。

第四，对于任期内经理层成员工作成果的评价体系不够全面、科学和客观。由于国有企业各自从属不同的行业领域，每个企业的规模、竞争激烈程度及商业模式等大相径庭，如何建立起一套具有较强针对性的，并能适合不同行业领域、不同规模的考核指标体系，是落实任期制契约化管理道路上的一大难题。

第五，经理层成员的退出机制比较模糊，并缺乏配套措施。与任期制管理相对应的是经理层团队的退出机制，由于经理层成员拥有的行政身份，在退出机制上仍然参考党政领导干部的管理方式，而非从企业实际经营情况、经理层所需要的能力素质和年龄结构等维度出发进行设置。同时一旦企业的经理层成员退下来，对于相当部分的体制内非市场化领导干部也缺乏安置措施。

而在新出台的《操作指引》中，正力图对这些问题提出极具实操性的解决方案。

第一，明确任期管理。在《操作指引》中强调，任期制管理的两个操作要点，第一就是任期管理。明确了经理层成员的任期期限由董事会（或控股股东）确定，一般为两到三年，可以根据实际情况适当延长。经理层成员任期届满后，应重新履行聘任程序并签订岗位聘任协议。未能续聘的，自然免职（解聘），如有党组织职务，原则上应一并免去。另外在“监督管理相关环节操作要点”一章明确提出，一定要严格任期，任期期限、最多连任届数和期限等一经确定，不得随意延长。

第二，强调契约化管理意识。《操作指引》中强调，要根据“双百企业”董事会建设情况实际，由“双百企业”董事会（或控股股东）与经理层成员签订岗位聘任协议和经营业绩责任书（年度和任期），依法依规建立契约关系，明确任期期限、岗位职责、权利义务、业绩目标、薪酬待遇、退出规定、责任追究等内容。一旦签订经营业绩责任书，就要严格按照契约约定开展年度和任期经营业绩考核，强化刚性考核。

刚性考核就是根据经理人员负责工作和业绩考核实际数据进行绩效薪酬的兑现，包括年度考核薪酬和任期考核薪酬的发放。《“双百企业”推行经理层成员任期制和契约化管理操作指引》要求，强化“刚性兑现”，也就是无论有哪些主客观原因，都要严格遵守聘用合同和考核责任书的约定，该付的奖金一定到付到位；同样，该罚的部分一定要罚。这也就使得董事会与经理层的契约关系一定是双向的。一方面，董事会向经理层提出合理要求和考核指标；另一方面，经理层对于自身的考核指标也要提出相应的意见。毕竟一旦签署了责任书，经理层就要承担相应的责任，如果完不成考核，按照“刚性考核”要求，面临解聘。这样的要求势必倒逼经理层考虑自身利益，最终与董事会通过权益博弈达到最合理的状态，而不是像之前一样，考核指标随便提，反正完不完成都无所谓，一旦进入国企，就是牢不可破的“铁饭碗”。

第三，明确经理层的权责界面。《操作指引》中强调，“双百企业”

应明确经理层成员的岗位职责及工作分工，合理划分权责界面。可以采用岗位说明书等方式，明确经理层成员的岗位职责和任职资格。还可以采用制定权责清单等方式，规范董事会（或控股股东）与经理层、总经理与其他经理层成员之间的权责关系。而这一点，我们在第三章的第五节"'三个清单'的均衡格局"中有过详细阐述，关于经理层的权责界面，虽然《操作指引》中建议采用权责清单的方式来明确，但还可以更进一步，采用"负面清单"的方式来进行管理，会更利于国有企业的长远发展。

第四，完善任期内经理层成员工作成果的评价体系。《操作指引》中提出，要根据岗位职责和工作分工，按照定量与定性相结合、以定量为主的导向，确定每位经理层成员的考核内容及指标。年度和任期经营业绩考核内容及指标应适当区分、有效衔接。考核指标的目标值应科学合理、具有一定挑战性，一般根据企业发展战略、经营预算、历史数据、行业对标情况等设置。在实际操作中，这一条其实也是最关键最具有挑战性的一条。

第五，明确退出机制。这一条也是《操作指引》中非常具有亮点的一条，提出要加强对经理层成员任期内的考核和管理，经考核认定不适宜继续任职的，应当中止任期、免去现职。比如年度经营业绩考核结果未达到完成底线（如百分制低于70分），或年度经营业绩考核主要指标未达到完成底线（如完成率低于70%）的；连续两年年度经营业绩考核结果为不合格或任期经营业绩考核结果为不合格的；任期综合考核评价不称职，或者在年度综合考核评价中总经理得分连续两年靠后、其他经理层成员连续两年排名末位，经分析研判确属不胜任或者不适宜担任现职的；对违规经营投资造成国有资产损失负有责任的；因其他原因，董事会（或控股股东及其党组织）认为不适合在该岗位继续工作的。

尤其强调对不胜任或不适宜担任现职的经理层成员，不得以任期未满为由继续留任，应当及时解聘。这种解聘，不只是免去经理岗位，而是按规定，“未能续聘的，自然免职（解聘），如有党组织职务，原则上应一并免去。”可以简单理解为，如果没有达到目标被解聘，经理层人员原则上会丢掉职位也丢掉党内职务，成为企业内部一名普通员工。

二、任期制契约化改革案例

我们曾经为江苏某文旅集团设计了一整套混合所有制改革方案，其中也包括经理层的任期制契约化，对该文旅集团公司经理层成员实行聘任制，明确任职期限，并通过签订聘任协议和业绩合同，约定企业与经理层成员之间的责任、权利、义务，严格聘期管理和目标考核，畅通经理层成员退出机制。总体上，干部管理权限不变，与下放业绩考核权、薪酬管理权相结合。并严格按照《岗位聘用合同书》《年度经营业绩考核责任书》管理，董事会负责业绩考核，确定绩效薪酬；对于考核评价主体和指标来讲，一是仍按干部管理权限组织开展，二是经营业绩考核由董事会开展，制定办法，薪酬分配按契约管理约定执行。方案主要内容如下。

（一）经理层权责确定

1. 进一步落实董事会职权

由于该文旅集团身兼“双百企业”和“落实董事会职权试点”的“双重身份”，所以在明确经理层权限之前首先需要明确该文旅集团董事会具备的权力。经过与上级国资监管部门的多轮沟通，并基于“管资产向管资本转变”及下属企业“分类管理”的放权方针指引，最终确定该文旅集团董事会依法行使中长期发展决策权和经理层成员选聘权、业绩考核权、薪酬管理权以及职工工资分配管理权等六项权利，推动形成各司其职、各负其责、协调运转、有效制衡的公司治理机制。特别是坚持党管干部原则与董事会依法产生、董事会依法选择经营管理者相结合的原则，集团董事会有权选聘经理层副职人选，并通过分类选拔、分类考评和分类监管，实行任期制和契约化管理，建立健全董事会对经营管理责任、业绩考核、薪酬分配有机结合的管控体系。此外，该文旅集团还全力配合上级部门，参照市场化企业治理结构中股东会对董事会的授放权管理，进一步制定集团董事会职权落实的实施细则，并切实加强集团董事会自身履职能力，力争对赋予的职权“放得下，接得住，用得好”。

2. 授权清单与负面清单相结合

在董事会六项权力下放之后，接下去的任务就是要建立完善集团董事会与经理层在投资决策、业务经营、人事管理、财务管理、资产处置等范围内的对接关系和管控机制。在本次改革中，该文旅集团创造性地按照“法无授权任何人不得干预”原则，通过授权和负面清单相结合的方式制定集团董事会对经理层的授放权管理清单。清单中列出各管理条线上需要董事会审批决策事项与不需要董事会审批决策事项，保障经理层经营自主权，提高公司日常经营执行效率。授放权清单制定后，由集团审计法务部门负责依据授权规定对实施情况进行监督和检查。授权规定期限为一年，授权期满后由总经理向集团董事会汇报被授权期间的工作和授权使用状况，以便对清单进行补充调整。

3. 完善集团多级管控体系

在此之前该文旅集团党委会刚刚制定完未来五年战略发展纲要，将如何落实监控战略实施摆上了日程。通过明确集团本部职能定位及下级单位股权结构、主营业务定位、所处行业市场化程度、企业内部管控能力等因素，确定集团对下级单位的管控模式，分别施以财务管控、战略管控和运营管控，并编制相应的集团与下级单位本部职能部门的管控权限清单。由于集团下属的某公司是A股上市公司，同时接受着资本市场的监督，所以在对股份公司管理的运作方式上，遵循管理、法律两条线的原则。管理线：即需要集团决定、审批的事项，必须严格执行；法律线：集团决定、审批的事项，通过代表集团股权的股东代表在股东会上行使表决权，或通过代表母公司股权的董事人员在子公司董事会上行使表决权，最终决策通过子公司股东会或董事会形成。

4. 明晰经理层岗位职责

此次任期制契约化改革实施范围包括经理层一正三副。这些经理层成员的专业背景、知识能力和擅长领域各有不同，所以科学合理地进行职责分工非常必要。该文旅集团在早于改革半年前便初步梳理优化了经理层分管业务领域，明确各成员岗位职责，并借此次改革进一步了建立统一、规范的岗位职责描述体系和客观、科学的高级管理人员任职资格体系，包括相应的学历要求、专业背景、知识技能、能力素质等。集团董事会负责制定经理层岗位的任职资格条件、岗位要求、个性化条件等，并编制成集团经理层岗位说明书，作为经理层成员选聘、考核和培养管理的主要依据。

（二）经理层目标管理体系

1. 确定考核范围及主体

此次改革的考核范围包括该文旅集团总经理、副总经理、财务负责人和公司章程规定的其他高级管理人员。集团董事长负责经理层业绩考核工作，授权总经理对经理层副职进行考核。经理层成员业绩考核分为年度工作业绩考核和任期工作业绩考核，年度工作业绩考核周期为1年，任期工作业绩考核周期为3年，与企业任期经营业绩考核周期一致。经理层成员业绩考核坚持注重实绩，坚持出资人认可、市场认可和组织认可相结合，突出分管工作领域特点，做到客观公正、简便易行、有效管用。

2. 规范考核机构及流程

经理层成员业绩工作考核由董事会负责，董事会下设薪酬与绩效管理委员会具体组织实施考核指标制定、绩效过程管理和考核评价等工作。

年度业绩工作考核目标下达遵循以下流程：

①集团总经理组织经理层成员根据集团年度工作计划、省国资委下达的集团经营业绩目标责任书等，结合经理层成员分管的业务领域，制订经理层成员年度经营业绩考核目标责任书草案。

②经理层成员年度经营业绩考核目标责任书草案经总经理办公会充分酝酿后，由薪酬与绩效管理委员会审核，审核时应结合分管业务工作宏观经济形势、行业发展周期及集团预算等实际情况，审核后提出经理层成员经营业绩目标责任书方案。

③薪酬与绩效管理委员会根据分工分别将经理层成员经营业绩目标责任书方案递呈集团董事会审定，审定后形成《经理层成员年度经营业绩目标责任书》。

④集团召开经理层目标责任下达会议，董事长与总经理、签订目标责任书，总经理与副总经理、财务负责人等经理层成员签订目标责任书。

经理层任期业绩工作考核以任期目标责任书为依据，其签订和考核程序、流程、构成内容参照《经理层成员年度经营业绩目标责任书》执行，形成《经理层成员任期经营业绩目标责任书》。

根据经理层成员年度业绩工作考核和任期业绩工作考核结果分为五个级别，并在考核级别确定上采取强制分布，适当拉开副职人员间的差距。

3. 制定科学合理的指标体系

经理层成员业绩工作指标按照共担指标和分管差异化指标进行分类制定。其中，共担指标是指经理层成员作为集团经营决策层共担集团经营业绩任务和成果，其中该指标按 100% 的权重计入总经理业绩工作指标，按照 30% 的权重计入副职人员业绩工作指标；分管差异化指标是结合副职人员不同的分管业务领域实际情况，突出不同的考核重点，科学设置业绩考核指标及权重，并合理确定差异化考核标准，按照 70% 的权重计入副职人员业务工作指标。

分管差异化指标由财务指标和综合指标组成，权重根据集团经营业绩指标和分管业务领域实际情况一岗一策确定。财务指标主要考核分管领域的盈利能力、服务城市经济建设发展目标和财务绩效评价水平等，采用定量评价方式核算；综合指标主要通过平衡记分卡原理，分解出各自分管领域运营质量、运营效率、风控能力、保障能力、团队和制度建设等，以有利于提升集团持续发展能力、创新能力和综合管理能力为原则确定，采用定性和定量结合的评价方式核算。考虑到集团政策性任务对分管领域指标的影响，在测算时还需要结合集团的业务分布实际设计调节系数，降低业务增长的波动。

（三）经理层激励体系

由于此次经理层成员没有完全脱去行政身份，在薪酬水平方面无法像市场化职业经理人享有市场化价位，所以在薪酬管理方面主要以省内文件为原则和指引。但由于该文旅集团身处竞争激烈的酒店行业，所以必须在一定程度上考虑市场上同级别人才的薪酬价位，因此集团通过多方途径获取外部行业市场化薪酬水平数据，并依据集团商业一类国企，所处行业属于充分竞争领域的特点，采用偏积极的薪酬收入策略。虽然在规定的年薪部分无法有所提升，但是该文旅集团创新性地提出了超额利润分享来弥补，为的是最终提升集团薪酬外部竞争力，吸引优秀人才，服务集团战略发展需要。薪酬管理的具体措施包括如下方面。

1. 优化薪酬结构体系

经理层成员薪酬由基本年薪、绩效薪酬、任期激励收入和业绩超额奖励四部分构成。其中基本年薪严格按照上年度省管企业在岗职工平均工资进行确定，绩效年薪、任期激励则分别依据年度、任期业绩工作考核等级确定。经理层成员任期综合考核评价不合格的，不得领取任期激励收入。因本人原因任期未满，不得实行任期激励；非本人原因（含到龄退休）任期未满，根据任期考核评价结果并结合本人实际任职时间及贡献发放相应任期激励收入。此次该文旅集团还制定了严格的追索扣回制度，如若经理层成员在任期激励收入100%发放后12个月内发生不当行为，则任期激励收入全额扣回，防范了企业经营者的责任风险。

2. 超额利润分享

根据“双百企业”可以结合本企业实际，借鉴国内外成熟有效的中长期激励实践经验，依据《省属企业工资总额管理办法》中“坚持短期与中长期激励相结合，按照国家有关政策，对符合条件的核心骨干人才实行股权激励和分红激励等中长期激励措施”等政策文件精神，创造地提出了企业超额利润分红，递延支付的激励方式，最大限度激发经理层积极性。超额利润分红实施的前置条件包括：集团所获得净利润，超过按省属国有企业净资产收益率的标准值计算而得净利润值，按超额部分一定比例提取超额利润奖励；兼并亏损企业后，通过合理经营，扭亏为盈；其他通过合理经营，有效管理，降低费用预算，为集团节约成本的情况。这样既鼓励经理层成员努力提升企业经济效益，也给予那些分管领域难度大，或者暂时不需要考虑经济效益的分管领导一定的激励。

（四）动态调整体系

上文提到，对于企业经营者的考核还必须有相应配套的业绩监控及退出机制作为保障，力求企业制定的业绩目标能够顺利完成。该文旅集团在本次动态调整体系中制定了详细的业绩预警制度和经理层定期述职汇报制度，并且完善了其中最关键的退出机制。退出条件明确了经理层成员任期内的考核和管理，经考核认定不适宜继续任职的经理层成员应当中止任期、免去现职，如年度经营业绩工作考核结果不达标或者任期综合考核评价不称职，或者在年度综合考核评价中总经理得分连续两年靠后、其他经理层成员连续两年排名末位，经分析研判确属不胜任或者不适宜担任现职的。退出方式上，该文旅集团在遵循党管干部原则下，大胆尝试，明确如果经理层成员无法完成业绩目标，集团董事会就可以根据干部管理权限提请有关部门做出调离原岗位、降职或者免职决定。经理层成员任期中止后可保留其集团合同及相应行政级别待遇，但不保留原岗位权责及相应的薪酬。

（五）“战略指引”与“实操落地”

在所有方案制定完毕后，集团召开经理层目标责任下达会议，由董事会与经理层成员签订“两书”，进入任期制契约化试运行阶段，并由联合项目小组牵头根据试运行情况总结经验，及时调整和完善方案，试运行结束后正式实施。

虽然该文旅集团任期制契约化改革方案设计阶段通过多方努力已经告一段落，方案分别在经理层权责划分、目标管理体系、激励体系及退出机制等方面作出了相应明确规定，形成了一系列有利于调动经理层积极性的市场化经营机制。然而，这仅仅是该文旅集团在“双百行动”及落实董事会职权等相关国企改革道路上的“万里长征第一步”。接下来，该文旅集团准备在改革方案基础上，结合企业自身现阶段亟须解决的问题，在集团战略规划梳理、多级董事会体系建设、下级公司目标管理及激励机制相关建设方面制定进一步细化方案，确保集团经理层任期制契约化方案能真正落实并发挥其应有的作用。要真正贯彻落实集团具体任期制契约化改革方案，关键有四点。

第一，明晰的战略指引，解决“目标如何确定”的问题。制定发展思路清晰，策略举措翔实，兼顾前瞻性和实操性的战略规划，作为该文旅集团经理层任期制契约化的目标体系蓝本。

第二，高效的治理结构，解决“目标如何传导”的问题。构建以董事会为核心的集团管理体系，设计有效的集团高层决策议事机制，构建相应的决议实施保障体系，明确董事会与经理层的权责边界，实现董事会决议与公司业务管理的全面贯通。

第三，合理的管控模式，解决“目标如何控制”的问题。完善该文旅集团的管控模式，从集团未来战略发展需求和重点项目任务推进需要出发，针对下属各业务板块及相应公司特点，制定关键管理事项管控权限表，合理授权，控制风险。

第四，灵活的激励机制，解决“目标如何最大化”的问题。建立该文旅集团市场化二级业务单元的职业经理人制度，包括该业务单元的业绩考核体系以及其核心管理人员“长短结合”的激励模式，使得集团总体目标能够在二级子企业不仅贯彻实现，并得到最优结果。

三、探索建立职业经理人制度

（一）职业经理人的发展历程

职业经理人制度产生于美国。最初是少数企业在管理方式上的创新，在“经理革命”后职业经理人被大多数企业接受，继而形成了稳定的职业经理人阶层，直到20世纪50年代末，随着国家之间经贸交流合作的不断加强，职业经理人制度也被不同国家及企业所接受，现在已成为全球流行的理念。这一制度的变迁大致经历了三个发展时期。

①“两权”分离的诞生期。世界上第一批职业经理人为“专业货运计划人员”，其产生的背景在于一起交通事故。这起事故的发生激发了民众对雇主经营能力的质疑，在美国州议会的推动下，第一批专业计划人员独立于企业雇主，开始从事专业的调度工作，初步具备了职业经理人的特点。伴随着美国工商经济的快速发展，企业体量也开始不断扩大，管理的复杂程度越来越高，更多的企业所有者开始寻求更加专业的人才来经营管理企业，职业经理人制度便逐渐地传播开来。这个时期，雇用职业经理人只是一些家族企业的自主行为，尚没有形成系统化的体制。职业经理人制度的主要特点体现在专业管理及契约制度两个方面，专业人员通过与企业所有者签订代理合同，以委托—

代理的形式，代理企业所有者行使经营管理权。虽然这一时期实现了企业所有权与经营权的初步分离，但是企业所有者仍旧牢牢地掌控着公司。

②快速成长期。随着企业的快速发展，美国相继出现了债券、股份制等多种募资形式。分散化、多元化的现代公司制企业开始出现。股权分散化带来的一个重要问题就是投资者之间难以达成一致决议，他们更加需要通过专业化、职业化的代理人进行决策和平衡，因此具有较高专业素质和职业素养的职业经理人成为公司竞相追逐的资源，这极大地促进了职业经理人制度在美国的快速发展。

③基本完善的成熟期。随着“经理革命”的完成，大部分发达国家的企业都开始采取“经理控制型”的制度，尤以美国公众化公司的CEO体制最为典型。这一时期，职业经理人制度已经日趋完善并且开始向全球传播和发展。一是理论丰富完善。例如公司治理理论、委托—代理理论、契约理论、人力资本理论等，这也极大地促进了职业经理人制度的完善。二是职业经理人市场逐渐成熟。培训机构、猎头公司等中介组织在职业经理人市场中扮演了越来越重要的角色。三是企业不断创新具体实践。许多优秀的公司在实践中形成了一套较为规范的职业经理人选拔、任用、考核、培养、激励、约束、退出机制和规则。四是职业经理人群体得到了社会的广泛认可。

由发展历程可见，职业经理人的主要特点就是职业化、专业化、市场化和核心化。

首先是职业化。自美国出现第一位职业经理人，随后职业经理人群体在全世界发展起来。随着企业生产力的不断发展和企业规模的不断扩张，专业分工不断加强，管理者成为一个独立的专门职业，职业经理人队伍雏形形成。企业所有权与经营权的分离以及企业现代化制度的形成和完善，直接推动了经理人的职业化。经理人的职业化体现在其人力资本的专用性，一旦失去经理职务，其所受的损失将非常大。

其次是专业化。专业技术能力和职业素养是职业经理人的价值根本。职业经理人不仅需要具备专业技术知识，而且还需要具备一定的管理能力。具体而言，主要包括决策力、战略规划和执行力、领导力、敏锐的洞察力和应变能力、沟通协调能力等。职业经理人一般在企业管理方面具有丰富的实战经验，在竞争激烈的市场环境中历经考验，心理素质优良。

第三是市场化。市场化主要表现在两个方面：一是职业经理人能够在市场上自由流动，通过完备的经理人市场完成企业和经理人的双向选择，实现人力资本的市场化配置。从价值的实现方式来看，一定程度上正是市场的流动性使职业经理人的价值得到了实现。二是职业经理人的薪酬市场化。职业经理人以其专业的知识和能力作为资本投入企业，经理人的薪酬就是其人力资本在市场中的货币表现。优秀的职业经理人能够为企业带来巨大利润，所以职业经理人一般具有高薪酬。

第四是核心化。关于职业经理人的划分大致分窄派和宽派两种意见。窄派认为职业经理人主要指企业的高管人员，如总经理、副总经理、财务总监、上市公司董事会秘书等处于企业管理中的核心地位的相关人员。而宽派认为除了企业高级管理人员外，各部门主管及其副职也属于职业经理人。

（二）职业经理人制度存在的主要问题

职业经理人制度是指一整套有关职业经理人选聘、培养、考核、评价、激励、约束、退出等的规章制度和运作机制。职业经理人制度为企业提供日常经营管理的人才，是市场经济规律下人才的流动机制。职业经理人制度的建立有赖于完善的法人治理结构、规范的职业经理人管理机制以及健全的职业经理人市场。

①完善的法人治理结构。职业经理人以权责明晰、有效制衡的法人治理结构为基础。企业应建立以董事会为核心的现代企业法人治理结构，充分授权董事会选人用人的权利，规范董事会制度建设，实现董事会与职业经理人的契约化管理，同时构建“三会一层”完整授权管理体制。

②规范的职业经理人管理机制。职业经理人的引入是实施职业经理人管理的第一步，为使职业经理人更好地为企业服务，必须建立规范的职业经理人管理机制。在保证给予激励性薪酬的同时，要建立有效的约束机制，通过完善的契约化管理，保证职业经理人从股东利益出发，最大化地实现企业资本的保值增值。

③健全的职业经理人市场。健全的职业经理人市场是实现职业经理人优化配置的基础。经理人市场提供充足的市场供给以及有效的市场需求，并为职业经理人提供培训、认证、信息搜集等全方位服务体系。此外，良好的法律环境、文化环境也是必要条件。

而目前，大多数企业在职业经理人制度方面存在的问题，主要有以下几点。

一是企业法人治理结构不完善。

完善的法人治理结构，是推行职业经理人制度的重要基础。法人治理结构不完善，是职业经理人无法正确而充分发挥作用的根本原因。当前大多数国有企业包括国有独资企业，虽然形式上基本按照现代企业制度建立了法人治理结构，但运行不规范，普遍存在责权利不清等问题。中央企业集团层面一般建立了规范董事会，但所属企业多数没有建立董事会，或者只有执行董事而没有董事会。有的虽建立董事会，但运行不规范。比如：董事会职权落实不到位，对总经理的选聘权、总经理对经理层副职的提名权均无法实现；董事会形同虚设，“一言堂”严重，“一把手”说了算；董事会成员为内部人员，缺乏专业的外部独立董事，无法形成有效制衡。这些都表明管理边界和治理主体的责任不清晰，难以界定、考核职业经理人的权利和责任。

因此，在江苏省国企集团改革中，我们就提出了要真正落实董事会的六项权力，具体内容包括：中长期发展决策权、经理层成员选聘权、经理层成员业绩考核权、经理层成员薪酬管理权、职工工资分配管理权、重大财务事项管理权等。

中长期发展决策权。对外部宏观环境进行展开洞察分析，明确企业面临的机遇和挑战，基于企业战略定位和战略目标，制定《××企业总体战略发展规划》及《各业务板块战略发展规划》及相应策略、重点发展举措，确保党代会的总体目标实现。

经理层成员选聘权。优化完善董事会选聘公司经理层的工作程序、相应的经理层岗位职责和任职条件等。

经理层成员业绩考核权。完善经理层人员的年度考核和任期考核体系，包括指标筛选、考核方式、目标值制定，考核结果应用等。

经理层成员薪酬管理权。建立与选人方式相匹配、分类管理相适应的差异化薪酬体系。

职工工资分配管理权。出台相应的工资总额管理办法，并进一步优化企业内部各层级薪酬激励、职业发展和绩效考核等人力资源相关制度体系，落实集团人力资源规划目标及各项制度改革要求。

重大财务事项管理权。构建全面风险防范体系，完善授信、担保和债务事项的管理。

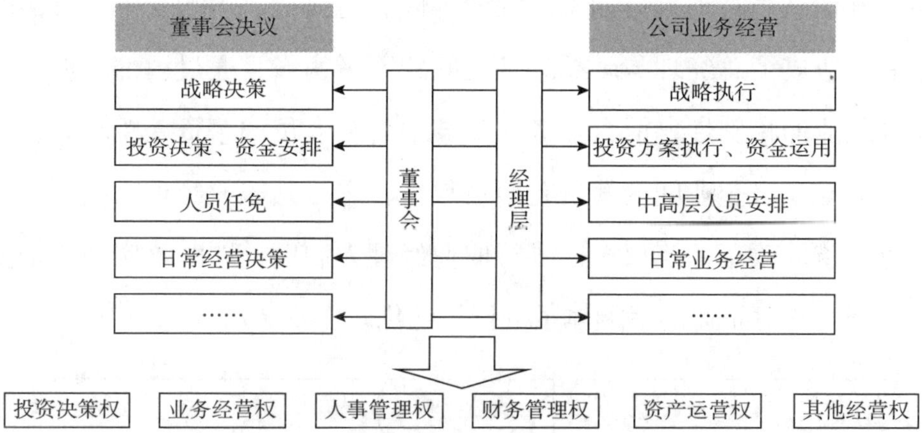

图 4-1 职业经理人制度中董事会的六项职权

二是市场化管理机制不健全。

国有企业推行职业经理人制度，关键在于市场化选聘、契约化管理、差异化薪酬、市场化退出。当前国有企业三项制度改革并不彻底，主要通过内部转任、外部引进方式选聘职业经理人。在内部转任方面，存在薪酬差距对职工心理冲击较大、已转任职业经理人的人事档案是否进行社会化管理、考核不合格如何退出等问题。在外部引进方面，存在标准条件难以统一、选聘程序过于繁琐、选聘流程和测评方式不够科学、选聘与管理相脱节等一系列问题。由于受工资总额限制，国有企业无法大规模推行协议薪酬制。从现行分配机制看，对职业经理人主要以物质激励、短期激励为主，分配的差距不大，股权、期权等中长期激励手段不足，激励的市场化程度不高。

我们之前接触过一家二级国有企业，虽然通过市场化外部选聘的方式，对总经理岗位引入了职业经理人并匹配了市场化薪酬，但经营层的其他高级管理人员如副总等皆为体制内人员，薪酬受工资总额的限制，造成了总经理与副总经理之间的不平衡。且通过内部尽调，发现其行业的特殊性，前台业务人员与中后台人员的薪资差距较大，二级企业与三级企业间的薪资差距也很大，遂对其职业经理人制度进行了进一步的改革，建议全面推行职业经理人制度，同时落实中长期激励机制，并对企业的薪酬体系进行了优化。

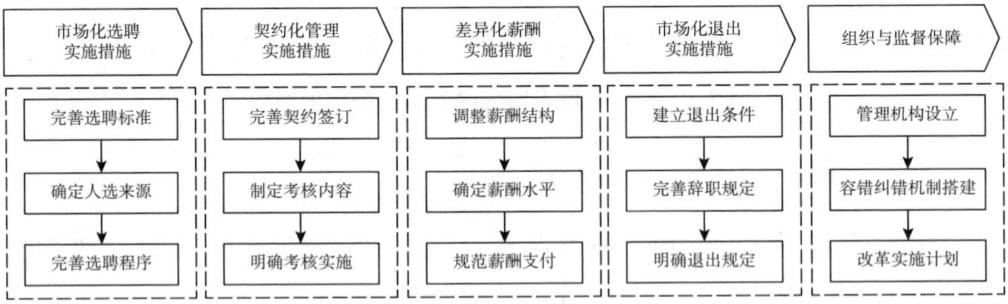

图 4-2　市场化管理机制流程

三是应有的退出渠道不畅通。

国有企业推行职业经理人制度，普遍是“能上难下”“能进难出”。一方面，通过市场化选聘的职业经理人，一般不担任“一把手”，即便签订了经营目标责任书，由于是集体负责制，经营不良的责任较难划清，考核结果也较难运用，缺乏“能下”“能出”的“硬条件”和“严要求”。另外，普遍认为退下来的经理层人员，一定是犯了某些错误或出了问题，导致职业经理人对“能下”和“退出”有较大的思想压力，不愿意接受正常退出。推行职业经理人制度，不仅要实现“市场化选聘”，更重要的是实现“市场化管理”。如何实现“市场化管理”，畅通“能上能下”和“能进能出”的渠道，是一大实践难题。

四是职业经理人市场不成熟。

职业经理人市场的基本作用在于通过对职业经理人培养开发、考核管理、进入退出等多种机制，将企业重要职位交给有能力、有经验的职业经理人。完善成熟的职业经理人市场，是推行职业经理人制度的基础。目前我国职业经理人市场的发展还处于初级阶段，人力资源特别是高层次人才资源的配置存在着体制内、体制外两种格局，并没有形成一个开放、竞争、统一的市场体系，不能实现人力要素的有序流动和高效配置。从实践看，对职业经理人的标准、资质认证处于探索期，缺乏统一规范。对职业经理人的信用评价、失信失职追责体系不健全，缺乏法律法规。人才中介机构服务水平有限，所推荐的职业经理人专业化程度不高、契合度不够。

（三）职业经理人与任期制契约化的差异

2020 年 2 月，国务院国有企业改革领导小组办公室在印发《“双百企业”推行经理层成员任期制和契约化管理操作指引》的同时，还印发了《“双百企业”推行职业经理人制度操作指引》。从这两份操作指引中，我们可以非常明确地看到任期制契约化与职业经理人的差异。

首先，是参与企业的差异。

在《“双百企业”推行经理层成员任期制和契约化管理操作指引》中，并没有对参与企业的条件做出限制和要求，也就是说，只要是“双百企业”，都可以推行经理层成员的任期制和契约化。但是在《“双百企业”推行职业经理人制度操作指引》中，对于参与企业做出了明确的限制，第一，主业要处于充分竞争行业和领域，或者主要从事新产业、新业态、新商业模式；第二，人力资源市场化程度较高；第三，建立了权责对等、运转协调、有效制衡的决策执行监督机制；第四，董事会重大决策、选人用人、薪酬分配等权利依法得到有效落实。

也就是说，职业经理人相比于任期制和契约化，对企业有着更高的要求。首先对企业主业的要求，基本就将范围框在了商业一类的企业之中，而商业二类、公益类的企业只能选择经理层的任职期和契约化。其次，要求人力资源市场化程度较高，职业经理人是要“从市场中来，到市场中去”，因此只有一个市场化程度高的人力资源市场，才能支持职业经理人的这种要求。同时也印证了第一条要求，一般充分竞争的行业才会有充分市场化的人力资源，而电力、冶金、重型装备等商业二类或公益类的行业，人才流动性不强，基本都在本企业内部循环，也就不适合开展职业经理人制度。第三，要求企业内部有完善的监督机制，这也就是要求公司对经理层有明确的权责边界要求，公司治理有完整的监督考核机制，还需要具备核心的风险管理和控制体系，才能保证职业经理人制度顺利的执行落地。最后，要求具有健全的董事会制度，这也是我们在第三章以及本章的任期制契约化部分反复强调过的，落实董事会职权，是市场化经营机制得以完善的大前提，“三会一层”的公司治理结构是一个整体，任何一个环节的脱节，都会影响到全局的实施。如果董事会职权中就没有经理层的任免权，则无从谈及职业经理人制度的落地。

其次，是两者身份的差异。

经理层的任期制契约化，是在原有经理层成员中，由“双百企业”董事会（或控股股东）与经理层成员重新签订岗位聘任协议和经营业绩责任书（年度和任期），建立契约关系。然后严格按照契约约定开展年度和任期经营业绩考核，强化刚性考核。如果在年度和任期经营业绩考核中未能达到要求，给予解聘，“依据年度和任期经营业绩考核结果，结合综合评价结果等确定薪酬、决定聘任（或解聘），强化刚性兑现”。但解聘后，他依然还是企业的员工，并没有被终止劳动合同，只是解除了岗位聘任，不再担任领导职位了。

而职业经理人制度，首先不仅仅针对企业原有经理层成员，也包括外部人员，“一般包括本企业内部人员、股东推荐人员、社会参与人员、人才中介机构推荐人员等，不受企业内外、级别高低、资历深浅限制”，要在这些人员中按照市场化选聘的流程实施综合考评、组织考察、背景调查等，最终选择合适的人员，由“双百企业”与职业经理人签订劳动合同、聘任合同、经营业绩责任书等。这里就比经理层的任期制契约化多了一个“劳动合同”。而对于未能达到考核要求的职业经理人，除了解聘，还包括终止劳动合同，“‘双百企业’职业经理人解除（终止）聘任关系的同时，如有党组织职务应当一并免去，并依法解除（终止）劳动关系”。也就是说，职业经理人是要“从市场中来，到市场中去”，一旦解聘，他也不再是企业的一员，是真正实现了市场化进退的经理人。

第三，是两者薪酬的差异。

根据两份《操作指引》，经理层的薪酬结构一般包括基本年薪、绩效年薪、任期激励等。而职业经理人薪酬结构除了包括基本年薪、绩效年薪、任期激励外，还强调可以实施各种方式的中长期激励，具体由董事会与职业经理人协商确定。

对于经理层，《操作指引》提到的是要“合理拉开经理层成员薪酬差距”。而对于职业经理人，则提出其薪酬总水平应当按照“业绩与薪酬双对标”原则，根据行业特点、企业发展战略目标、经营业绩、市场同类可比人员薪酬水平等因素，由董事会与职业经理人协商确定。由此可见，任期制契约化的经理层，虽然在薪酬上有了一定的浮动空间，但依然还属于国企内部管理，因此不宜与其他国企员工拉开太大差距，以免造成企业内部矛盾。但是职业经理人的薪酬则是可以完全与市场对标，给予的薪酬是参考市场标准，并按照协议工资的方式来确定的，那么就可以完全的实现薪酬的市场化。

另外值得注意的是，在职业经理人制度的《操作指引》中专门强调，“对于确定推行职业经理人制度的‘双百企业’，原则上应当在高级管理人员中全面推行。”我们认为，这也是因为职业经理人实行的是完全市场化的薪酬，如果只对部分高级管理人员实施职业经理人制度，给予高薪，势必造成经理层内部失衡，比如原有的国企高管看着职业经理人并没比自己多干多少活，但却拿那么高的薪酬，心理不平衡后，往往就开始在工作上不配合，使绊子，反而不利于企业的稳定。因此，如果要实施职业经理人制度，一定要在经理层中全面推行。

最后，在两份《操作指引》中都强调，要“鼓励‘双百企业’综合运用国有控股上市公司股权激励、国有科技型企业股权和分红激励、国有控股混合所有制企业员工持股等中长期激励政策，探索超额利润分享、虚拟股权、跟投等中长期激励方式，不断丰富完善经理层成员的薪酬结构。”这部分内容，我们会在第五章中做详细讲解。

四、推行职业经理人制度的核心内容

（一）市场化选聘

国有企业要冲破用人制度的行政级别“围墙”，可采用民主推荐、考试录用、考核聘用、竞争上岗等多种形式，跨地区、跨所有制招聘职业经理人员，做到能者上，平者让，庸者下。

国有企业职业经理人的外部选拔路径，是指按照职业经理人市场的市场化运营机制，按照自身的需求和标准，包括通过职业经理人市场完成企业与职业经理人的双向选择，寻找适合企业的职业经理人，以及采用“猎头模式”，充分发挥自身的综合优势，按照企业岗位说明书委托猎头公司广猎符合企业标准的职业经理人。

国有企业职业经理人的内部选拔路径，也就是身份“去行政化”，是指将现有国有企业经理人或政府部门人员转换为职业经理人，大规模“空降”职业经理人的想法并不现实。对于之前有行政级别的干部或是固定工作的人员，可以采取买断身份的方式，档案关系转至社会人才管理机构，彻底切断行政级别。市场的归市场，政府的归政府，身份买断后职业经理人的身份是不可逆的。也可以采取冻结行政级别的方式，如果经组织考察进行提拔，关系可以再转回来，这个通道保留也是可以的。总体上应该以买断身份为主。

国有企业中一些特有的非市场化岗位，如工会主席、纪委书记，不建议采取市场化的选聘方式，主要是这类岗位与政府部门相关人员的工作性质很相近，很难在市场上找到同类的人员。总会计师、总法律顾问、总工程师等专业性岗位或通用型人才比较适合公开招聘。

市场化招聘模式中要注意以下两点。首先，注意发挥党委会人才识别和人才培养的功能。党委会参与职业经理人能力素质的要求的制定以及应聘者的筛选过程，并对最终入选的职业经理人备案留档。其次，只要符合岗位要求的经理人均可参与选聘，行政级别不再是应聘要求之一。最后，整个应聘环节要坚持公平、公正、公开、透明的原则。

在建立内部培养和外部引进并重的选聘模式的同时，党管干部原则是必须牢固坚持的基本原则，党组织要在确定标准、规范程序、参与考察、推荐人选等方面把好关。

当前试点国企经验表明，内部经营管理者是市场化选聘职业经理人的主要来源，因此现有人员身份转换是职业经理人制度建设的重要突破口。一方面要着力培养一批具有较强经营管理能力，与职业经理人岗位要求相匹配的经营管理人才，提升人才数量与质量，为转化为职业经理人奠定人才基础。另一方面要完善相应的保障及退出机制，使这些人才能自愿接受挑战，更顺畅地以职业经理人身份履职，完成从职务化向职业化的转变。

通常的选聘过程包括如下环节。

（1）制定选聘工作方案。具体包括：选聘事由、选聘人数、职位职责、资格条件、选聘工作机构、选聘方式、聘期工作目标、考核评价、薪酬奖惩及整体进度安排等内容。

（2）通过公司推荐、公开选聘或委托寻聘等方式产生职业经理人初步人选。

①公司根据工作需要和岗位任职要求，可推荐公司现任经营管理者或社会专业人士；

②采取公开选聘方式的，面向公司内外发布公告招聘、竞聘；

③采取委托寻聘方式的，由第三方机构根据职位职责、任职条件等要求寻访人选推荐。

（3）对初步人选进行测评，经初步考察后确定职业经理人意向人选，意向人选一般经董事会提名薪酬考核委员会资格审查通过后确定职业经理人候选人。

（4）职业经理人候选人报董事会审议批准后，董事会正式聘任职业经理人。

（5）现任公司经营管理者身份转换为职业经理人的，由公司推荐，按照职业经理人选聘程序，考察合格且经董事会审议批准后，由董事会聘任为职业经理人。

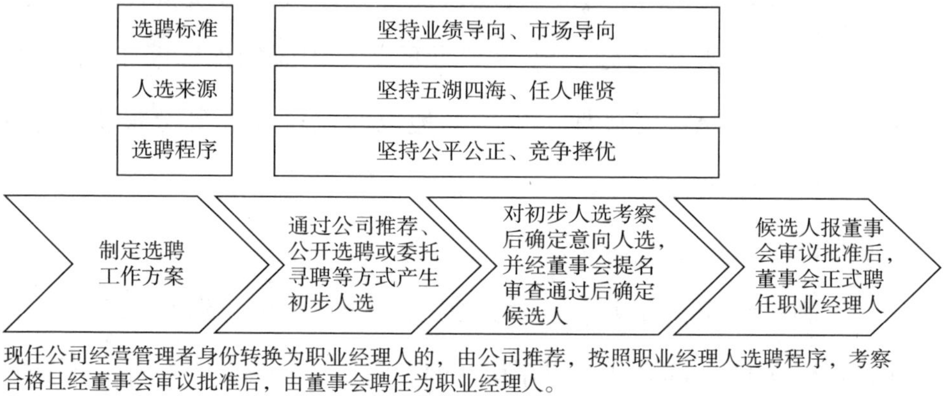

图 4-3　市场化选聘流程

若从内部培养职业经理人，则宜建立现有经营管理者与职业经理人身份转换通道，这是推行职业经理人制度的关键。

前文提到，在人才流动的开放程度上，国企相对封闭，因此从内部引入职业经理人更为合适。第一，内部职业经理人熟悉企业运行情况和存在的问题，能够有针对性地推进工作、解决问题；第二，内部职业经理人本身就是集体一员，减少了融入企业的时间成本，不会出现“水土不服”现象；第三，内部职业经理人由企业培养，一般来说忠诚度较高，品格和廉洁等方面经过时间检验，大大减少了职业经理人的道德风险。

需要注意的是，最好是整个经营层集体转换，若仅转换个别人，容易因为双轨制引发经营层之间的矛盾，不利于资源的协调整合和合力的发挥。但从另一方面来说，一开始就集体转换，可能部分经营管理人员心存顾虑，因此也可以将经营层中容易实现契约化管理、市场化程度较高，内部协调难度相对较小的职位拿出来先行实验，更易于推行和取得示范效果。

我们曾做过的一个咨询案例，就是某国有企业董事长因承担了公司经营指标，希望被纳入到职业经理人制度中，称其愿意接受契约化管理及市场化退出的条件，并期望通过该制度改善自己的薪酬状况，以高级管理人员的身份成为职业经理人。

西姆经过尽调后进行了分析，根据“双百企业”推行职业经理人制度操作指引，选人标准为：包括“双百企业”的总经理（总裁、行长等）、副总经理（副总裁、副行长等）、财务负责人和按照公司章程规定的高级管理人员。公司法对董监高有明确界定：高级管理人员，是指公司的经理、副经理、财务负责人，上市公司董事会秘书和公司章程规定的其他人员。我们不能直接将董事、监事纳入章程的高级管理人员中。因为，董事是通过股东会、职代会委派选举的，还包括独立董事。其他公司章程规定的高级管理人员主要指总工、总法律顾问等人员。董事是通过股东会、职代会委派选举的，不能直接将董事、监事纳入章程的高级管理人员中。

对于董事长认为的职业经理人制度规定有点教条化问题，我们认为，职业经理人制度主要依托的是委托—代理理论，当经营半径大于管理半径，便会出现所有权与经营权分离的情形，主要以产权分散（多个股东）或多个产权集中化（私募基金中的基金管理人也可称职业经理人）而产生，但目前公司尚未形成这样的规模。

如果像某些公司，董事长在专业领域并不强势，推行职业经理人制度较为可行。而本公司董事长还是承担了较多的经营管理职能，他未被纳入就会存在矛盾。我们认为这是拿相对成熟的企业所用的职业经理人制度套到中小规模的企业中，形成了教条化的矛盾。

但至目前为止，对于实际参与日常经营，没有兼任总经理或其他规定职位的董事长，对《操作指引》的突破仍需进一步思考。

（二）契约化管理

能否成功推行职业经理人制度，前提是公司是否按照契约化原则进行管理。如果下达的经营目标不科学，或者在执行过程中随意改变，则对职业经理人的考核、激励会变成一句空话。所以必须遵循契约化管理原则，建立起一套从战略规划到财务预算、业绩考核、激励约束、经理人选聘的契约化闭环管理体系，明确责任、权利、义务，严格任期管理和目标考核，以任期聘用合同和业绩考核任务书套牢责任，以完善的法人治理结构与合理的管控授权体系提供权力，以符合市场化对标水平的考核与薪酬兑现利益。

职业经理人的考核体系应该包括以下几方面。

①董事会负责职业经理人考核体系的组织和实施。

②建立《职业经理人考核激励管理办法》，制定考核体系。董事会与职业经理人签订《经营业绩责任书》，契约化考核责任。

③建立激励有效的全面考核体系。第一，考核体系应包括年度考

核、任期考核两部分。第二，考核指标应分为定量指标和定性指标两类。定量指标用以考核职业经理人实际经营业绩，定性指标评价职业经理人的综合素质。

④董事会根据考核结果兑现薪酬、决定任免。

⑤可借助内外部审计机构公平评估考核结果。

建立对标机制，实现动态考核。通过收集、分析、对比行业内对标企业或行业卓越的相关经济指标，如利润总额、市场占有率、运营业务指标，确定职业经理人业绩考核目标，实现对职业经理人任职业绩的持续性关注，以强化对职业经理人的经营管理水平和经营绩效的评价。

充分发挥董事会、监事会的日常考核、监督作用，综合评判职业经理人的业绩能力，重点考核职业经理人在市场开拓、商业模式创新、人才培养等方面的个人贡献，并把考核结果与职业经理人聘任和奖励紧密挂钩。

关于职业经理人的考核指标方面，对部分试点企业的指标设置情况进行分析后发现，有的企业过于注重当前的经营规模、产值和盈利能力等指标，未制定长期的战略规划和可持续发展目标，这也是由于高薪成本的压力下，企业需要快速回报的矛盾所带来的问题；有的企业则针对职业经理人设置评价性指标过多，但实际执行过程存在一定困难。如果企业针对职业经理人的考核指标体系局限于形式，而缺乏科学性和可量化性，则不利于职业经理人的激励机制的有效实施。

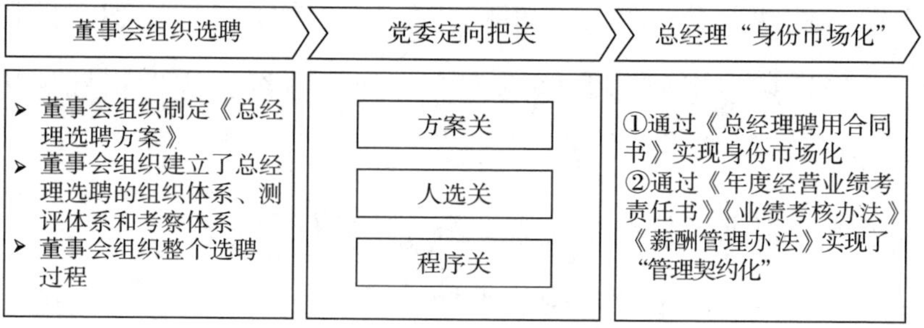

图 4-4　契约化管理流程

（三）差异化薪酬

职业经理人的激励措施主要包括经济激励和非经济激励两种。经济激励包括薪酬激励和股权激励。国有企业职业经理人的薪酬不再以行政级别为参照标准，而是按照市场化原则，根据职业经理人在市场中的人力资本定价为依据。国有企业职业经理人的薪酬不再受到国资委的管理，而是以董事会为主体，建立多元化的薪酬结构，形成长短结合的有效激励机制。

①实行以“基薪 + 津贴 + 股权、股票期权等风险性收入 + 养老金计划”的持股多元化年薪模式。年薪制度是职业经理人的短期激励制度。

②风险性收入以企业业绩指标为标准，通过签订任期合同进行契约化管理。

③积极推动、规范分红权激励、股权激励、股票激励、基金分红激励、虚拟持股激励等多种中长期股权激励形式。

④建立特殊奖励基金，对企业做出突出贡献的职业经理人予以奖

金激励。

在非经济激励方面，根据马斯洛需求理论，职业经理人作为企业的高级管理人员，经济报酬的满足之外更注重自我价值的实现。

企业应该注重对职业经理人非经济方面的激励。

①声誉激励。通过协会、政府部门等对经业绩突出的经理人授予“优秀企业家”“优秀职业经理人”等荣誉称号，提高其社会声望。

②为职业经理人提供提升能力的培训机会。

③事业激励。董事会充分授权职业经理人，并积极肯定职业经理人的经营业绩，使其对企业产生归属感，满足职业经理人的事业成就感。

市场化的薪酬激励需要区分行业、企业发展阶段等。对于初创期的企业或者以阶段性任务为目标的企业，可将特殊贡献奖励作为短期激励方式之一，对于已经进入平稳期或者规模正在收缩的行业利润实际上很难实现大的增长的企业，任期激励比股权激励更有效，从而保证具有市场竞争力的薪酬水平。

国企在员工薪酬总额方面实行工资总额预算制，由上级单位严格把控总额，与业绩变化的相关度不高。职业经理人制度是经营层的收入水平与具体业绩挂钩，但经营层薪酬指向业绩，员工薪酬导向人员数量，也就是两套体系之间尚未融合，较难形成合力。

在某些试点企业的实践中，对引入的职业经理人尚未实现差异化薪酬。究其根本原因，如果通过市场化方式引进职业经理人，需要提供与市场相匹配的高薪酬，然而在实际经营管理过程中，这一高薪酬体系很可能与企业内部现有的薪酬体系产生冲突，但在某些试点企业中，对引入的职业经理人实现了差异化薪酬，设置为基础薪酬和目标薪酬两个挡位，不同的岗位设置了定量和定性的综合评定指标。其中目标薪酬，要求是公司整体在超额完成国资委下达的业绩指标的基础上，按照该岗位的定量和定性指标进行综合评定，非常具有市场竞争力。

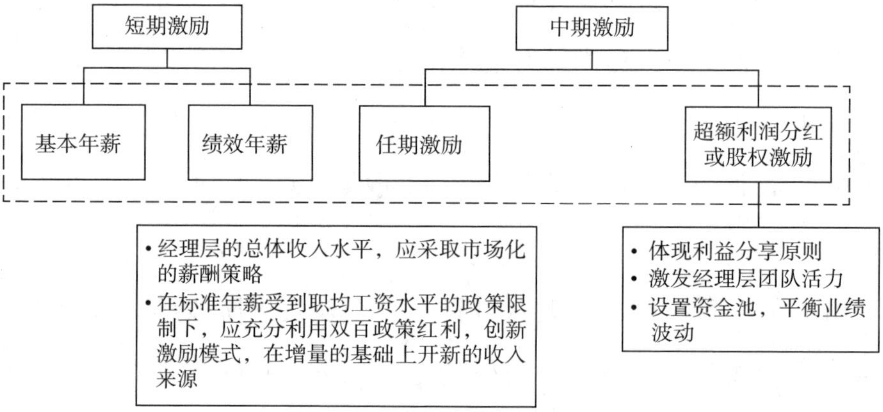

图 4-5 短期激励与中长期激励的结合

（四）市场化退出

长期以来，国有企业形成了“能上不能下，能进不能出”的状态，阻碍了员工的合理流动，与其他所有制形式的企业相比，国有企业对企业员工的流动限制较多。所以说，职业经理人的退出是国有企业实行职业经理人制度的关键环节，国有企业引入职业经理人制度后应建立退出机制。退出机制的建立主要依据以下三点：第一，退出机制以依法设立的合同管理为核心，以岗位管理为基础；第二，企业有解聘职业经理人的权利，职业经理人也有自由流动的权利；第三，退出机制中应包括企业与职业经理人双方的权利义务的清晰约定，避免发生法律纠纷。

退出的情形通常有如下几种。

①考核不达标的，如：年度经营业绩考核结果未达到完成底线（如百分制低于70分）；年度经营业绩考核主要指标未达到完成底线（如完成率低于70%）；聘任期限内累计两个年度经营业绩考核结果为不合格；任期经营业绩考核结果为不合格。

②开展任期综合考核评价，评价结果为不称职的。

③发生违法违纪行为被追究相关责任的。

④聘任期对重大决策失误、重大资产损失、重大安全事故等负有重要领导责任的，或对违规经营投资造成国有资产损失负有责任的。

⑤因健康原因无法正常履行工作职责的。

⑥因公司业务调整、整合、撤并等原因，原岗位不复存在的。

⑦因工作需要升迁、调任等，离开原岗位的。

⑧聘期未满但双方协商一致解除聘任合同或者聘期届满不再续聘的。

⑨董事会认定不适宜继续聘任的其他情形。

综上所述，国有企业的职业经理人制度发展是一个长期且复杂的过程，职业经理人制度的推行仍需面对党管干部原则的融合、员工持股等多方面的挑战。国企改革“双百行动”工作方案提出了“五突破一加强”的主要目标。事实上，目标中的股权多元化和混合所有制改革、健全法人治理结构、完善市场化经营机制、健全激励约束四个问题环环相扣，紧密联系。要成功推行职业经理人制度，并不仅仅是在单项制度设计上下功夫即可，更需要各方面综合施策，不断整体提高现代化企业管理水平，才能真正取得较好的改革成效。同时，在国家政策的支持和社会各方的配合下，多管齐下，集思广益，及时总结经验教训，迅速推广有效的经验，才可加快推进职业经理人制度的建设进程。

第五章

健全激励约束机制

一、激励和约束机制的基本理念

（一）激励机制是企业管理制度的核心

激励理论，即研究如何调动人的积极性的理论。激励理论认为，工作效率和劳动效率与员工的工作态度有直接关系，而工作态度则取决于需要的满足程度和激励因素。

自从20世纪二三十年代以来，国外许多专家结合现代企业管理的实践，提出了多种激励理论，这些理论包含对于不同需求因素的研究和对激励过程的研究。其中，对于需求因素的研究，是回答以什么为基础或根据什么才能调动员工工作积极性的问题，对于需求激励的研究，最具代表性的是需求层次论，需求层次论提出人类的需要是有层次的，从最低级的需要逐级向最高级的需要发展，只有当低层次的需求得到部分满足以后，高层次的需求才有可能成为行为的重要决定因素，并且当某一层次的需求获得满足以后，这种需求的激励作用便相对弱化了。对于需求的研究认为必须针对不同需求进行有针对性的激励，才能产生最佳的激励效果；对于过程的研究认为，通过满足人的需求实现组织的目标有一个过程，即需要通过制订一定的目标影响人们的需求，从而激发人的行动，包括期望理论、目标设置理论和强化理论等，对于过程的研究结论为通过设定目标，进行考核并进行有针对性的激励提供了理论基础。

对现代企业来说，激励机制是企业管理制度的核心，一个有效运转的激励机制具有以下几个方面的作用。

1. 吸引优秀的人才

企业的竞争根本上是人才的竞争，通过建立科学合理、具有吸引力的激励体系，可以吸引外部优秀人才，健全公司人才梯队，支撑公司持续健康发展。在国际市场竞争中，许多实力雄厚的跨国公司通过提供高水平的、丰厚的薪酬福利待遇来吸引企业需要的人才，形成人才高地，建立人才优势，打造企业国际市场竞争力。

2. 激发人才潜力

根据对员工激励的研究发现，平时仅能发挥 20% ~ 30% 能力的员工，如果受到充分激励的话，可以发挥出 80% ~ 90% 的能力，激励成效相差 60%。员工的工作绩效是员工能力和受激励程度的函数，如果把激励制度对员工创造性、革新精神和主动提高自身素质意愿的影响考虑进去的话，激励对工作绩效的影响更大。

3. 保留优秀的人才

企业需要注重当年的经营结果、对客户的价值贡献和未来的人力发展，这三个方面如果缺少任何一面都不能保持企业的持续健康发展，而未来的人力发展关键来自企业有效的激励工作，通过薪酬激励、晋升激励、精神激励等各种激励手段，不断延长人才驻留在企业做贡献的时间，提升人才为企业做贡献的能力，是企业未来成败的关键。

4. 造就良性的竞争环境

有效的激励机制能够创造出一种良性的竞争环境，进而形成良性的竞争机制。在一个没有竞争的环境中，个人的惰性就会起主导作用，在具有竞争性的环境中，员工就会受到环境的压力，并且将这种压力转变为努力工作的动力。

激励约束机制是激励约束主体根据组织目标、人的行为规律，通过各种方式去激发人的动力，使人产生内在的积极性、主动性和创造性；同时规范人的行为，使人的行为朝着激励约束主体所期望的目标前进的过程。激励约束机制是解决谁去激励约束、对谁激励约束、怎样激励约束、向什么方向激励约束以及在什么条件下进行激励约束问题的机制。激励与约束机制有着不同的功能，两者又是相辅相成的，缺一不可，激励机制本身往往就是包含约束机制的。首先是激励，没有激励就没有人的积极性。同时每个组织员工要对他的经济后果负责任，在组织中员工的行动要受到约束。

（二）有效的激励约束机制

有效的激励约束机制应当包括以下几个方面。

1. 根据员工需求确定激励形式

需求因素就是用于调动员工积极性、主动性和创造性的各种激励因素。确定激励因素，必须建立在对员个人需求进行调查、分析和预测的基础上，然后根据组织所拥有的可供激励的资源情况设计各种激励形式，包括物质激励和精神激励、正激励和负激励，各种外在激励和内在激励。需求理论就是用来指导对各类有效激励因素的确定。对于企业来说，正常情况下，首先应该要满足员工的基本物质需求，对员工的薪酬激励，包含短期激励和长期激励。对于不同层次的员工来说，应该采用不同的激励组合，对于高层级员工来说，在短期激励的效果衰退时，应该更注重长期激励；对于普通员工来说，短期激励的有效性更高。

2. 根据组织期望明确激励方向

组织期望是组织对其成员所期望的努力方向、行为方式和应遵循的价值观的规定。在组织中，由于个体的需求不同，如果放任不管，个体行为会朝向各个不同的方向，不一定与组织期望的目标方向一致，个人的价值观不一定与组织的价值观相一致，这就要求组织对员工进行主导价值观的培养和考核。比如，阿里巴巴非常强调对价值观的考核。阿里巴巴将公司价值观细分为客户第一、团队合作、拥抱变化、诚信、激情和敬业六大项，将考核结果分为一贯持续超出期望、超出期望、部分超出期望、满足期望、需要提高、需要改进、不可接受等七个等级，对于总考核分数低于标准或某一项得分为零的员工均会提出书面警告，要求限期改进。在人员晋升时，对其价值观的考核和业绩考核各占 50% 比重。

3. 控制幅度范围，保持有效激励

幅度控制是指对由需求因素所激发的行为在强度方面的控制规则。根据期望理论，对个人行为幅度的控制是通过改变激励与绩效之间的关联性以及激励本身的价值来实现的。根据强化理论，按固定的比率和变化的比率来确定激励与绩效之间的关联性，会对员工行为带来不同的影响。前者会带来迅速且稳定的绩效，并以中等速度逐渐消退；而后者将带来非常高的绩效，并以非常慢的速度消退。因此，通过对行为幅度的控制，可以将激励水平调整在一定范围之内，以防止激励效率的快速下降。激励过度，会使人觉得“得来全不费工夫”，稍微做点事就可以有丰厚奖励，就丧失了继续奋斗的积极性，“过犹不及”；而激励不足，会使人感到得不偿失，多干不如少干，少干不如不干。如果要保持激励的有效性，就必须时刻注意激励效果的跟踪，防止出现由于激励过度或者激励不足导致达不成目标的情形产生。

4. 规定激励范围，防止期望背离

范围规定是指激励约束制度在时间和空间方面的规定，包括员工与工作相结合的时间限制，以及有效行为的空间范围。这样的规定可以防止员工在时间和空间范围内背离组织期望，从而使组织期望的行为持续在组织期望的时间和空间范围内。比如：要完成一个规定的项目，组织的期望是在满足项目关于质量、时间和成本的整体要求，而不是单一的要求，如果只注重项目的质量，过分注重满足客户的需求，而不顾项目时间和成本超标，这样背离了组织的要求。

5. 建立约束规定，形成激励闭环

约束规定是对成员进行规范和对违反规范或达不到要求的处罚规定。首先是对成员在工作时间、工作量、工作质量、工作态度等方面做出规范，并要求成员遵守或达成的规范。对于不能遵守或达成规范的各种处罚，要在事前向员工交代清楚，即对他们进行负强化。若违反行为规范和达不到要求的行为实际发生了，在给予适当的处罚的同时，还要加强教育，教育的目的是提高当事人对行为规范的认识和行为能力，即再一次的组织同化。所以，组织同化实质上是组织成员不断学习的过程，对组织具有十分重要的意义。

构成激励约束机制的五个方面中，需求因素起到引发行为的作用，其他因素起导向、规范和制约行为的作用。一个健全的激励约束机制应是完整的包括以上五个方面，只有这样，才能进入良性的运行状态。

（三）国企激励约束机制存在的普遍问题

根据激励和约束机制，对于国有企业的激励约束机制进行分析，可以发现，在激励约束机制建设方面，由于国企本身存在的所有者缺位的深层次原因，国有企业的激励约束机制普遍存在以下问题。

1. 薪酬分配上的“平均主义”

以前，国有企业和政府机构的工作一样都被称为“铁饭碗”，主要是因为国有企业工作稳定、失业率较低、平均工资较高。通过对国有企业内部的工资水平的分析发现，国有企业内部员工的薪资差距较小，企业骨干员工与普通员工的工资差距不大，不能通过工资水平的高低反映出企业员工工作质量的高低及工作水平的好坏，存在比较严重的平均主义；另一方面，国有企业普通岗位员工的工资普遍存在高于市场平均水平，而高端的技术和管理岗位，对能力要求高的岗位的工资又存在普遍低于市场平均水平的情况，这种工资水平差距较小，关键岗位人才工资低于市场水平，工资水平与市场水平严重脱节的薪酬激励制度，由于薪酬水平缺乏外部竞争力，不但不利于吸引人才，还会造成企业关键、重要岗位上的人才流失严重，导致企业缺乏市场竞争力。从表 5–1 可以明显看出，低层次岗位国有企业员工的平均工资竞争力更强，高层次岗位国有企业员工的平均工资竞争力更低。

表 5-1　2018 年各类企业不同岗位就业人员年平均工资　（单位：元）

登记注册类型	全部就业人员	中层及以上管理人员	专业技术人员	办事人员和有关人员	社会生产服务和生活服务人员	生产制造及有关人员
合计	68380	145125	96703	63755	54945	55148
国有	82364	164841	105971	73248	64002	70629
集体	48053	88394	59327	44086	39187	44223
股份合作	54978	97863	67360	48774	43324	48796
联营	59677	132293	81348	52424	50055	44104

续表

登记注册类型	全部就业人员	中层及以上管理人员	专业技术人员	办事人员和有关人员	社会生产服务和生活服务人员	生产制造及有关人员
有限责任公司	71633	150892	101039	64104	57064	58356
股份有限公司	81413	185016	110540	74425	63716	64406
私营	54554	100978	71392	50097	43652	47743
其他内资	66781	114831	75214	57182	44534	51881
港澳台商投资	80847	214303	141585	87652	64357	57241
外商投资	97083	292481	149516	108175	78520	65541

2. “干与不干，干多干少，干好干坏”一个样，绩效考核机制失效

在国有企业内部，往往缺乏公平有效的考核机制，对于员工的绩效考核很大程度上依靠经验、主观性较大，缺乏公平性。虽然也有很多国有企业已经建立了正式规范的考核机制，但是在实际考核执行过程中，由于重人情、本位主义严重等因素的影响很难执行到位。由于缺乏有效的考核机制，导致员工薪酬发放、薪酬调整、职位晋升方面随意性较大，不能有效地与员工的绩效考核紧密结合起来，形成员工固定工资较高而浮动工资偏低，绩效工资也变成了固定工资，难以有效调动员工的积极性，不利于提高企业的绩效。

3. 缺乏有效的长期激励机制

由于工资总额和薪酬体系受到层层限制，所有国有企业大同小异，企业薪酬激励政策自主性不够，薪酬政策调整空间很小。同时，国有企业的激励方式仍然比较单一，对于企业的高层经营人员和骨干员工

缺乏有效的长期激励机制，使得企业的中高层管理者和骨干员工很难为企业的长远发展着想，很多国企干部不是为了做好企业，而是为了“升官”，没有踏踏实实立足企业，为企业长期发展考虑，干部频繁调整，企业短期行为严重，甚至对企业的长期发展造成不良的影响。

4.“干部能上不能下”，晋升机制不合理

国有企业由于受传统思想和计划经济的影响，在企业内部长期形成了干部能上不能下、员工能进不能出的用人机制。在内部晋升上，不靠业绩和能力，靠摆资历，熬年头，论资排辈的情况仍然非常严重，无论靠什么方式，只要升上去了，如果不是犯大错的话，不管能不能把工作干得很好，都可以一直“稳坐钓鱼台”。虽然国有企业实行三项制度改革已经很多年，但是长期存在内部晋升机制不合理的问题。由于看不到晋升的希望，很大程度上抑制了基层员工的积极性，使员工形成了安于现状、不思进取的心态，导致企业缺乏市场竞争的活力。

5.“关系大于能力”，人际关系复杂

由于受传统体制的影响，在国有企业中普遍存在复杂的人际关系，使得有能力而没有关系的员工在工作中会遇到很大的困惑，要想在企业里面“混得好”，员工不得不花费大量的时间精力来应付人际关系。在国有企业中，由于层级多，权力向上集中，“朝中有人好办事”，没有“后台”领导的支持就很难干成事，员工的晋升和加薪也成为员工之间人际关系网的比拼，故此人们需要花费大量的物力和精力用于人际关系的维护与建立，从而大大减少了对于工作本身的投入，导致工作积极性不足，工作专业性不高，工作绩效不高。

6.“台上不足台下补”，激励机制扭曲

由于受到薪酬管理制度的制约，国有企业的中高层管理者工资水平普遍存在低于市场水平的问题，由于职务消费对于薪酬激励有替代作用，长此以往导致企业职务消费很高，如差旅费、交通费、培训费等等都以职务的名义进行，如果缺乏有效监督，就会导致职务消费混乱，职务消费居高不下的问题。另一方面，利用职权拿回扣，“从台面下捞钱”，搞贪污腐化的情况也层出不穷，这些都导致了企业正常薪酬激励机制的扭曲。

二、改革国有企业薪酬管理模式

为了企业自身的生存和发展，作为激励机制的核心内容，必须建立与企业发展相适应的薪酬管理模式，国有企业作为企业，也必须遵循同样的要求。但是从世界各国的国有企业薪酬管理模式看，由于国有企业的性质，必然与私营企业在薪酬管理模式上存在或多或少的差异性。

表 5-2　　　　不同国家国有企业薪酬管理模式对比

	英国	法国	美国	新加坡
关键人员管理	直接管理模式，领导有权决定董事会成员的任免	直接管理模式，企业董事会的国家代表和专家代表均由国家主管部门决定任免	国有民营模式，主要采取把公司的大部分资产出租给私人垄断组织的方式，还有一部分由特别机构直接管理模式	政府主管部门派出高级官员直接参加公司董事会
对国有企业薪酬管理	企业自主决定，政府有干预和指导权，员工薪酬参照私营公司的模式和制度执行	企业确定薪酬，公司工资总额确定权限受控制	企业有很大的生产经营和工资收入分配自主权，基本按照市场化原则进行薪酬管理；对于出租的企业，工资总额确定权给了承租商	薪酬管理的审批权限归属于政府主管部门，工资总额方案经董事会讨论通过后，上报财政部门进行审核批复
对高管薪酬的管理	政府主管部门决定管理层薪酬，但是可参照同行业私营企业管理层人员的薪酬水平	兼职董事不从企业拿工资而是按政府行政级别发放工资；管理层中一部分人有一定的行政级别，工资标准依照其对应的行政级别按照公务员的工资标准进行发放	按照市场化原则确定高管的薪酬	由董事会按照市场化原则决定管理层的薪酬
政府对薪酬管理的监督	政府主管部门会委派独立审计师对企业进行人工成本和工资收入分配的审计	工资收入分配方案的执行接受政府部门的审计和监督，会计法院国有企业账户检查委员会定期把工资总额方案，工资收入分配方案的审计结果向政府主管部门报告	政府对国有企业的工资总额或人工成本进行审计。在联邦一级由总审计长和总审计署指定机构对国有企业进行人工成本审计；在州一级由州自行确定审计监控方式	财政部门不定期派人到公司或其子公司调查了解工资收入分配方案的执行情况

为了实现对国有企业进行更好地管理，实现不同国家对于国有企业的定位和要求，从美英法等国家对于国有企业的薪酬管理模式对比可以看出，不同的国家基于不同的历史、文化和国情，必须要建立适合本国国情的国有企业薪酬管理模式。

（一）我国国有企业的薪酬管理沿革

多年以来，我国国有企业的薪酬管理一直在根据经济体制和经济环境的变化进行调整。从计划经济时期、经济转轨时期，到现阶段的经济新常态，工资总额的管理实际上经历了三个发展阶段。

1. 第一阶段：政府完全主导阶段

从 1953 年第一个五年计划开始，国家实施计划经济体制，国有企业的薪酬完全由政府主导，薪酬管理采用职务等级工资制，以职务等级工资制为基础的国有企业管理者的工资制度基本建立，并成为计划经济时期国企高管薪酬制度的主导模式。计划经济时代，国家对工资总额的管制具体到企业的每个职工，职工的工资收入与企业效益完全脱钩，“干与不干”一个样，“干多干少”一个样。

2. 第二阶段：“两低”阶段

改革开放后，我国面临着计划经济向市场经济的转轨，国家对企业职工工资严格管制的基础逐渐消失，国有企业也需要面向市场、面对外部竞争。为了充分调动国有企业的积极性，1985 年，国务院印发

《关于国营企业工资改革问题的通知》，决定实行企业工资总额与经济效益挂钩制度，简称“工效挂钩”。在“工效挂钩”下，企业工资总额的确定是由政府有关主管部门为企业核定工资基数和效益基数的基础上，按企业实际实现效益的增长率来确定的一种办法。自此，政府从决定每个职工的工资水平，变成了决定每个国有企业的工资水平，企业内部对员工的激励有一定的自主权。

在“工效挂钩”下，一直坚持两个“低于”原则，一是坚持工资总额增长幅度低于企业经济效益增长幅度；二是职工平均工资增长幅度低于企业劳动生产率增长幅度。这种将工资增长只与企业利润挂钩的机制对我国经济转轨时期保持经济的高速增长发挥了非常显著的作用。然而，随着我国市场经济改革进入“深水区”，前期高速发展阶段忽略的问题日益暴露出来，“两低”制度“只与过去的自己相比”给企业发展造成了一种无形的压力，因为任何企业都不能永远保持高速的发展；同时，“只与自己相比”忽略了企业间的纵向比较，获得同样的工资总额，经济效益好的企业和绩效差的企业效益基数可能相差好多，造成了企业间的不公平。

3. 第三阶段：工资总额预算管理

面临经济增速的下滑，收入分配差距的拉大，如果继续延用原有的工资总额管理制度，员工的工资会由于企业利润的波动而出现较大的波动甚至下滑，因为在经济转型时期，企业生产经营面临的不确定性因素会增多，企业利润的增长也不可能总是高于经济增速。为了提升企业劳动生产率，促进国有企业转型升级，开始实施工资总额预算管理，2008

年国务院国资委启动了工资总额预算试点，2010 年、2012 年先后印发了《中央企业工资总额预算管理暂行办法》和《中央企业工资总额预算管理暂行办法实施细则》，到 2014 年实现了中央企业工资总额预算管理全覆盖，同期各地国资委也大胆实践，上下联动，国资委系统逐步构建起了与所监管企业实际相结合的工资总额预算管理制度体系。

工资总额预算管理方式下，上级部门主要通过“工资总额”和“人均工资的增长幅度”进行双管控，并且对人均工资的增长进行封顶管理，例如对央企工资总额实行预算管理，主要由国资委根据消费物价指数、社会平均收入、行业工资水平等多种因素，制定不同行业上、中、下三档人均工资增长调控线，并根据企业所处行业、企业效益情况核定企业人均工资增长额度。人均工资增长的封顶管理一定程度上会影响企业发展的积极性，但是它是一种与经济新常态相匹配的管理制度，旨在建立一种更加稳定、可持续的工资增长机制，也一定程度上规避了“工效挂钩”模式下不同行业、不同企业之间分配不公的问题。

与“工效挂钩”的事后算账不同的是，工资总额预算管理制度更强调事前安排、事中监控、事后清算。在工资总额预算管理制度下，企业需要自主编制工资总额预算方案，对年度工资总额的确定、发放和职工工资水平的调整，做出计划安排并进行有效控制和监督，这必然要求企业具有良好的财务管控和人力管理水平，对内部人员情况、结构数据有清晰认识，进行科学的动态管理。所以工资总额预算管理最大的意义在于倒逼国有企业内部管理水平的提升，通过全周期、全过程的工资总额预算管理，增强了工资总额配置的科学性，促进企业的转型升级。

4. 第四阶段：新阶段

2015 年 8 月，中共中央、国务院发布的《关于深化国有企业改革的指导意见》指出，“企业内部的薪酬分配权是企业的法定权利，由企业依法依规自主决定”。这一次，按照国资委的说法，是“要把工资总额的企业内部分配权真正交给企业”。在工资总额确定办法上，要求统筹考虑一揽子因素合理确定工资总额。工资总额的增长仍以效益为中心，但是效益不是唯一的指标。现行的工资总额决定机制更强调在追求质量发展的前提下实现增长、兼顾公平。

2018 年 3 月 28 日，中央全面深化改革委员会审议通过《关于改革国有企业工资决定机制的意见》（以下简称“意见”）提出要改革国有企业工资决定机制，要坚持建立中国特色现代国有企业制度改革方向，建立健全同劳动力市场基本适应、同国有企业经济效益和劳动生产率挂钩的工资决定和正常增长机制，完善国有企业工资分配监管体制，充分调动国有企业职工的积极性、主动性、创造性，这标志着新一轮国有企业薪酬改革序幕的拉开。

（二）新时期国有企业薪酬改革特点

薪酬激励作为重要的企业经营管理机制，新的历史时期，在国有企业的工资总额的改革中，非常重要的特点就是突出国有企业工资分配的市场化方向，将薪酬管理权限充分向企业下放，让企业切实承担起应有的责任。

首先，在工资水平决定机制上，加强人工成本投入产出率和职工工资水平的市场对标。在工资分配主体上，对政府有关部门每年核定国有企业上年度工效挂钩方案的做法进行改革，采取更加符合市场规律的预算管理办法，工资总额预算方案由企业自主编制，对主业处于充分竞争行业和领域的商业类国有企业原则上实行备案制。坚持效益导向，进一步完善工资与效益联动机制，使经济效益好、劳动生产率高的企业工资可以相对多增；反之，则工资相对少增或不增，真正实现工资总额与经济效益同向联动、能增能减，有利于切实扭转部分企业工资与效益增长不匹配的状况，确保工资水平与企业经济效益和市场竞争力相适应。

其次，对国有企业工资分配的实现分类管理。在工资与效益联动上，允许符合条件的企业特别是主业处于充分竞争行业和领域的企业工资总额增长与经济效益增长同步，对主业不处于充分竞争行业和领域的企业，则继续实行工资总额和工资水平双重调控。在工资效益联动指标确定上，要根据企业功能性质定位和行业特点，分类科学设置联动指标，合理确定考核目标，突出不同考核重点，使国有企业经营业绩考核更加符合企业实际。在工资总额管理方式上，明确规定，根据国有企业功能性质定位、行业特点和法人治理结构完善程度，分别实行工资总额预算备案制或核准制，市场竞争越充分、内控机制越健全的企业，拥有的工资分配自主权越充分。

其三，要突出增强活力与加强监管相统一。着眼于充分发挥市场在国有企业工资分配中的决定性作用和更好发挥政府作用，在坚持工资分配市场化方向的同时，进一步健全工资分配监管体制机制，对加强国有企业工资分配的事前引导、事中监控和事后监督进行了系统创新，更好地体现规范工资收入分配秩序、促进收入分配更合理更有序的要求。

总之，新一轮国企薪酬改革的核心就是企业要起主体责任，完善内部工资总额管理办法。要坚持效益导向原则，牢固树立“工资是挣出来的”理念，努力做大“蛋糕”，创造更好效益。要坚持市场化改革方向，加快内部收入分配改革，加快形成适应市场竞争的薪酬体系，将工资总额优先向关键岗位、紧缺急需的高层次人才、高技能人才倾斜，引导企业分好“蛋糕”，合理拉开工资分配差距，提高激励效果。

三、建立现代企业薪酬考核体系

薪酬是员工因向所在的组织提供劳务而获得的各种形式的酬劳。狭义的薪酬指货币和可以转化为货币的报酬。广义的薪酬除了包括狭义的薪酬以外，还包括获得的各种非货币形式的满足。国有企业激励约束机制改革首先就要建立现代企业薪酬考核体系。

（一）建立适合企业特点的现代企业薪酬体系

现代企业薪酬体系以公司发展战略、人力资源战略、外部环境、市场水平和企业文化为导向。企业薪酬设计一般建立在价值评价的基础上，通过科学合理的评价员工为企业创造的价值来进行价值分配。根据激励约束理论和国家法律法规，在设计企业薪酬时，要遵循补偿原则，薪酬应保障员工收入足以补偿劳动力再生产的费用；要遵循合法性原则，薪酬制度必须符合政府的有关政策和法律法规；要遵循公平性原则，包含横向公平和纵向公平；要遵循透明性原则，薪酬不透明，但是薪酬制度透明；要遵循竞争性原则，企业应该为员工提供具有市场竞争力的薪酬；要遵循经济型原则，体现在两个方面，一是低成本，二是高效益，在二者间找到平衡点；要遵循岗位与人结合原则；综合考虑岗位和人的因素，在强调岗位重要性的同时，重视个人的技能、竞争力以及职业发展；要遵循激励性原则，通过对员工绩效的管理，提升员工的积极性，促进自身的发展，使员工的目标与公司战略目标趋向一致。

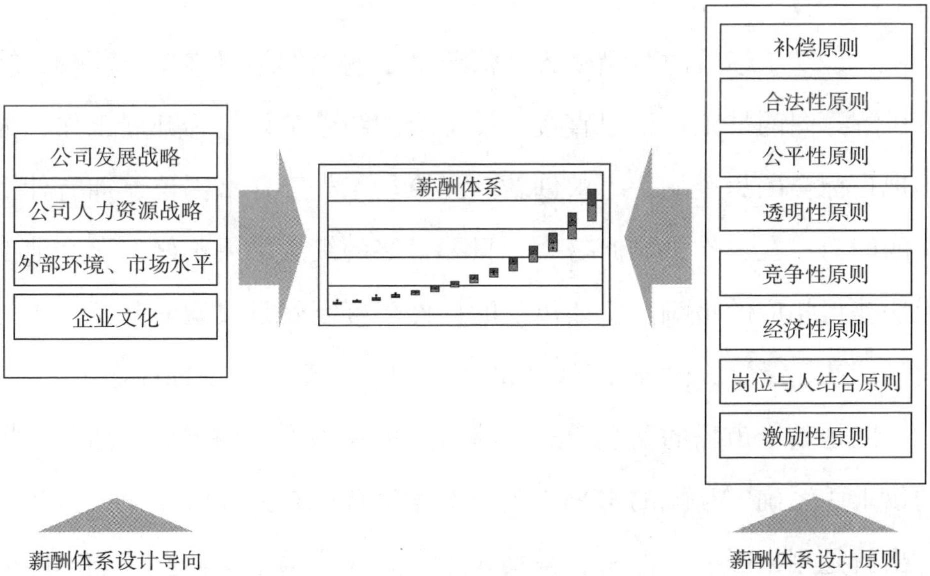

图 5-1 薪酬体系设计导向和原则

面对市场竞争环境，存在岗位、能力、业绩、市场四种不同的衡量维度的薪酬激励模式。

一是以岗位为基础的薪酬模式。通过对岗位的职责、所需要的能力、知识等因素进行测评，按内部各岗位相对价值的高低来决定员工的工资水平，以岗定薪。基于岗位的薪酬设计的依据是薪酬的支付应该根据岗位的相对价值来确定，这种方式就是要对某一岗位所应该承担的责任进行支付，而与担任这个岗位的人无关，这种方法的优点是岗位价值的衡量相对简单，具有较强的客观性。

二是以能力为基础的薪酬模式。指企业根据员工所具备的能力来确定其薪酬水平，叫做“对人不对事”，员工能力的高低和薪酬、晋升挂钩，薪酬随着能力提高而提高，因此能力薪酬模式的前提是能力高的一般都会取得高的绩效；公司重点关注员工能力的提升。以能力为基础的薪酬模式的能力不是一般意义上的能力，而是根据公司发展需求产生的对能力的要求。

三是基于绩效的薪酬模式。依照员工的工作结果来支付薪酬，绩效付酬导向的员工行为很直接，员工会围绕着绩效目标开展工作，为实现目标会竭尽全能，力求创新。无论员工处于什么岗位、拥有什么样的能力、在工作中如何努力，只要最终的绩效结果不好，那么他都无法获得相应的报酬。比如传统的计件工资制就是典型的基于绩效的薪酬。基于绩效的薪酬具有更强的公平性、灵活性、激励性。

四是基于市场的薪酬模式。将薪酬体现为人才的价值，通过市场的供求关系确定薪酬的水平，企业的竞争首先是人才的竞争，薪酬的付出就是用来吸引、保留、激励人才。企业要根据企业发展和实际的承担能力，制定人才策略和薪酬策略，明确对不同层次、不同专业人才的需求，并给予相应的能够吸引人才的薪酬。

不同的薪酬模式所关注的侧重点不同，根本目的都是要尽可能准确地测量、反映员工的绩效，保证分配的公平性，进而促进员工绩效的提升，实现企业的发展战略。实际上，在设计现代企业的薪酬管理体系时，应该按照“一企一策”的原则，综合考虑企业发展、员工需求、市场环境等多种因素，结合各种模式的优缺点，建立适合企业自身的薪酬管理体系。

建立一套现代企业薪酬激励体系并不复杂，但是以下几个重要的环节必要根据企业的特点进行分析研究，有针对性地进行设计，否则很难满足企业发展的需求。

1. 基于企业战略的薪酬体系

薪酬体系的设计需要高度遵循企业战略，没有匹配战略的薪酬体系就是没有方向的激励，对于企业来说就是无效的激励，而且可能对企业的发展产生反作用。公司的战略体现在人力资源管理的出发点在于组织体系的设计。结合公司战略发展规划、经营目标，通过业务分析和人员分析，明确部门职能和岗位职责，编写职位说明书。组织体系的建立与完善为岗位设置提供了平台，在此基础之上才能对岗位进行科学的分析评测。

2. 科学的岗位价值评估

岗位价值评估是薪酬体系设计的根基，它重在解决薪酬的对内公平性问题。它有两个目的，一是比较企业内部各个职位的相对重要性，得出职位等级序列；二是为进行薪酬调查建立统一的岗位评估标准，消除不同公司间由于职位名称不同，或即使职位名称相同但实际工作要求和工作内容不同所导致的职位难度差异，使不同职位之间具有可比性，为确保工资的公平性奠定基础。岗位评价的方法有岗位排序法、岗位分类法、市场定价法、因素计分法、因素比较法多种。比较复杂和科学的是评分法。

表 5-3　主要岗位价值评估方法比较

方法	是否量化	评估对象	比较方法	优点	缺点
岗位排序法	非量化	对岗位整体进行评估	在岗位与岗位之间进行比较	简单、容易操作、省时省力	主观性大、无法准确确定相对价值、适用于小型企业
岗位分类法	非量化	对岗位整体进行评估	将岗位与特定的级别标准进行比较	灵活性高、可以用于大型组织	对岗位等级的划分和界定存在一定的难度、无法确定相对价值
因素比较法	量化	对岗位要素进行评估	在岗位与岗位之间进行比较	可以较准确确定相对价值	因素的选择较困难、市场工资随时在变化
评分法	量化	对岗位要素进行评估	将岗位与特定的级别标准进行比较	可以较准确确定相对价值、适用于多类型岗位	工作量大，费时费力

评分法首先要确定与薪酬分配有关的评价要素，并给这些要素定义不同的权重和分数。然后组织评价，通过综合评分结果得出岗位的相应等级。其中最知名的评分法是海氏评估法和美氏评估法。

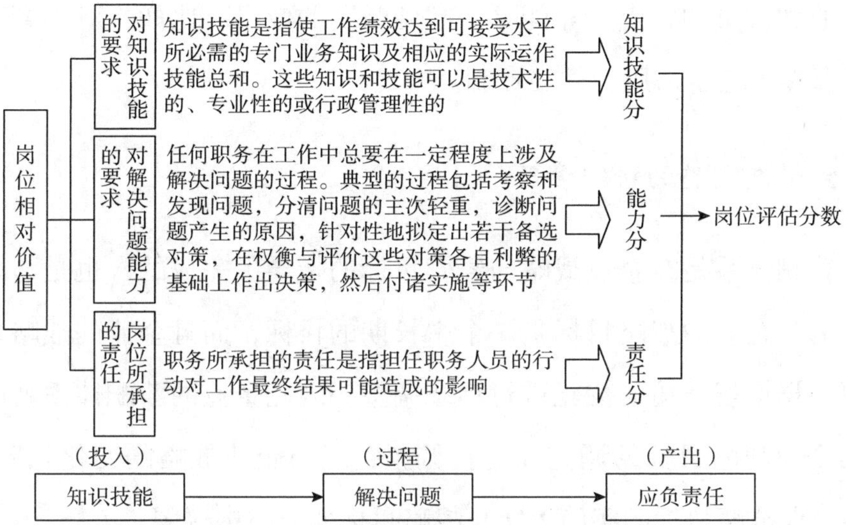

图 5-2　海氏评估法

3. 竞争力导向的薪酬调查

薪酬调查重在解决薪酬的市场竞争力问题。企业在确定工资水平时，需要参考不同岗位的市场薪酬水平。薪酬调查关键是要采用相同的标准基础上的真实的薪酬数据，才能保证薪酬调查的准确性。薪酬调查的重点是与选择同行业的类似公司或者直接选择有竞争关系的公司，重点考虑员工的流动方向。

4. 完善的薪酬体系设计

薪酬体系的设计不仅仅是一种薪酬设计技术和工具的使用，更重要的是体现企业的价值观，即依据什么原则确定员工的薪酬。根据企业注重点的不同，薪酬体系包含计件工资制、提成制、岗位工资制、结构工资制、年薪制等各种模式，但是无论采用何种方式，都必须结合企业和人员的特点，才能真正起到激励的效果。比如，对于管理岗位，显然不适合采用计件工资制。

5. 动态调整的薪酬管理

薪酬体系是在企业战略与经营目标的指导下完成的，也是与之相适应的。企业的战略目标是一个中长期的目标，而且企业的战略目标需要根据市场环境的变化进行动态调整。因此企业的薪酬体系就必须根据企业战略目标的调整而进行调整，以与企业战略的变化相匹配，支撑企业战略目标的实施，防止战略目标变成空中楼阁。

（二）市场化薪酬改革案例

某建筑设计研究院集团有限公司是一家具有工程咨询、建筑工程设计、城市规划、建筑智能化及系统工程设计资质的综合性建筑设计院，是全球规模最大的50家建筑设计公司之一，国家“高新技术企业”。

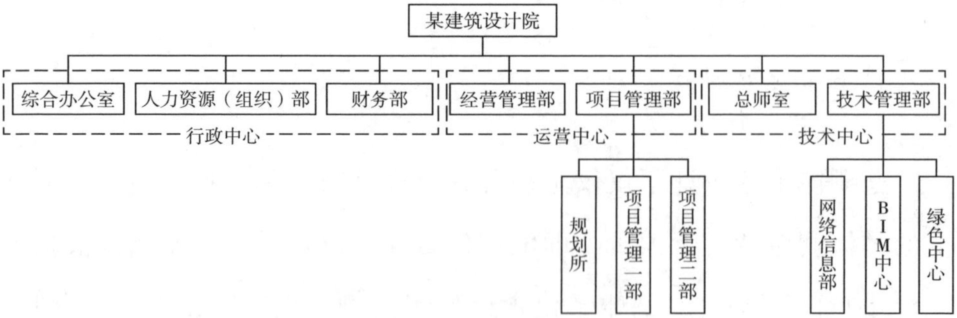

图 5-3 该设计院组织结构

该设计院集团总部共有七个职能部门，分别归属于行政中心、运营中心和技术中心。项目管理部下设规划所、项目管理一部、项目管理二部三个二级部门。技术发展部下设网络信息部、BIM 中心、绿色中心三个二级部门。

2017 年，我们承接了该设计院的市场化薪酬改革咨询项目，经过调研，发现总部在组织和岗位管理方面存在以下问题。

职能部门功能定位和人员定位有待进一步明确，虽然职能相对完善，但是部分职能履行存在弱化现象。部分部门职责也存在一些交叉现象，有待进一步完善。当前岗位设置方面存在一定程度的职责不明确、分工不尽合理的问题。职能部门人员配置比重略高，也存在一定程度的不合理。

针对组织和岗位管理体系存在的问题，我们提出了以下优化建议。

生产类（例如项目管理部下的规划所）和研发类的二级部门（例如技术发展部下的绿色中心等）应该脱离职能部门，独立设置和归类，以进一步明确职能部门的管理定位；鉴于行政中心只包括管理类人员，运营中心既包括管理类也包括业务类人员，因此建议技术发展部只包括管理类人员，主任建筑师（工程师）设置建议归入总师室；管理类人员严格定岗定编，业务类人员编制原则性掌握，可以随业务发展情况波动；对弱化职能通过人员能力培养、引进合适人员进行强化；明确品牌管理、薪酬管理、流程管理等主导部门职责；在明确部门职责的基础上，进一步深化制度建设和工作标准建设，持续提升职能部门管理能力；梳理岗位职责，明确岗位分工；强调职能部门岗位的一岗多能，提升内部协作效率，避免人浮于事；对总部职能部门编制不尽合理的地方进行调整。引导生产部门加强对于行政岗位编制的管理。

集团总部的薪酬体系方面，经过调研发现存在以下问题。

①薪酬模式。根据经验，在知识型的企业中，一般管理人员和事务人员的工作量和工作业绩存在弱相关关系，技术人员的工作量和工作业绩存在强相关关系，而管理、技术和业务骨干的工作量和工作业绩的相关性最强。该设计院职能部门人员薪酬与生产人员薪酬直接挂钩，导致职能人员的薪酬随生产效益的增长出现“水涨船高”的现象，薪酬总额分配不合理。

②薪酬水平。目前职能人员整体薪酬处于市场中上水平，但是一些基础岗位薪酬明显高于市场水平，特别是后勤服务岗位中，司机岗位的薪酬竟然比正常的市场水平高出好几倍，导致内部差距很小，违背了“按劳分配”的原则。

表 5-4　　薪酬调查情况

<table>
<tr><th>岗位</th><th>市工资指导价</th><th>某建筑设计院</th><th>华东某省院</th><th>某建筑设计公司</th><th>该集团</th></tr>
<tr><td>公司规模</td><td></td><td>>400</td><td>约 600 人</td><td>>1000 人</td><td>800 人</td></tr>
<tr><td>公司性质</td><td></td><td>股份制</td><td>事业单位</td><td>民营</td><td>国有企业</td></tr>
<tr><td rowspan="2">职能部门负责人</td><td rowspan="2">9 万~12 万</td><td>正职：25 万~35 万</td><td rowspan="2">26 万~30 万</td><td rowspan="2">35 万~45 万</td><td>正职：39.5 万~46.4 万</td></tr>
<tr><td>副职：20 万~27 万</td><td>副职：29.9 万~36.6 万</td></tr>
<tr><td rowspan="2">部门主管</td><td rowspan="2">7 万~8 万</td><td rowspan="2">10 万~15 万</td><td rowspan="2">18 万~20 万</td><td>分管经理：20 万~28 万</td><td>主任助理：22.2 万~23.2 万</td></tr>
<tr><td>主管：10 万~18 万</td><td>主管：12.4 万~22.8 万</td></tr>
<tr><td>一般管理人员</td><td>5 万~6 万</td><td>5 万~6 万</td><td>9 万~13 万</td><td>5 万~8 万</td><td>6.0 万~16.8 万</td></tr>
<tr><td>驾驶员</td><td>4 万~5 万</td><td></td><td></td><td></td><td>9.7 万~10.9 万</td></tr>
</table>

③薪酬结构。基层员工固定收入部分比重过低，浮动收入过高，很大一部分薪酬要等到年底才发放，难以体现工资的基本保障作用，导致有的年轻员工要靠家里补贴甚至借钱才能应付日常生活支出，大大降低了企业员工对薪酬的满意度。

④薪酬管理。存在当前职能管理人员薪酬未能充分体现岗位价值、绩效工资和奖金与绩效考核之间关系不明确、工资调整机制不明确，调整幅度较小的问题，员工对于晋升满意度不足，薪酬管理制度和流程不明确等问题。

经过分析，我们提出如下的解决方案。

①采取结构工资薪酬模式。职能部门薪酬同生产人员薪酬脱钩。中层管理人员考虑采用效益年薪模式，最终全年收入同企业效益紧密挂钩。基层管理人员考虑采用考核年薪模式，全年收入相对稳定和明确。

②采取市场化薪酬理念。薪酬分配向技术和经营等骨干岗位倾斜，对于出图管理、司机等替代性很强的基础岗位在保持现有人员稳定的前提下，尽量采用市场化解决方案，通过劳务派遣等方式解决。

③进行岗位梳理，明确岗位职责。使用国际上普遍采用的海氏岗位价值评估工具，开展岗位价值评估，进行岗位归级，结合薪酬总额测算明确各岗位工资与绩效工资。

表 5-5　　岗位归级表

层级	岗位归级	岗位
部门管理	7 级	经营管理部主任，技术发展部主任，项目管理部主任，财务部主任，综合办公室主任，人力资源部主任
	6 级	经营管理部副主任，项目管理部副主任，技术发展部副主任，财务部副主任，人力资源部副主任，综合办公室副主任

续表

层级	岗位归级	岗位
主管	5 级	科研管理岗，技术管理岗，信息中心主任
	4 级	软件管理岗，运营分析岗，质量管理岗，市场策划岗，党团管理岗，主管会计
	3 级	档案资料岗，资质合同岗，经营分析岗，招聘与绩效岗，培训与注册职称岗，秘书岗，财务会计，薪酬与员工关系，往来会计，项目核算岗，运营监控，法务岗
专员	2 级	出纳，计算机管理岗，行政岗，总师室行政
	1 级	驾驶员岗，出图管理岗

根据岗位价值评估结果，结合市场薪酬水平，建立企业岗位工资标准。

表 5-6　岗位工资标准表（元）

层级	薪级	级差（%）	岗位工资薪档					
			1 档	2 档	3 档	4 档	5 档	6 档
部门管理	7 级	33.3	18180	19630	21200	22900	24730	26710
	6 级	50.0	13640	14730	15910	17180	18550	20030
主管	5 级	33.3	9090	9820	10610	11460	12380	13370
	4 级	33.3	6820	7370	7960	8600	9290	10030
	3 级	50.0	5120	5530	5970	6450	6970	7530
专员	2 级	33.3	3410	3680	3970	4290	4630	5000
	1 级		2560	2760	2980	3220	3480	3760

④增加基层员工固定工资部分。一是直接增加一部分岗位工资额度；二是提高日常绩效考核奖金比例，减少年终奖金比例，将基层员工固定收入所占比重提高到 70% 左右，大大提高新入职员工工资的保障性，降低流失率。

⑤进一步完善绩效考核工作。采取一定的强制分布，拉开绩效考核结果差距，同时加强绩效考核反馈机制。

⑥建立正常工资调整和晋升机制，并且在薪酬制度中予以明确。通过市场化薪酬改革，该设计院总部的骨干员工的积极性明显得到了提升，总部的管理和服务能力加强，大大提高了企业的市场竞争力。

（三）建立支撑企业战略的差异化考核体系

差异化的考核体系是国有企业激励约束机制的关键环节。对于国有企业来说，建立现代考核体系，首先，是要支撑企业战略目标的实现，绩效管理体系应当起到沟通公司战略、指引奋斗方向、层层落实推进公司战略实现的作用。其次，作为管理者进行有效管理的手段，通过规范化的工作目标设定、沟通、绩效审查与反馈工作，改进和提高管理人员的管理能力和成效，促进被考核者工作方法和绩效的提升，最终实现组织整体工作方法和工作绩效的提升。其三，保证激励约束的有效性。作为工资调整、奖金分配等物质激励和人员晋升、降职调职等人事调整激励的依据和日常精神激励的依据与评判标准。

建立一个满意的绩效考核体系不是一件容易的事，需要企业坚持不懈的努力。美国行业周报进行的一项调查显示，只有 18% 的人力资源管理人员满意企业的绩效管理系统。国务院发展研究中心曾经做过一个有关中国企业人力资源管理现状的研究表明，在做绩效考核的 1000 余家企业中，选择绩效考核结果“很好”和“非常好”的比例不到 20%。

建立一个成功的绩效考核体系，主要的困难来自五个方面：一是上下级在目标订立时较难取得共识，往往出现上级认为目标较低，而下级认为目标较高的情况。二是不同部门目标制订的尺度和难易度较难比较，特别是职能部门之间的比较非常困难。对于公司领导来说，“手心手背都是肉”，尺度很难把握。三是管理人员往往欠缺考评员工的技能或素质，特别是由于专业性的欠缺，领导在分管的多个专业领域中，往往只是在某一专业领域有经验，有能力，而在其他专业领域则往往很难给出专业的考核意见。四是信息平台不能有效率地提供考核数据，特别是对传统国有企业，由于信息化建设落后，往往很难给予定量的考核数据。五是绩效管理系统设计过程复杂，往往看起来很全面，但是起不到实际效果。

因此，我们认为，成功建立绩效考核体系的关键，一是要有来自最高管理层的信心和支持，这是最重要的，如果最高管理层没有信心，遇到困难就容易退缩，将导致绩效考核工作很难实施下去。二是要与企业发展战略和价值观密切联系，否则企业的绩效考核就失去了方向和意义。三是绩效考核体系要赢得企业上下员工的理解和认同，如果员工对绩效考核体系的设计不理解，显然很难有针对性地达到提高企业绩效和员工个人绩效的目标。四是在选择绩效考核指标和实施绩效考核时应保持上下沟通，特别是在目标的制定上，企业上上下下要经过多次沟通，达成一致的意见。五是要与时俱进，根据具体情况的变化灵活调整绩效考核体系，不断改进绩效考核体系，建立绩效考核循环。

建立适合企业的绩效考核体系首先要明确绩效考核的方法。绩效考核的方法有三大类，主观考核法、客观考核法和综合考核法。其中，主观考核方法包括排序法、成对比较法、硬性分配法等；客观考核方法包括行为对照法、等级鉴定法、关键事件法等；综合考核方法包括目标管理法、关键业绩指标法、平衡计分卡法等。每一类方法都有其优点、弱点和适用场合，不能简单地认为一种方法必然优于另一种方法。

表 5-7　　　　常用的绩效考核方法比较

	目标管理（MBO）	平衡积分卡（BSC）	关键业绩指标（KPI）	目标与关键成果（OKR）	关键成功因子（KSF）
主要优点	■ 应用广泛 ■ 强调企业经营目标导向	■ 强调四个维度的动态平衡 ■ 目标之间的相互关联	■ 奉行二八原理，聚焦关键目标和指标 ■ 与战略和预算形成闭环系统	■ 将目标层层分解，并形成执行计划 ■ 对重要过程进行管控和评估，以确保关键结果的达成	■ 薪酬与绩效融合 ■ 让管理层参与经营，实现利益趋同
主要缺点	■ 目标太多，不能抓住关键目标	■ 不能独立使用，必须与目标管理、关键业绩指标组合应用	■ 重考核激励，高目标低激励，做减法多压力，落地难，员工容易抵触	■ 焦点在过程和关键动作，但缺少考核激励，员工动力可能不足	■ 指标相对清晰，但是目标值难以确定
适应	■ 适用广泛	■ 更适合组织层面	■ 适用于目标为导向的岗位	■ 以项目为主的科技型、互联网企业	■ 更适合基层管理岗位

绩效考核体系建立应强调考核体系的实效和可操作性，以易于执行为基本设计思路；不追求过分精细化，以启动考核实施为目的，在实际过程中逐步完善考核管理体系；不以奖惩为考核的根本目的，绩效考核的根本目的是绩效的改进和提升。绩效管理体系设计应该根据企业的实际情况出发，根据绩效管理体系设计的基本原则，选择合适的考核方法。从对业绩结果控制和管理的效果而言，综合考核方法应用较为广泛。

绩效考核体系不仅仅是用适当的方法，更重要的是建立不断改进的绩效管理循环。建立合适的指标，建立适合企业的考核管理流程，建立 PDCA 的循环，通过不断改进，不断完善，达到提高员工绩效，提高企业绩效，成为支撑公司战略实施有效手段。

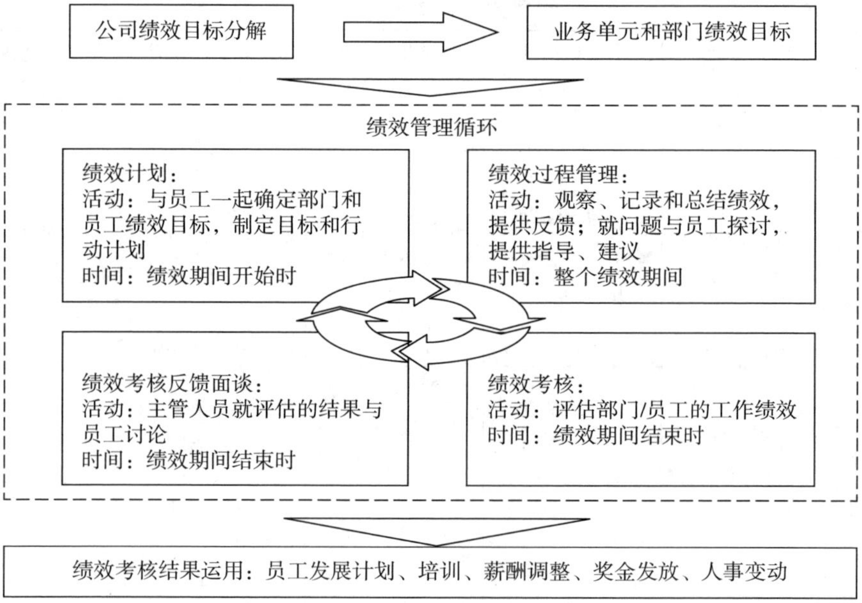

图 5-4　绩效管理循环

首先，在每个绩效考核初期（可能是年度、半年、季度或月度初期），与部门和员工一起确定绩效目标，制定行动计划；其次，在每个考核周期内，要收集绩效记录，并及时反馈给被考核人，就存在的问题与被考核人一起探讨，进行绩效辅导，寻求如何提升被考核人的绩效；在绩效考核周期结束后，要组织认真评估部门 / 员工的工作绩效，得到考核结果；最后是绩效反馈面谈，绩效面谈是一个容易受到忽视而实际在整个绩效考核循环中非常关键的环节。

（四）绩效考核体系改革案例

某集团历史悠久，技术实力雄厚，长期以来为我国冶金工业的发展做出了巨大的贡献，改革开放以来在冶金领域外也取得了显著的成绩。集团注册资本 15 亿元人民币，在岗员工 2230 人，其中博士 46 人占全员的 3.6%、硕士 499 人占 22%。公司成立五十多年来，先后取得科研成果 2100 余项，其中获得国家级、省部级科技成果 510 余项，国家发明奖 12 项，国家科技进步奖 45 项，拥有发明专利 40 项，是国家级“高新技术企业”。

该集团的发展经历了三个时期，第一个时期主要围绕冶金工业建设，从事与冶金工程建设有关的新技术、新工艺、新材料等的研发以及提供相关技术支撑和服务；第二个时期主要以工程设计与施工、建筑材料、环保产品与设备以及模板器材租赁为主业，进行产业化延伸；第三个时期是进入 20 世纪，公司改企建制，进入了业务快速发展期，形成了五大业务板块，有传统的工程承包和技术服务业务，有环保设施投资运营和工程材料与焊接等以科研成果转化为特点的产业投资业务，也有房地产开发等产业链高端业务，每个业务板块下面都有 5 家以上的子公司，业务围绕相关性多元化发展，独立考核的业务单元达到三十几个。

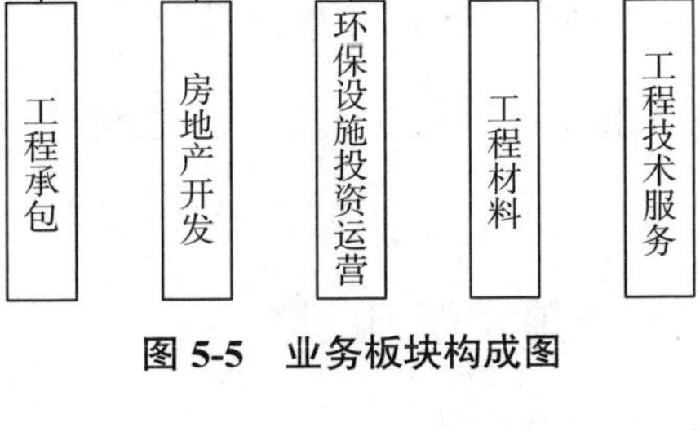

图 5-5　业务板块构成图

经过我们调研发现，该集团对于各业务板块子公司的考核方面存在以下问题。

第一，集团计划预算同各业务板块子公司的考核指标的结合不紧密，在制定预算的过程中上下沟通不充分，使预算和实际下达的指标差距较大。

第二，在考核实施过程中，没有规范的考核流程，除了人力资源部外，其他相关职能部门参与程度不够，只是把上级部门的指标分解到业务单元，没有根据集团自身的战略发展需要对指标进行优化，以支撑公司战略的实施。

第三，由于业务板块内部不同企业所面对的市场和本身的资源禀赋有较大差异，这些因素决定了不能对所有业务板块内的单元内采用统一的考核指标。虽然集团已经开始对各业务单元的考核指标进行了局部调整，但是很多内容还不能真正反映企业所处行业的实际状况，导致考核结果的参考意义不大。比如，产业类企业完成专利指标比较容易，但是完成标准编制很难，而且没有必要，而钢检中心本身就是制定标准的，完成标准很容易，但是要完成专利指标很难。有些考核指标意义不大，甚至没什么用处，比如，新签合同额，对服务类来说毫无意义；而有的业务单元就算是完成了指标，却还是养活不了自己；有的指标怎么都达不到，考核也没有什么意义。

第四，各业务单元每年的绩效考核成绩最终是ABCD，还是优良中差，没有一个明确的结果。业务单元对完成情况都比较清楚，但是具体考核评价如何，并没有一个明确的反馈机制，多数业务单元反映没有反馈，也有个别业务单元得到反馈。

经过分析，我们提出如下的解决方案。

其一，根据企业的实际情况，借鉴平衡计分卡思想，但是不完全采用平衡记分卡四维度的考核方法，设立财务考核指标、科技考核指标、安全考核指标三个维度，将绩效考核内容纳入统一的绩效考核框架。

其二，针对不同业务板块的特点，按照业务板块或具体业务特点建立考核指标体系。将业务单元根据业务板块和生命周期特点划分为不同的类型，根据类型不同设定业绩指标权重时有所差异。在考核维度上，一般企业经营业绩、科技和安全指标权重分别为70%、15%、15%，根据企业的类型，不同经营业绩、科技和安全指标权重有所差异。

表 5-8　　业务板块分析表

类型		指标制定原则	工程承包	房地产	环保	工程材料	技术服务	其他
成长型	业务建立时间不长，具有较人成长性的业务	以发展为重的原则；首先注重发展，其次注重利润	国际公司	各房地产项目公司	环保公司			
效益型	核心业务或比较成熟的业务	发展和利润并重的原则；首先注重利润，其次兼顾发展	其他工程承包单位、设计院			工程材料与焊接子公司	钢检中心 检测中心 监理公司	建环公司
服务型	从企业整体价值出发，不以纯粹盈利为目的的业务	根据业务实际情况，降低收入与利润权重，增加考核单位对企业的价值贡献点权重		物业公司			模板公司	杂志社

对于经营业绩指标，根据企业类型不同进行如下区分。

表 5-9　　经营业绩指标

业绩考核指标＼单位类型	效益型	成长型	服务型
利润总额	35%	15%	15%
净资产收益率	25%	15%	15%

续表

业绩考核指标＼单位类型	效益型	成长型	服务型
合同额	10%	25%	–
营业收入	10%	25%	15%
应收账款周转率	10%	10%	15%
成本费用占主营业务收入的比重	10%	10%	40%
合计	100%	100%	100%

其三，打破绩效平均主义，对考核结果强制分布。将每项指标赋予不同的权重，使业务单元的绩效考核结果形成一个明确的考核分数，对绩效考核得分进行强制排序，将业务单元年度考核最终结果划分为ABCDE五个等级，不同考核等级对应不同的考核系数。

表 5-10　考核等级及系数

考核得分排序（或得分）	$0<x\leqslant20\%$	$20\%<x\leqslant40\%$	$40\%<x\leqslant60\%$	$60\%<x\leqslant80\%$	$80\%<x\leqslant100\%$
考核等级	A	B	C	D	E
考核系数	1.3	1.1	1	0.8	0

其四，考核结果应用方面，一是将业务单元绩效考核结果作为业务单元负责人考核结果，同业务单元负责人年度绩效薪酬强挂钩；二是将绩效考核结果作为业务单元负责人任免的重要依据之一，连续两年考核在后面两位的强制淘汰。三是将业务单元绩效考核结果与业务单元的工资总额挂钩，对于指标排名靠前的业务单元加重奖励力度。

其五，明确考核职责，完善考核流程，建立绩效考核工作小组，负责集团业务单元绩效考核工作，由总经理任组长，人力资源部牵头，相关领导和部门负责人参与。

四、建立风险共担、利益共享的中长期激励机制

中长期的激励机制本质上是为了使员工和股东一起更加注重企业的长远利益，减少员工只注重短期利益的行为，提高企业内部的向心力，同时增强员工的工作积极性并留住人才。近些年来，在国有企业混合所有制改革的背景下，很多国企开始逐步建立风险共担、利益共享的中长期激励机制。

（一）中长期激励机制政策支撑

国有企业中长期激励机制的建立，意味着对原有体制的突破，这种突破实现的前提是有政策支撑。

2018 年 8 月，国资委主任肖亚庆在开展国企改革“双百行动”动员部署视频会议上发表讲话，指出：以健全激励约束机制为动力源泉，充分调动国有企业广大干部职工的积极性、主动性和创造性。要支持“双百企业”针对高管人员、科研人员、技术骨干等不同群体，建立起风险共担、利益共享的中长期激励机制。希望各地国资委、各中央企业集团公司指导“双百企业”全面系统学习现行中长期激励政策，综合运用好国有控股上市公司股权激励、国有科技型企业股权和分红激励、国有控股混合所有制企业员工持股等不同的

激励路径及相关激励工具。

在此之前，国务院及国资委陆续出台了相关政策，鼓励国有企业探索建立各类长期激励机制。

中共中央国务院在（中发【2015】22号）《关于深化国有企业改革的指导意见》一文中，对发展混合所有制经济明确提出“探索实行混合所有制企业员工持股。坚持试点先行，在取得经验基础上稳妥有序推进，通过实行员工持股建立激励约束机制。”即通过健全国企激励约束机制，可以探索员工持股试点先行。

针对这个新时期国企改革的纲领性文件，国资委与财政部等出台了三个文件，分别对国有控股下的混合所有制企业以及国有科技型企业、国有上市公司的员工激励机制进行了说明。

根据（国资发改革【2016】133号）《关于国有控股混合所有制企业开展员工持股试点的通知》一文，对国有控股下的混合所有制企业有以下说明：“建立健全激励约束长效机制，符合条件的员工自愿入股，入股员工与企业共享改革发展成果，共担市场竞争风险。持股员工可以个人名义直接持股，也可通过公司制企业、合伙制企业、资产管理计划等持股平台持有股权。”即国有混合所有制企业可以开展员工持股。

根据（财资【2014】4号）《关于印发国有科技型企业股权和分红激励暂行办法的通知》，对国有科技型企业有以下说明：“本办法所称股权激励，是指国有科技型企业以本企业股权为标的，采取股权出售、股权奖励、股权期权等方式，对企业重要技术人员和经营管理人员实施激励的行为。”即国有科技型企业可以开展股权激励。

根据（国资发考分规【2019】102号）《关于进一步做好中央企业控股上市公司股权激励工作有关事项的通知》一文，对国有上市公司有以下说明："中央企业应当结合本集团产业发展规划，积极推动所控股上市公司建立规范、有效、科学的股权激励机制，综合运用多种激励工具，系统构建企业核心骨干人才激励体系。"即国有上市公司可运用多种激励工具。

国资委在（国资产权【2019】653号）《国务院国资委印发〈中央企业混合所有制改革操作指引〉》中，对上述三种形态的国有企业进行了综合说明："鼓励混合所有制企业综合运用国有控股混合所有制企业员工持股、国有控股上市公司股权激励、国有科技型企业股权和分红激励等中长期激励政策，探索超额利润分享、项目跟投、虚拟股权等中长期激励方式，注重发挥好非物质激励的积极作用，系统提升正向激励的综合效果。"

2019年8月，国务院国有企业改革领导小组办公室印发了《关于支持鼓励"双百企业"进一步加大改革创新力度有关事项的通知》（以下简称"双百九条"），就"双百企业"推进综合性改革过程中遇到的一些共性问题，明确提出了九条有针对性、操作性的政策措施。其中，关于中长期激励问题，明确提出以下措施。

①"双百九条"要求各中央企业和地方国资委要指导推动"双百企业"综合运用好各种正向激励政策和工具，坚持短期与中长期相结合，坚持结合实际、能用尽用，建立健全多层次、系统化的正向激励体系。

②"双百企业"可以综合运用国有控股上市公司股权激励、国有

科技型企业股权和分红激励、国有控股混合所有制企业员工持股等中长期激励政策，不受试点名额限制。

③实施各种形式股权激励的实际收益水平，不与员工个人薪酬总水平挂钩，不纳入本企业工资总额基数。

④实施国有控股上市公司股权激励的，可以结合企业改革发展情况合理设置授予业绩条件和有挑战性的行权（解锁）业绩条件。

⑤非上市“双百企业”可以结合本企业实际，借鉴国内外成熟有效的中长期激励实践经验，在本企业大胆探索创新，实施不同方式的中长期激励。

⑥科研、设计和高新技术类“双百企业”的科技人员确因特殊情况需要持有子企业股权的，可以报经集团公司或地方国资委批准后实施，并要求有关“双百企业”应当在相关持股方案中明确关于加强对实施、运营过程监督的具体措施，坚决防止利益输送和国有资产流失。

（二）员工持股的五大突破点

员工持股是当前国有企业规范实施中长期激励的重要路径和工具之一，“双百企业”要全面综合运用好国有控股上市公司股权激励、国有科技型企业股权和分红激励、国有控股混合所有制企业员工持股等不同的激励路径及相关激励工具。现有的关于员工持股的规范性文件，包括《关于国有控股混合所有制企业开展员工持股试点的意见》（133号文）和《国有科技型企业股权和分红激励暂行办法》（4号文），对员工持股范围等内容都有较为明确的规定。这次“双百企业”应该在以下方面实现突破。

1. 员工持股范围的突破

“双百九条”规定，“双百行动”企业不受员工持股试点企业范围的限制。换句话说，即使不在国有控股混合所有制企业开展员工持股试点意见名单中的企业，也可以实行员工持股。

从激励董事会成员履行“勤勉尽职”义务且因为违反这一义务而有可能被追究无限连带责任的权责对等理念出发，必要时持股范围可以扩大到外部董事，包括独立董事。

监事当中的职工代表监事往往担任公司管理层，或者相对重要的岗位，必要时也可以让其参与员工持股。

2. 员工入股价格的突破

对于充分竞争性非上市亏损公司，员工入股价格可以突破不得低于经核准或备案的每股净资产评估值，按照市场价执行。

员工持股价格的确定，不因过分强调其公允性而启动进场交易程序，这可能导致非员工投资者的参与，有悖于员工持股的基本逻辑。

保持员工持股的入股价格和退出价格的一致性，“溢价进、溢价出；净资产进、净资产出”。避免入股价格按照引进战投价格而退出价格按照净资产价格的逻辑不一致的矛盾。

3. 员工持股比例的突破

“133 号文”关于“员工持股总量原则上不高于公司总股本的

30%，单一员工持股比例原则上不高于公司总股本的 1%”的规定，属于授权性规范，不应理解成禁止性规范。故“员工持股比例应结合企业规模、行业特点、企业发展阶段等因素确定。”

员工持股比例的个量分配应该结合所处职级、岗位权重、工龄长短、价值贡献等因素综合确定，特别是应该拉开不同职级之间的持股差距，使持股比例和权责相对应。

根据“133 号文”的规定，企业可采取适当方式预留部分股权用于新引进人才。但是对于预留股究竟如何设置、由谁持有、是否需要实缴等问题，“133 号文”均未予以明确规定。

预留股份的设置，目的是用于未来的激励，因此，在员工持股开展时只能以代持方式进行。在当下的国有企业员工持股实践中，通常采取持股平台的管理公司代持的方式持有预留股。理想的方式是由国企或国企上一级的集团公司，抑或国资委下辖的基金公司作为“国企混改员工持股基金”持有预留股。这既防止了持股成为特定一批人的固化利益，又保证了预留股代持的“国有属性”。

4. 员工持股模式的突破

持股模式多样化。尽管 133 号文和 4 号文对员工持股（股权激励）的模式有了规定，但“双百企业”可以综合运用国有控股上市公司股权激励、国有科技型企业股权和分红激励、国有控股混合所有制企业员工持股等中长期激励政策。

持股模式创新化。非上市“双百企业”可以结合本企业实际，借鉴国内外成熟有效的中长期激励实践经验，在本企业大胆探索创新，实施不同方式的中长期激励。

持股模式特殊化。科研、设计和高新技术类“双百企业”的科技人员确因特殊情况需要持有子企业股权的，可以报经集团公司或地方国资委批准后实施。

5. 员工持股审批程序的突破

上一级“只管”下一级应该成为常态。目前，对于“双百企业”，已经实现了上一级“只管”下一级。比如，中央企业所属的主业处于充分竞争行业和领域的“双百企业”，其混合所有制改革方案由中央企业审批；中央企业所属的主业处于关系国家安全、国民经济命脉的重要行业和关键领域、主要承担重大专项任务的“双百企业”，其混合所有制改革方案由中央企业审核报国资委批准。相信即将陆续出台的各级地方国资委也将针对“双百企业”的混合所有制改革方案决策与批准程序比照央企的规定执行。

企业集团内部，也应该按照上一级“只管”下一级的理念和策略管理国企混改，包括员工持股。

对于在混改过程中的引进战投、员工持股、重大资产处置等方面的重大政策突破，可以通过政府集体决策、集体担责的方式审批，减轻国有资产监督管理部门的压力。

（三）股权激励十要素共生模型

股权激励是指给予企业核心员工一定的公司股权，让其能够享受股权带来的经济效益与权利，能够以股东的身份参与企业决策、分享利润、承担风险，从而激励其勤勉尽责地为企业长期发展服务的激励机制。典型的股权激励工具有限制性股票、股票期权等。

关于员工持股及股权激励的具体操作方面，西姆股权激励研究院经过多年实践，结合此次国企改革的政策要求，总结了一套关于股权激励和员工持股的十要素共生模型。

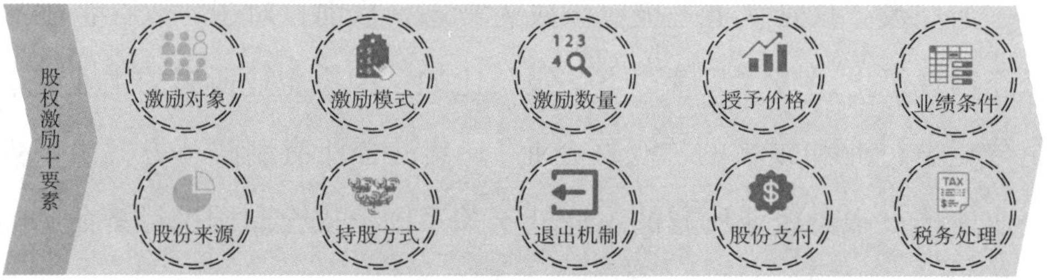

图 5-6　十要素共生模型

在员工持股方案实际操作中，首先，我们要对企业进行具体的分析判断，一企一策，量身定制。其次，要根据企业的战略规划、组织架构等具体情况，对方案的策略要点进行设计，包括激励模式、激励对象、激励数量、持股方式和退出机制。第三，方案实施要点设计，包括股份来源、授予价格、业绩条件、股份支付和税务处理等等。最后，则是方案的具体实施路径。

1. 策略要点：激励模式

国资发改革【2016】133 号文中并没有提到多样化股权激励模式，主要以限制性股票为主，但在实际工作中，也常常根据企业基本面及激励效果预期，设置其他多样化的激励模式，归纳起来，常见的有如下几种。

限制性股票。限制性股票（restricted stock）指上市公司按照预先确定的条件授予激励对象一定数量的本公司股票，激励对象只有在工作年限或业绩目标符合股权激励计划规定条件时，才可出售限制性股票并从中获益。限制性股票的优点就在于可以设定业绩条件，比如净利润、净利润增长率、ROE、EBIT 等等，可以根据企业的情况选择适合的一个或几个指标，满足指标要求后，员工才能获得相应的股东权益。这就使得对激励对象有着较强的激励和约束作用，必须努力完成业绩目标才能获得股票。限制性股票也是上市公司最常用的股权激励模式。

股票期权。股票期权是指公司授予激励对象在未来一定期限内以预先确定的价格和条件购买公司一定数量股份的权利。股票期权对员工来说，最大的优点就在于授予时不需要出资，等到行权时才需要出资，对于支付能力有限的员工而言比较合适。对于企业而言，最大的优点是没有现金支出，也不需要股份支付，有利于企业降低激励成本。

虚拟股份。虚拟股，顾名思义，授予员工的是一种虚拟的股份收益权，而非真实的股票。因此，员工可以享受虚拟股份带来的分红权，但没有投票权和表决权。虚拟股的优点就在于将表决权与分红权分离，不影响公司的股本结构，也不影响大股东的控股权。员工可以获得分红，激励力度较大。但弱点在于需要现金分红来激励员工，兑现时现金支出压力会比较大。由于原有制度的限制，国有企业采用虚拟股的不多，但是由于虚拟股灵活方便的特点，很多企业采用虚拟股取得了非常好的效果，华为公司就是虚拟股运用的典范，国有企业未来也应该积极探索虚拟股模式。

业绩股份。业绩股票是指在年初确定一个较为合理的业绩目标，如果激励对象到年末达到预定的目标，则公司授予其一定数量的股票或提取一定的奖励基金购买公司股票。业绩股票的流通变现通常有时间和数量限制。激励对象在以后的若干年内经业绩考核通过后可以获准兑现规定比例的业绩股票，如果未能通过业绩考核或出现有损公司的行为、非正常离任等情况，则其未兑现部分的业绩股票将被取消。

跟投制度。跟投制度一般用于总公司新设立子公司或者项目时，允许员工投入一部分资金，将来根据投入按照比例分红。在子公司层面，跟投制度其实就类似于实股，一般由子公司的直接负责人参与，通过跟投制度将员工与子公司/项目进行绑定，激励员工完成业绩。在总公司层面，跟投制度有点类似于投资基金，高管出资成立基金，投向子公司，享受子公司的分红及股份增值收益。

表 5-11　股权激励主要模式对比

	限制性股份	虚拟股	期权	业绩股份	跟投
基本操作模式	激励对象若满足限制性条件，则将股份授予激励对象，否则收回或原价回购	当约定的兑现时间和条件满足时，激励对象可获得现金形式的虚拟股份在账面上的增值部分	上市公司授予激励对象在未来一定期限内以预先确定的价格和条件购买本公司一定数量股份的权利	年初确定一个合理的年度业绩目标，激励对象在年末实现业绩目标，公司给予一定数量的股份	一般用于新设立公司或项目
权益	授予后，享有相应的股东权益	可在任期内参与公司的分红并享受股价升值收益	行权后，享有相应的股东权益；之前只有一个承诺	授予后，享有相应的股东权益；之前只有一个预期	按照跟投比例分红或者约定

续表

	限制性股份	虚拟股	期权	业绩股份	跟投
优点	通过授予时附加条件，对激励对象有较强的激励和约束作用	虚拟股份的发放不影响公司的总资本和股本结构激励相对较大	由于企业没有现金支出，有利于企业降低激励成本	对激励对象有严格的业绩目标约束	利润直接，增加收入
缺点	业绩目标或股价目标的科学确定较困难	兑现激励时现金支出压力很大	可能使激励对象过度冒险	公司业绩目标确定的科学性很难保证	利益输送，资源倾斜，分配不均

2. 策略要点：持股数量

在国资发改革【2016】133 号文中，第三条“企业员工入股”的第四点“持股比例要求”中规定，员工持股总量原则上不高于公司总股本的 30%，单一员工持股比例原则上不高于公司总股本的 1%。企业可采取适当方式预留部分股权，用于新引进人才。国有控股上市公司员工持股比例按证券监管有关规定确定。

总量 30% 和个量 1%，是一般企业在做方案时需要考虑的。定总量，一方面要考虑按照企业的实际情况，确定释放给员工的总股份；另一方面，也要考虑到和国有股东及引进的民营股东之间的平衡关系。定个量，则要根据每个员工的实际情况来确定。第一，要注重激励计划的公平性；第二，要考虑激励对象的职位和岗位价值；第三，要考虑激励对象的自身价值；第四，要考虑激励对象的业绩表现及历史贡献；第五，要考虑激励对象的工作年限；第六，要考虑激励对象的接受程度。另外还需要注意的是，公司应注重完善自身的薪酬体系和绩效考核体系，以便于股权激励的实施和定量的确定。

但在实际操作中，企业规模不一样，行业特点不一样，发展阶段不一样，对于股权比例，包括总量和个量也不应该一样，这也是“一企一策”原则的具体体现。比如，对于那些新产业、新业态、新商业模式类企业，董事长或者总经理个人持股不超过 1%，显然起不到激励的作用。我们于 2019 年 6 月在甘肃某研究院调研的时候，该院院长就明确指出，上面的这个关于 1% 最高比例个量分配，他本人没有兴趣，相信他的团队也不会认为会起到激励的作用。

那么，如何在这个方面能有所突破呢，或者如何运用好这个政策规定呢？我们在给某市政设计院向上争取更多个量股份激励比例的时候，理由是这样阐述的:《关于国有控股混合所有制企业开展员工持股试点的意见》的通知（国资发改革【2016】133 号）中规定，“员工持股总量原则上不高于公司总股本的 30%，单一员工持股比例原则上不高于公司总股本的 1%。”该文件在总量和个量比例的前面用了一个“原则上”，“原则上”可以理解为既不提倡也不追究，最理想的状态就是基本符合这个比例规定就可以了。因此，适当突破这个规定，还是属于在“原则上”的。其次，自从该《试点意见》出台后，一系列的政策、会议精神，都在提倡在国企改革上有所突破，有所创新。比如 2018 年 9 月 18 号八部委的《混改九条》关于员工持股的新规定指出，混改试点企业数量可以不受（国资发改革【2016】133 号）规定的数量限制。现实中的诸多案例，在总量和个量的突破上，已经为后来的改革者提供了范本。比如江苏高投在毅达资本股份比例的设置上，比如深圳市国资委对深圳市某建筑设计企业的个量批复上，都大大突破了（国资发改革【2016】133 号）限制。

3. 策略要点：激励对象

国企混改员工持股，大多数员工都可以参与到员工持股中，但是，上级委派领导因为岗位职责的特殊性，是不能参与员工持股的，比如党委书记等。

在确定激励对象时，可以用一个简单的企业人才模型来做判断。这个企业人才模型就是从两个维度去判断，一个维度是人才的价值，从低价值到高价值；一个维度是人才的稀缺性，从普遍到唯一。最应该激励的，是高价值且稀缺的核心人才；其次需要激励的，是低价值但稀缺的独特人才，以及高价值但不稀缺的通用型人才；而最不应该参加激励的，是既不能为企业创造价值，又不稀缺的那类员工。另外，也可以通过岗位价值评估模型来确定衡量人才的相对价值，通过定性指标的相对量化评估，评估要素需要和评估人员的经验判断相结合。

4. 策略要点：持股方式

国资发改革【2016】133 号文中，第三条“企业员工入股”第六点“持股方式”中提到，持股员工可以个人名义直接持股，也可通过公司制企业、合伙制企业、资产管理计划等持股平台持有股权。

对于大多数情况，一般都采用间接持股。在间接持股方面，最常用的是有限合伙企业，采用有限合伙企业方式主要的优势是由普通合伙人（GP）承担管理职能，大多数的决议只需要 GP 同意即可，不需要征求有限合伙人（LP）的意见，就相当于所有 LP 的表决权只在 GP 一个人手里，这样对于持股员工的进出在操作层面比较简单，持股平台的 GP，一般建议由公司管理层成立一个有限责任公司担任。

表 5-12　　　　不同 GP 设置方式的优劣势对比

	优点	缺点
由公司成立有限责任公司担任 GP	持股平台的表决权和公司一致	国有企业不能成为普通合伙人，需要进一步审批
由公司领导或管理层成立有限责任公司担任 GP	持股平台的表决权和公司基本一致	管理人员“上持下”事实存在，需要进一步审批
由被激励员工对象（非领导职务）成立有限责任公司担任 GP	不存在法律和政策障碍	持股平台表决权不能控制；激励对象的退出需要进行有限责任公司的工商变更，程序相对繁琐

5. 策略要点：退出机制

国企混改员工持股退出机制设计非常重要，对于国有资本保值增值下，如何对员工得到公允的股份退出回报需要慎重设计；同时，对于国企员工而言，涉及个人出资，在其退出时，员工利益也需要得到公正公平对待，因此，西姆对员工持股退出机制做系统充分设计，其核心思路：一是要全面考虑各种退出情形，保障未来员工退股各种情形都有制度可依；二是对于员工退股，（可以）退给“谁”的问题必须在退出保障和退出可能上说清楚，讲明白；三是在退出节奏上，体现操作便利和员工管控要求，选择合适的退出时间和节奏。上述三个要素都会影响退出价格，对于未溢价按净资产评估的价格相对容易操作，对于有溢价的退出价格，非常必要做事前约定相关机制。

6. 实施要点：股份来源

国资发改革【2016】133 号文第一条“试点原则”第二点“坚持

增量引入，利益绑定”提到，主要采取增资扩股、出资新设方式开展员工持股，并保证国有资本处于控股地位。建立健全激励约束长效机制，符合条件的员工自愿入股。因此，在具体实施过程中，一般都采取增资扩股的形式。

7. 实施要点：授予价格

国资发改革【2016】133 号文第三条“企业员工入股”第三点“入股价格”中提到，在员工入股前，应按照有关规定对试点企业进行财务审计和资产评估。员工入股价格不得低于经核准或备案的每股净资产评估值（涉及应收账款、土地性质、行政性投资无效资产、其他等）。对于和引入战略投资者一起实施员工持股的，员工持股的价格一般不得低于战略投资者入股的价格。

国有控股上市公司员工入股价格按证券监管有严格的规定，比如，对于限制性股票的股权激励，根据《上市公司股权激励管理办法》（2016 证监会令第 126 号），不得低于股票票面金额，且原则上不得低于下列价格较高者：①股权激励计划草案公布前 1 个交易日的公司股票交易均价的 50%；②股权激励计划草案公布前 20 个交易日、60 个交易日或者 120 个交易日的公司股票交易均价之一的 50%。对于上市公司采用期权激励和员工持股，也需要遵循相应的规定。

8. 实施要点：业绩条件

国资发改革【2016】133 号文第一条“试点原则”第三点“坚持

以岗定股，动态调整”中，要求“员工持股要体现爱岗敬业的导向，与岗位和业绩紧密挂钩”，因此，业绩条件一般应该包含两个方面，一个是整体的业绩条件，由企业与上级单位进行协商确定，一个是持股员工个人的业绩条件，这主要由企业对员工的考核决定。无论是整体业绩考核还是个人业绩考核，业绩条件不能太高，也不能太低，都需要“一企一策”，根据企业的特点确定。

9. 实施要点：股份支付

股份支付是指企业为获取职工和其他方提供服务而授予权益工具或者承担以权益工具为基础确定的负债的交易。

股份支付是企业与职工或其他方之间发生的交易；股份支付是以获取职工或其他方服务为目的的交易；股份支付交易的对价或其定价与企业自身权益工具的价值密切相关。权益工具公允价值的确定涉及股份公允价值的确定、股票期权公允价值的确定等，还会影响上市进程和市值。

10. 实施要点：税务处理

对于个人所得税而言，如果是虚拟股等只有分红权的股票，就按照所得税缴纳即可。如果是实股，即股票期权、业绩股票（零对价取得）和限制性股票，则在国家税务总局 2016 年 9 月财税 101 号文中，特别对非上市公司的实股型股权激励计划中被激励员工的个人所得税处理做了较为清晰的规定。

（四）超额利润分享激励

利润分享激励是大型企业运用最广泛的一种中长期激励方法，企业通常会在其税前利润中提取一小部分放在一个基金中，依据每一员工的基本薪资进行分配。利润分享激励通常一年实施一次。在实际运用中，利润分享激励在成熟型企业中显得更为有效。它的好处是：将员工的利益在同一计划中体现，使全体员工都关注公司的利润，公司利润的大小直接影响员工的收益。

超额利润分享是公司在实现目标利润后，公司与相关利益贡献者共同分配超出部分利润的一种激励模式。在这种激励模式下，基于公司净利润或利润增加额提取一定比例纳入奖金池，核心员工能够与公司共享创造的价值和收益。优点是方法直观易于操作，激励对象易于理解；作为一种基于业绩的递延支付方式，超额利润分享是在实现公司利润目标的前提下实施的激励，可以有效保障公司的利益。缺点是激励收益同利润挂钩，不体现公司股票、资产价值增长，适用于现金流充裕的上市和非上市公司，同直接的利润分享激励计划相比，保障性不强，激励对象能够得到激励的可能性降低了，激励力度减少了，因此，一般采用超额利润激励时，可以分享的超额的比例都会比较高。

超额利润分享激励是国企改革力推的中长期激励手段之一。中国建材集团有限公司党委书记、董事长宋志平在2019年9月接受采访时指出，只用过去的“老三样”显然是不行的，所以我提出机制革命，提出实施“新三样”，即“员工持股、管理层股票计划、科技企业分红和超额利润分红”，让人力资本在一定程度上能够参与财富分配，而不是过去从劳动成本上考虑，这是根本的区别。2018 年中联水泥做了超额利润分红，就是制定利润指标，超额部分提取 15%，按照一把手、主要负责人 10%、班子其他成员 10%、员工 80% 分配。而班子成员基本上都是一正两副。中联水泥当年的利润大幅提升，2019 年上半年净利润增长了 150%。这充分说明超额利润分红机制真正是国有企业激励机制改革的有效工具。

我们曾经为某国有房地产开发企业设计了一套以超额利润分享为核心的分配机制。该国有房企主营业务包括住宅开发与销售、商用地产开发与销售及持有运营、房地产金融、物业服务与社区经营等，是一家业务区域遍布全国的综合性国有房地产企业。

为了加快项目进度，更好地实现公司利润目标，提高员工的工作积极性和主动性，促进项目收益的最大化，该房地产企业以项目为单位实施了以超额利润分红为核心的薪酬激励方案。

本次薪酬激励的原则是多劳多得、优劳优得。对那些任劳任怨、努力工作，且忠诚度高的人员给予重点激励；针对那些给公司的战略实施和品牌建设、规模壮大做出重大贡献的项目给予重点激励。

对于项目实现的超额利润予以奖励，鼓励不断超越，多超多奖，上不封顶下不保底；充分考虑市场的重大变化给项目的超额利润带来的影响，在计算超额利润额时，根据市场因素对原定目标利润进行调整。项目超额利润提成额，将在房地产开发公司和集团高管以及总部部门骨干员工间进行分配。

根据房地产市场的普遍实践，制定房地产项目超额利润的基准提成比例；根据项目的重要性程度和实现超额利润的难易程度，设立不同的提成比例调整系数，以体现激励的公平性。

超额利润分红计划的实施，首先是确定超额利润额，房地产开发项目的超额利润额等于实际利润与目标利润的差额，其中目标利润要剔除重大市场因素的影响。第二步需要根据超额利润的提成比例确定项目公司的超额利润分红额。超额利润分红额在项目公司内部的分配，要充分考虑不同激励对象的职位和所承担责任的差异。最后，根据员工的绩效考核成绩，确定项目公司每个被激励对象的具体的激励额度。根据“利益共享，风险共担”的原则，被激励对象的超额利润分红额不仅要根据本人的绩效成绩进行调整，而且要与本人所在公司考核成绩和集团的绩效成绩挂钩。由于不同层级人员承担职责、影响范围不同，因此对不同层级人员，其个人考核成绩、团队考核成绩和集团绩效的比重也不一样。房地产项目公司的超额利润分红发放，采用“即超即奖，分期支付”的方式进行。

通过超额利润分红为核心的薪酬模式，该房企把员工的工作积极性充分调动起来，尤其是核心骨干员工。当年度公司的项目绝大多数超进度完成，公司利润实现了很大增长。当然，通过超额利润分红，员工的收入也有了很大程度的提高。

（五）科技型企业的员工持股案例

2019 年底，我们为湖北某中央企业子公司设计了一套员工持股方案，该子公司主要从事矿山地质、测量、开采、选矿、销售精矿粉业务，是以采选金铜矿为主业的国有矿山企业，年处理能力达100万吨以上。

公司在股东会领导下，建立和实施了完善的组织评价和持续改进的组织结构和治理体制，以保证公司持续、健康发展。公司拥有一支专业化、年轻化的人才队伍，目前在岗员工1200多人。公司制定了《科技工作管理办法》《科技奖励管理办法》《科技人员引进激励管理办法》《科技创新平台管理办法》等多项制度，确保了科技管理及科技奖励有章可循。

该公司所在央企集团公司为继续贯彻落实《国务院关于国有企业发展混合所有制经济的意见》（国发【2015】54号）等文件要求，推动完善集团公司现代企业制度、健全法人治理结构，探索发展集团公司混合所有制经济，集团公司拟对所属企业开展混合所有制改革条件进行全面摸底，选取部分处于产业链中下游、发展潜力大、成长速度快、盈利能力强或亟待通过混合所有制改革解决资金、体制难题的企业作为2019年改革试点，逐步探索集团公司混合所有制改革。

作为集团混合所有制改革试点企业之一，公司主动改革谋发展，计划实施股权多元化改革，引入民营投资者，以人才技术优势、矿山经营管理经验，借助战略投资人在资源整合、投资开发、相关产业市场上的优势共同开发新资源、建设新矿山、开辟新产业，延长资源型矿山企业生存年限，探索资源型矿山发展转型路径和现代化企业治理机制，努力把公司打造成区域矿业投资运营集团。

为了提高对民企的吸引力，在满足国家政策和集团公司要求的条件下，公司全力推动员工持股计划，制定了三种方案进行混改。

方案一：先进行员工持股或股权激励，比例可以达到5%，公司核心骨干员工全部持股。待员工持股实施到位后，再引入民营投资者完成混改。

方案二：公司与外部非公有资本共同出资新设国有控股的混合所有制企业时，同步引入员工持股。

方案三：国有独资企业改制为国有控股企业时，同步引入外部投资者和员工持股。

该企业在实施股权激励时需要结合未来的发展，同时考虑股东的因素，从以下方面进行思考。

一是国有资本保值增值。国企改革持续推进，对国有资本保值增值的要求是一贯的。提高资本运行效率是公司发展的必然要求。作为上市公司的控股子公司，要持续提升归属于母公司的收益水平，而不是削弱。

二是经营持续性。公司现有金、铜矿可开采年限分别为2年、17年，面临资源枯竭。要实现百年发展的目标必须进行转型。通过市场并购获取新的矿产来源或者提早布局新领域都是考虑的方向。

三是市场化运作。建立健全现代企业管理制度，提升企业活力。优化公司法人治理结构，建立市场化的经营管理机制，实行市场化分配制度。建立市场化用工制度。

四是国企职工安置。随着矿产开采年限的到来以及开采机械化、信息化水平提升，一部分员工将面临分流、安置。并购新的矿产企业或布局新领域对员工的能力提出新的要求，现有人员面临淘汰。

经过比选，最终决定采用方案一：首先进行员工持股，提高对于外部投资人的吸引力，再引进战略投资者，完成混改。

在推动员工持股机制建立方面，因公司属于大型国有控股高新技术企业，不可采用股权期权的方式，故本次股权激励可采取的激励模式为股权出售、股权奖励、分红激励等。现有政策要求员工需要根据实际出资金额享受股权分红回报，因此需要通过分红比例的计算保证员工出资的回报率，以保证激励效果，尤其是对于暂无独立上市计划的公司来说，分红是主要的激励回报方式。公司可以依据《国有科技型企业股权和分红激励暂行办法》（财资【2016】4号）、《关于扩大国有科技型企业股权和分红激励暂行办法实施范围等有关事项的通知》（财资【2018】54号）、财政部、科技部、国资委关于《国有科技型企业股权和分红激励暂行办法》的问题解答等政策及相关规定开展员工持股机制建设工作。

在研究政策和上级单位的要求下，结合公司自身实际，西姆团队给出了关于股权激励计划的实施方案建议，要点如下。

①激励对象的选择以科研技术人员以及中高级管理人员为主。并根据人才引进计划选择适合的人才进行激励。

②激励总量不突破集团规定的5%上限，同时应当预留部分股权，用于引入人才，设置总量的同时，应当匹配公司战略，并根据未来的股权调整（引战与否）做灵活处理。

③退出机制上，对于国有资本保值增值下，如何对员工得到公允的股份退出回报需要慎重设计，同时对于国企员工而言，涉及个人出资，在其退出时，员工利益也需要得到公正公平对待。退出机制的设计应重点考虑的要素包括：服务期的约定、主观原因退出与客观原因

退出、回购方式、回购价格、回购时间等。可以探索利用控股股东上市公司股票置换作为退出方式。

（六）持股总量和个量的突破案例

前文提到过的员工持股总量和个量突破的案例，就是 2019 年我们为某地方国有科技企业量身定做的。该企业成立于 2018 年，由某区规划和土地管理局下属企业单位改制成立，主要从事综合性专业城乡规划设计，具有城乡规划乙级资质。在总体规划、控制性详细规划、专项规划、城市设计、战略研究等领域具有很强的专业优势，致力于为政府和各开发主体提供全面规范、专业精准的规划咨询和解决方案。

该企业实施股权激励，一是参与行业竞争的必然要求：规划设计属于知识密集型行业，主要依赖专业人才，加之目前行业已进入成熟期，市场竞争日益加剧，行业龙头企业优势更加凸显，公司改制以来已经不具备传统体制优势。市场化运营方式将更加能适应市场竞争的需要。二是服务区域发展的必然要求：公司始终坚持“立足区域、深耕区域、服务区域”的功能定位，聚焦于全区各类空间发展战略规划的编制。机制创新，有利于更好地发挥服务城市发展的功能保障作用。三是企业创新转型的必然要求：现有机制下，优秀技术人才流失严重的同时，经验丰富的优秀技术力量难以引进。必须通过中长期激励机制，吸引外部优秀人才，引导管理层和员工关注企业长期未来发展。

按照区政府相关批复的要求，明确该企业的改革分两步走，第一步由事业单位改制为国有独资企业，第二步再实施股权激励改革。根据区政府文件精神，以及“沪府发【2016】48号《张江国家自主创新示范区企业股权和分红激励办法》”股权激励的要求，并且基于前期与客户领导与管理团队的充分沟通，西姆在坚持依法合规，保证存量、做大增量以及权利对等原则的情况下，研究制定符合该国企需求、目标与预期的股权激励方案。

本次企业实施股权激励的目标是激发核心员工奋斗精神和创新动力，体现共创、共担和共享的价值观，建立良好、内外均衡的价值分配体系，同时通过本次股权激励，力争公司未来5年营业收入增长率年均保持10%以上、净利润率年均保持8%以上，员工发展到50人以上，达到甲级规划设计院的入门规模。

激励数量与首次入股价格方面，我们将该企业注册资本在原先300万元基础上定向增资扩股，调整为500万元，按每股一元计，大股东（国资）300万股，计价300万元，占比60%；员工通过增资方式入股200万股，合计200万元，占比40%（员工持股个量最高达到10%）。

这样的总量、个量分配，既满足了国有股东控制权的要求，保证了国有资产的监督；又根据公司规模和行业属性，按照设定的激励范围，科学推算，结合岗位价值评估与人员对公司发展的贡献，避免过度激励和过度稀释股权；同时将被激励对象总体的出资能力和出资意愿作为考虑重点。

激励对象方面，依据政策规定，同时考虑到公司由事业单位转制而来，结合人员现状，制定了遴选标准。一是对企业可持续发展具有关键影响而需要予以长期激励的岗位；二是该岗位的人员应当与岗位素质相匹配；三是参与股权激励的员工原则上应当满足一定的年限，入职不满一年的，股份分批释放。经遴选确定符合要求的入股员工共7人，其中4人为原事业单位人员（2人为原事业身份），3人为2018年新聘人员，约占公司目前总人数的22%。本次激励预留股份18%，用于后续发展的骨干激励，远期达到约20%的持股比例。预留部分由现公司管理层内原事业身份转制人员按其股份比例代持，后续根据公司发展阶段和战略规划、未来人才需求来分次释放股权。

持股方式与退出机制方面，依据政策规定，本次股权激励通过新设有限合伙企业，让员工间接持有公司股权。按照“正面”“中性”以及“负面”等情形，充分、慎重设计退出机制，保障未来员工退股各种情形都有制度可依；退出节奏上，体现操作便利和员工管控要求，选择合适的退出时间和节奏。

从实施层面来看，根据区政府的文件精神及国发【2019】9号《改革国有资本授权经营体制方案》的相关规定，由公司拟定股权激励方案，提请国资股东党委会审核和董事会决议通过，并报区国资委备案。同时，由区国资委指定在定点采购目录范围内的中介机构，在国资股东管理下，由公司聘请开展资产评估程序，评估结果在转制单位内部公示后报国资股东审核，为后续的成立持股平台以及办理变更登记做准备（采取定向增资协议出让方式，无需进场交易）。

从配套保障措施机制来看，根据实施方案拟定《公司员工股权激励管理办法》《有限合伙协议》《股权证书》等具体实施文件，建章立制，推动股权激励规范化运作；通过设立董事会、修订公司章程、完善党组织参与决策程序、董事会职权范围及其议事规则等，不断完善治理体系，提升市场化决策能力；明确后续股权激励实施主体，推动公司股权结构动态优化。

（七）“上持下”突破案例的思考

为了响应国务院国有企业改革领导小组在《关于支持鼓励“双百企业”进一步加大改革创新力度有关事项的通知》中提出的“支持‘双百企业’综合运用好国企改革各项政策文件和前期各项改革试点取得的经验成果，学习对标优秀企业”的文件精神，兼顾方案的合法合规与创新突破，提升方案的可行性和代表性，西姆团队在制定方案的过程中深入研读和分析十余份相关法律、法规和政策文件，内容涉及混合所有制改革、股权激励与员工持股、创新跟投机制、国有企业干部管理等方面。其中，西姆团队重点对国有企业员工“上持下”和项目跟投机制的相关政策法规进行了梳理和研究。

国务院国资委 2008 年发布的《关于规范国有企业职工持股、投资的意见》（国资发改革【2008】139 号）（简称“139 号文”）中规定：“严格控制职工持股企业范围。职工入股原则限于持有本企业股权。国有企业集团公司及其各级子企业改制，经国资监管机构或集团公司批准，职工可投资参与本企业改制，确有必要的，也可持有上一级改制企业股权，但不得直接或间接持有本企业所出资各级子企业、参股企业及本集团公司所出资其他企业股权。科研、设计、高新技术企业科技人员确因特殊情况需要持有子企业股权的，须经同级国资监管机构批准，且不得作为该子企业的国有股东代表。”此外，139 号文中对

“子企业”的范围明确是“指全资、控股子企业”。

针对“双百行动”企业，国务院国有企业改革领导小组办公室2019年印发的《关于支持鼓励“双百企业”进一步加大改革创新力度有关事项的通知》（国资改办【2019】302号）中指出：“‘双百企业’及所出资企业属于科研、设计、高新技术企业的，其科技人员确因特殊情况需要持有子企业股权的，可以报经集团公司批准后实施，并报同级国有资产监管机构事后备案。地方‘双百企业’为一级企业，且本级企业科技人员确因特殊情况需要持有子企业股权的，须报经同级国有资产监管机构批准后实施。有关‘双百企业’应当在相关持股方案中明确关于加强对实施、运营过程监督的具体措施，坚决防止利益输送和国有资产流失。”

对于国有企业领导干部的对外投资行为，《国有企业领导人员廉洁从业若干规定》（中办发【2009】26号）第五条明确规定：“国有企业领导人员应当忠实履行职责。不得有利用职权谋取私利以及损害本企业利益的行为：个人从事营利性经营活动和有偿中介活动，或者在本企业的同类经营企业、关联企业和与本企业有业务关系的企业投资入股”。

在《国务院关于促进创业投资持续健康发展的若干意见》（国发【2016】53号）中提出：“支持具备条件的国有创业投资企业开展混合所有制改革试点，探索国有创业投资企业和创业投资管理企业核心团队持股和跟投。”

在《国务院关于印发改革国有资本授权经营体制方案的通知》（国发【2019】9号）中提出：“支持国有创业投资企业、创业投资管理企业等新产业、新业态、新商业模式类企业的核心团队持股和跟投。”

此外，还可参考《中央企业混合所有制改革操作指引》(国资产权【2019】653号)中的相关规定：“鼓励混合所有制企业综合运用国有控股混合所有制企业员工持股、国有控股上市公司股权激励、国有科技型企业股权和分红激励等中长期激励政策，探索超额利润分享、项目跟投、虚拟股权等中长期激励方式，注重发挥好非物质激励的积极作用，系统提升正向激励的综合效果。”

根据双方前期协商，某民营公司A作为新设合资公司的大股东，股份占比55%，某国有公司B持股25%，另由公司内与本次项目关联度较大的科技人员成立员工持股平台，持股20%，员工持股平台将其股份比例所对应的表决权委托给该国有公司B，保障其对于新设合资公司的重大决策具有一票否决权。此外，民营公司A承诺其所持55%股份中，有8%的可以用于未来的员工股权激励计划。

在这一框架下，对于进入员工持股平台的人员选择，结合相关政策法规的研究，有以下两种方案可供选择。

方案一：技术人员“上持下”方案。

按照“双百行动”相关意见的精神，将技术人员纳入平台，其中，和项目相关的核心技术骨干(没有担任公司领导岗位的)根据现有文件可以参与，相关核心技术骨干同时担任公司高管职务的建议参与(关于是否属于技术人员的认定，具体需要集团内部讨论决策)，非技术领域管理干部不参与。

对于这一方案，目前实施的主要障碍在于现有“上持下”政策只能应用于国有企业的全资或控股子企业，对于参股企业不能适用。

目前关于科技人员“上持下”的问题，在139号文中的规定为“科研、设计、高新技术企业科技人员确因特殊情况需要持有子企业股权的，须经同级国资监管机构批准”。本轮“双百行动”的302号文将其审批权限进行了放宽，但是这两个文件对于科技人员是否能够持有参股企业股权并无禁止性规定，因此本着“法无禁止即可为”的改革精神，可以借助“双百行动”的政策红利，在适用范围方面进行一定程度的突破。

如果在和上级部门的沟通过程中，明确不能适用，则建议采用以下备选方案，即在本次合作方案中设置优先股。在A公司所持55%股份中，约定不低于10%的部分为优先股，将这部分股份所对应的表决权让渡给该B公司，使新设子公司可以被认定为该国有控股上市公司的子企业（拥有实际控制权），进而采用139号文和302号文相关规定开展员工持股。具体的优先股设计需进一步和民营企业A进行磋商。

方案二：项目跟投方案。

考虑到该项目在公司体系内具有先行先试的意义，且公司对于合资公司不具有绝对控制权，出于平衡对外投资风险和对内管理层激励的目的，可以考虑设计跟投机制，将员工持股平台作为跟投平台，之后有类似创新孵化业务的对外投资项目时，也可参考这一制度进行跟投。涉及跟投制度的人员包括三类：（1）直接参与项目投资决策和项目运作管理的人员需要强制跟投；（2）其他中层管理人员和骨干员工可以自愿跟投；（3）纪检监察岗位人员不得跟投。

设计项目跟投方案目前存在的障碍是，根据《市国资委关于监管企业所属科创型企业实施员工持股、股权和分红激励的工作指引》，仅有创业投资企业可以采用跟投制度，但是公司尚不具备创业投资企业的资质。

由于相关职能建设和企业战略转型不是一蹴而就的，因此跟投机制的建立仍需要一定的时间。但是站在长远发展的角度，为了促进公司对于创新性技术的应用推广，巩固其在医药行业内的技术制高点，建设创新孵化职能和跟投机制至关重要。

以上两个方案在实施过程中，考虑到员工持股平台参与对象的动态变化，建议采用有限合伙形式搭建员工持股平台。其中，平台的普通合伙人由公司管理层成立有限责任公司担任，有限合伙人为参与员工持股的员工个人。考虑到有限合伙企业合伙人存在人数限制，当参与员工较多时，需要与信托公司或基金公司合作，以信托、基金作为有限合伙人，参与员工持股的员工通过认购相应的信托 / 基金份额实现间接持股。

此外，由于员工持股方案需要通过监管部门的审批方可实施，所需周期可能较长，建议先成立项目公司，并且在成立项目公司的同时，通过第三方代持用于员工激励的股份（新设项目公司 15% 的股份），待方案审批通过后，再进行这部分股份的转让。对于代持方的选择，考虑到国有企业在股份转让时，可能触发国有资产交易需要遵循的流程和规定，建议由民营企业 A 或者其他非国有的有限责任公司或者有限合伙企业持有。

对于本次合作项目中员工持股方案的设计，尽管其最终目标是激励公司现有团队的积极性，但是在路径选择方面，前文提出的两种方案是各有侧重的，尤其是在适用法规、激励重点、激励范围等方面均有所区别，详见表 5–13。

表 5-13　　　员工持股方案对比

	方案一："上持下"	方案二：跟投
政策依据	《关于支持鼓励"双百企业"进一步加大改革创新力度有关事项的通知》 《国务院国有资产监督管理委员会关于规范国有企业职工持股、投资的意见》	《国务院关于促进创业投资持续健康发展的若干意见》
激励重点	重点激励技术人员，促进科技成果转化	支持创新创业，实现对于创新项目风险共担、收益共享
激励范围	范围较窄，主要激励和项目相关的技术人员	范围较广，管理人员和技术人员均可参与，鼓励自愿跟投
需要探讨或解决的问题	担任领导岗位的技术骨干可否归为技术人员参与股权激励	公司是否可以作为创新创业投资管理企业

为了能有效推动本次合作项目的落地，以上两个方案在未来实施过程中的工作重点也有所不同。对于"上持下"方案（方案一），目前最大的障碍是，由于管理人员"上持下"没有得到政策支持，因此如果严格遵照现有政策规定进行方案设计，则该方案对于对管理人员缺乏激励性。但是，公司作为研发组织，其管理层均为相关领域的科研骨干，天然具有双重身份，因此建议在方案上报过程中，突出公司人员结构的特殊性，将技术干部，包括技术出身的高管定义为核心技术人员，允许其突破"上持下"的限制。

对于跟投方案（方案二），需要公司在战略层面进行长远规划。由于现行政策鼓励创业投资企业和创业投资管理企业进行跟投机制探索，因此公司需要首先在战略上明晰自身的定位。未来，公司将通过对外投资新设公司的形式对技术成果进行转化作为一项主要业务，并采用跟投机制对相关人员进行激励和约束，这需要公司自身要具备创新孵化能力。其次，伴随公司战略定位的调整，在组织和流程层面也需要进行相应的优化，例如，设置和投资孵化相关的岗位与部门、建立投资决策和业务孵化的流程等。

与“上持下”方案项目相比，跟投方案需要更全面的配套体系建设和更长的规划与实施周期。

五、有效实现激励约束机制的关键点

中共十八届三中全会指出，要让市场在资源配置中起决定性作用，充分发挥市场机制的作用。建立市场化的激励约束体系是国有企业薪酬改革的目标。对于国有企业来说，要建立科学合理的激励约束机制，就要通过以下的改革，真正解决“干部能上不能下，员工能进不能出，工资能增不能减”的问题。

1. 真正打破行政级别的限制

只要存在组织，存在层级关系，都会长期存在晋升和由于晋升带来的物质和非物质利益问题。而在我国，更由于长期受传统的官僚体制和官本位思想的影响，在多数的国有企业中，甚至在很多的民营企业中，对于职务晋升的看法就是“升官”，不要说从干部到普通员工，就是干部职级的下降，从思想上都是很难被接受的，只要升上去了，无论干得好不好，都想拼命保住“位子”，更不要说“位子”后面所附带的各种利益。

当前，国企及其领导人行政级别虽然形式上取消了，实际在干部人事管理上却依然存在。如果上级企业还在搞行政级别，下级企业也很难改。如果中央企业还在搞行政级别，那么地方企业也很难改。如果企业和国家机关之间还在实行按级别调动，那么最终企业的行政级别也很难改。改革企业晋升制度，改革干部人事制度，在国家和政府层面，必须破除各种干部管理级别的影响，只要是合适的人才，不分级别，在哪个企业层面都应该是一样的，要根据人才的能力和履历，而不是根据原来的级别来选拔和任用。

2. 实现市场化聘用和市场化薪酬

由于对国有企业工资总额和薪酬分配机制的统一管理，难以考虑到每个企业的特殊性。作为国有企业，一方面，存在薪酬收入低于市场水平的问题，从外部很难引进合适的人才，只能从内部选拔，导致人才的供给不足。另一方面，由于人才没有得到市场化的薪酬，只能依靠依附在国企身份、干部身份上的方方面面的隐性利益，导致激励机制的扭曲，从上到下，一层一层，都是这样。由于国有企业所有者缺位，企业又不是哪个领导个人的，只要能凑合，多数领导的想法是犯不着得罪人，长期就形成各种关系交织的严密的裙带关系网。

实际上，无论是国企还是民企，只要是符合选择标准的人才，都应该可以作为企业的人才来选拔。从人才的来源上，国企必须要和人才大市场完全打通，解决人才出路问题。企业选拔人才、职位晋升，不能再通过组织调配的方式来解决，否则就难以避免拉帮结派、靠关系、活动“跑官”的情况。干部也要凭本事吃饭，凭业绩说话，从市场中来到市场去，让市场来检验，让市场来淘汰。当然，具体到每个企业，并不是说人才都要靠从外部引进，可能更多是通过内部培养、选拔，少量从外部引进。

人才作为人力资源，市场化的薪酬就是资源的价格。“又要马儿跑得好，又要马儿不吃草”，不符合市场经济的规则。没有市场化的薪酬，实施市场化的退出就很难，退出机制就难以建立，干部能上不能下，员工能进不能出，缺乏市场化的薪酬是关键的原因之一。当然，实施市场化薪酬要结合企业实际承担能力，结合市场化的聘任，干不好就要走人，不能把企业再当成“养老院”了。

3. 建立奖惩分明的薪酬考核制度

国有企业员工的薪酬不仅是员工维持自身生活的保障，还是企业通过高薪对于员工工作的肯定，通过科学合理的薪酬制度对企业的人才进行长期的激励，从而有利于留住人才。而国有企业建立奖惩分明的薪酬制度需要从三个方面进行努力。首先，需要做好薪酬调查，通过薪酬调查能够清楚地了解到相同岗位国有企业薪资与劳动市场薪资的差距。其次，以岗定薪，层次分明。国有企业应该根据企业员工的工作岗位的技术要求、工作强度，制定切实符合情况的工资制度，通过建立固定工资加浮动的工资制度，激发员工的劳动积极性，也从另一个方面肯定员工的工作，提升员工的认可度。最后，丰富薪酬分配方式，国有企业传统单一的薪酬分配方式已经无法满足当前企业发展的需求，企业可以根据员工的实际工作情况进行薪酬分配，并结合绩效考核建立多样化的薪酬分配制度，提高员工的工作积极性。

建立一套科学完善的绩效考核体系是有成本的，还要根据企业情况，对于大多数规模以上的国有企业，认真推进绩效考核是非常可行而且有必要的。基于企业的发展需要，认真做好绩效考核，让人才的选拔、任用和退出更有标准，有依据，有基础，否则干得好不好都不知道，不清楚，就没办法谈“干部能上能下，员工能进能出，薪酬能增能减”的问题。

国有企业要建立一套完善的、公平、公正的绩效考核制度，需要从以下几个方面入手。首先，优化绩效考核评价指标体系，将各项定性考评指标定量化，定性与定量相结合的考评手段增强了绩效考评的客观性与准确性。其次，提高国有企业管理层对于绩效考核的重视程度，将绩效考核按分数进行等级划分，分数拉不开差距的要强制分布，对不同等级的员工设定针对性较强的考核指标和考核标准。再次，设定细致公平、公正、科学的奖惩制度，对于完成绩效考核的员工给予加薪、升职等相应的奖励，而对于未能完成考核或是考核成绩不达标的员工，要对其进行降职、降薪等相关的惩罚。最后，要做好考核结果的反馈。建立完善的反馈制度，减少评估误差，并根据实际情况提出评估方案的改进，以保持其有效性。

4. 解决员工出路问题

民营企业之所以比较好地解决了各类员工特别是中高级人才的进出问题，首先在于宏观上存在的中高级人才流动的大市场，可以有效解决人才的流动性问题，短缺的人才可以从市场上招聘，退出的可以到市场上找到自己的出路。而国有企业，由于干部的身份问题，除了专业属性外，还有政治属性，再加上员工的人际关系复杂等问题，很难通过人才大市场来解决，由此形成人才管理的特殊性和相对封闭性，与人才大市场不能有效打通，干部退下来，内部不好安排，又很难到市场上找出路，这样一来，要实现干部能上能下，员工能进能出，收入能增能降就很难。

其实，不但在国企中，在民企中受到各种因素的影响，也会存在这样的问题。解决员工出路其实对国家来说就是要解决员工就业的问题，对企业来说就是要解决一个员工如何平稳退出的问题。对于国家和政府来说，对于干部人才，应该建立针对国企中高级干部人才的市场，改变以往靠组织部调配的方式，短缺的干部可以从人才市场中选择。同时，针对一般的人才，应该与社会人才市场逐步打通，解决人才的进出问题。对于企业来说，建议在企业内部建立多通道职业发展体系，解决人才出路。在企业内部，除了管理线之外，还应该有技术线，就是专业线。你做不了管理者，可以应聘专业领域同级别的技术岗位，相应都有收入保障，这样要让干部能上能下就容易多了。当然，对于普通的员工，主要靠在企业内部建立完善考核体系，保证员工的退出要有理有据，平稳退出。

5. 有效实施中长期激励

在正常的薪酬考核激励以外，根据企业的特点，选择采用适合本企业特点的有效中长期激励机制，是本轮国企改革的重要特点。虽然国有企业实施市场化的薪酬是大趋势，但是有一个循序渐进的过程，而且对于国有企业工资总额的控制是长期存在的。即使对于民营企业来说，不同企业对于工资成本的控制虽然存在差异，但也是一样要控制的。在工资总额受到控制的条件下，如何设计适合企业的中长期激励模式成为实现激励机制突破的重要手段。当然，目前对于国有企业实施股权激励、员工持股、超额利润分享、跟投等还存在各种各样的明确规定并存在较多限制，但是也要看到很多限制都是原则性的。从改革的根本目的出发，只要是真正从企业的根本利益出发的，真正能把企业做大做强的中长期激励机制，就可以大胆尝试。

第六章

解决历史遗留问题

一、历史遗留问题的定义与分类

二、历史遗留问题的相关政策演进与解读

三、非经营性问题解决路径与案例分析

四、经营性历史遗留问题的解决路径与案例分析

一、历史遗留问题的定义与分类

从广义上讲，我国国有企业过往存在且尚未解决的问题都应属于历史遗留问题。不过，从企业经营管理的角度进行区分，我们认为当前国有企业存在的历史遗留问题主要可以分为经营性历史遗留问题和非经营性历史遗留问题两大类。

其中，非经营性的历史遗留问题以国有企业办社会职能为典型代表，包括“三供一业”（供水、供电、供气和物业管理），国有企业自办医疗、教育等公共服务机构，市政及文化体育设施，社区管理，退休人员管理与服务职能等公共服务体系；而经营性的历史遗留问题，大致可以分为资产和债务两大类。资产类的历史遗留问题主要包括巨额的应收账款和坏账等不良资产、低效和无效的厂房设备等固定资产、权属不清及账面价值不准确的土地等；而债务类的历史遗留问题则主要表现为国有企业资产负债率过高、员工工资难以全额发放、员工安置、经济补偿等费用难以落实等。与此同时，伴随着非经营性的历史遗留问题和经营性的历史遗留问题的产生，国有企业也会出现冗员严重、年龄和专业结构不合理、岗位能力不匹配等人力资源问题，从而进一步削弱了国有企业的竞争力。

而从时间维度看，自十一届三中全会以来我国进行的数轮国企改革中都有不同的代表性历史遗留问题进行改革，而随着国企改革的不断深化推进，需要解决的历史遗留问题也在不断深化。第一轮国企改革从 1978 年开始至 1992 年，以“放权让利”为标志，解决了国有企业没有或者只有较少的经营自主权的问题。第二轮国企改革从 1993 年开始至 2002 年，以中共十四届三中全会提出在国有企业建立“产权清晰、权责明确、政企分开、管理科学”的现代企业制度的改革目标为标志，对我国国有企业进行股份制改造。在这一改革过程中存在的历史遗留问题主要包括职工安置费、经济补偿金等固定费用不到位、客户往来中断导致债务问题难落实以及企业自建住房难以办证合规等。此后，2003 年国有资产监督委员会成立，并依据授权对相关国有企业代表股东行使出资人权利，标志着新的国有资产监督管理体制形成。直至 2012 年为第三轮国企改革阶段，主要解决了国有资产监管不到位的历史遗留问题。而 2013 年至今进行的“全面深化”国企改革阶段，剥离国有企业办社会职能、扔掉历史包袱而使国企能够更好地聚焦主业，成为需要解决的主要历史遗留问题。

二、历史遗留问题的相关政策演进与解读

自2013年11月十八届三中全会通过《中共中央关于全面深化改革若干重大问题的决定》作为新时期全面深化改革的纲领性文件后，本轮国企改革也正式开始。随后，在2015年9月印发的《中共中央国务院关于深化国有企业改革的指导意见》(中发【2015】22号)一文中提出，“要加快剥离企业办社会职能和解决历史遗留问题”。完善相关政策，建立政府和国有企业合理分担成本的机制，多渠道筹措资金，采取分离移交、重组改制、关闭撤销等方式，剥离国有企业职工家属区“三供一业”和所办医院、学校、社区等公共服务机构，继续推进厂办大集体改革，对国有企业退休人员实施社会化管理，妥善解决国有企业历史遗留问题，为国有企业公平参与市场竞争创造条件。

2016年，《国务院关于印发加快剥离国有企业办社会职能和解决历史遗留问题工作方案的通知》(国发【2016】19号)正式发布，提出要以坚持市场导向、政企分开；分类指导、分步实施；多渠道筹资、合理分担成本以及以人为本、维护稳定等剥离国企办社会职能和解决历史遗留问题的四条基本原则。同时，该文还提出了国有企业职工家属区“三供一业”分离移交、剥离国有企业办医疗教育等公共服务机构、国有企业退休人员社会化管理、厂办大集体改革以及集中解决少数国有大中型困难企业问题等五项主要工作的时间安排、

政策措施和工作分工。

2017 年，国资委、民政部、财政部以及住房和城乡建设部联合下发了《关于国有企业办市政、社区管理等职能分离移交的指导意见》（国资发改革【2017】85 号），对供水、污水处理、垃圾处理以及公共交通等市政设施的移交范围、移交程序和社区管理职能移交事宜作了比较明确的规定。同时明确了以加强组织领导、落实企业责任、资产无偿划转以及加强督促指导等四条保障国企改革的措施。

而在 2018 年 9 月公开发布的《关于深化混合所有制改革试点若干政策的意见》（发改经体【2017】2057 号）中提出的九条关于国企混改的意见中，对于国有企业拥有的土地这一重要资产中存在的证照不全、证实不符、权属不清、土地分割等历史遗留问题也进行了说明，并要求各地要进一步优化简化相关审批程序，为解决混合所有制改革中的土地处置和变更登记提供便利。

从上述各项政策文件中可以看出，当前我国国有企业解决历史遗留问题的重心在于剥离国有企业办社会职能，主要工作从剥离“三供一业”、移交国企管理的公共设施和机构这一相对而言较为容易实施的项目开始，再到独立工矿区综合改革试点、厂办大集体改革以及退休员工社会化管理五个方面。然而，从目前的实施情况看，到 2018 年底全国国有企业“三供一业”和办社会职能分离移交完成度约 90% 左右，未能完成要在 2018 年之前完成的目标。而国有企业的历史债务、冗员、资产等涉及企业具体经营方面的历史遗留问题相关政策较少，更多依靠企业自身与直接监管机构进行决策解决。

三、非经营性问题解决路径与案例分析

（一）非经营性问题的分类和形成原因

当前国有企业非经营性历史遗留问题的典型代表即企业办社会职能，具体包括国企职工家属区的“三供一业”、企业办医疗教育和消防市政等公共服务机构、厂办大集体以及独立工矿区，此外还有国有企业退休员工社会化管理等五个主要方面。根据国资委和国务院发展研究中心的调查数据，在2014年，仅央企层面，有“三供一业”、离退休人员管理、承办教育机构、医疗机构和消防市政等五类社会职能机构约8000多个，年度费用约800亿元；地方国有企业年度费用超过1000亿元。而据有关资料统计，“十二五”期间，全国国有企业后勤服务拥有近万亿元的资产，从业人员1000多万人[①]。高昂的费用严重影响了国有企业的盈利能力和企业竞争力。

1. 国企职工家属区“三供一业”

“三供一业”即居民社区的供水、供电、供气（供热）以及物业管理。国有企业“三供一业”问题的形成主要是由于过去国有企业为解

① 牟雪江、付建昌等：“部分国有大型企业解决历史遗留问题的比较”，《中国石油企业》，2016年第7期。

决职工住房问题、提高员工福利，将企业的产权房和企业租赁的直管公房分配给员工居住，或者通过自建房产并将其分配或低价出售给员工，形成了以企业员工为主要居民的小区，而国有企业作为小区的开发者自然承担起了社区的供水、供电、供气以及物业管理，且通过对小区的水电气和物业进行补贴作为员工福利的一部分。然而随着小区房屋不断进行交易，现在许多国有企业职工小区里的居民已经不再是该国有企业的员工，但企业仍在对小区的水电气和物业管理进行补贴。同时，由于缺乏专业化管理，水电气等设施老化、物业管理水平较低等情况也普遍存在，不仅使国有企业产生大量与经营无关的额外费用，小区居民的生活水平也受到影响。

2. 企业办社会公共服务机构

国有企业办社会形成于计划经济时期，由于当时社会经济条件和政府服务的不足，且许多大型国有企业都处于较为偏远的地区，交通等基础设施不便。因此，作为社会重要组成部分且实力相对较强的国有企业便承担了自身员工的社会服务责任，通过建立教育、医疗以及消防市政等社会服务机构，为企业员工提供社会公共服务，形成了国有大企业小社会的局面，许多一直延续至今。然而，时至今日，随着我国教育和医疗改革的持续深化，教育医疗机构许多已经高度市场化，而这些企业办的学校和医院则因机制不灵活和缺乏专业化的管理，导致竞争力下降，每年需要国有企业进行补贴方能维持运营。而消防市政等机构则属于地方政府管辖范畴，易造成管理边界不清晰等问题，导致隐患的存在。因此，国有企业办社会不仅造成了国企承重的历史负担，也不利于地方治理和公共服务水平的提升。

3. 厂办大集体

厂办大集体始于20世纪70年代，由于我国大批知青结束下乡集中返回城市。为了解决这些人的就业问题而在全国范围内广泛推行的一种集体企业。厂办大集体大部分是由国有企业出资建立，同时又包括一部分集体资产和劳动者的出资，产权关系较为复杂。厂办大集体在当时的时代背景下提供了大量的就业机会，起到了稳定社会的作用。然而，随着我国进入市场经济时代，厂办大集体作为计划经济时代的产物，其设立之初的主要目的就不是为了经营盈利，而是提供就业岗位。因此，厂办大集体逐渐面临生存困难、难以为继的情况，大量企业停产、职工失业或者转岗，厂办大集体也成为了国有企业的历史遗留问题。

2011年，国务院办公厅发布《关于在全国范围内开展厂办大集体改革工作的指导意见》，要求实现厂办大集体与主办国有企业彻底分离、厂办大集体职工得到妥善安置。2016年，国资委、财政部和人社部三部委联合发文《关于加快推进厂办大集体改革工作的指导意见》，要求“加快推进厂办大集体改革，实现厂办大集体与主办国有企业的彻底分离，促进国有企业轻装上阵、公平参与竞争”。但是，由于厂办大集体产权关系复杂、职工安置困难以及改革资金需求缺乏等诸多问题，导致厂办大集体改革仍需要继续往前推进。

4. 独立工矿区

独立工矿区指的是为了开采矿产资源而建立的以矿产开采加工为

主要产业、以相关从业人员及家属为主体的，经济社会功能相对独立的生产生活区。这些独立工矿区一般地理位置相对偏远，离主城区交通不便而导致公共基础设施难以覆盖。根据统计，我国之前有独立工矿区 450 多个，分布在全国 27 个省市地区。近年来，随着这些地区的矿产资源逐渐开采枯竭，经济发展近乎停滞，且基础设施落后、饮水等环境条件下降，社会矛盾频发。

早在 2008 年，财政部下发《财政部关于独立工矿区和林区职工住房整体搬迁有关财务问题的通知》（财企【2008】33 号）后，国内就启动了一批亟待改造的独立工矿区搬迁项目，但是由于缺乏改造资金、涉及人员众多等问题而导致独立工矿区改革直至今日也仍未完成。2017 年 4 月，中国石油大庆油田、东风汽车十堰基地、中国石化胜利油田、陕西有色控股集团金堆城钼业矿区、河北开滦集团古冶矿区等 5 个独立工矿区被列入独立工矿区剥离办社会职能综合改革试点，由国务院国资委挂牌督导。2018 年 2 月，《关于进一步推进国有企业独立工矿区剥离办社会职能有关事项的通知》，要求各地抓紧进行独立工矿区改革工作，按时保质完成改革目标。

5. 退休人员社会化管理

国企退休员工社会化管理，指的是企业的人员在退休后的养老保险实行管理服务的社会化，其管理服务工作由工作单位移交至城市街道和社区实行属地管理，养老金实行社会化发放，由社区服务组织提供相应的管理服务。早在 2003 年下发的《关于转发劳动和社会保障部等部门〈关于积极推进企业退休人员社会化管理的意见〉的通知》（中办发【2003】16号）一文中就明确了社会化管理服务应包括确保养老金按时足额发放工作、提供社会保险政策咨询和各项查询服务、了解企业退休人员生存状况、帮助死亡企业退休人员的家属申请丧葬补助金和遗属津贴、集中管理企业退休人员的人事档案、组织企业退休人员中的党员经常开展组织活动、提供医疗护理和康复服务、组织开展文化体育健身活动等八项主要内容。

2017年7月，国有企业退休人员移交社区实行社会化管理工作正式在上海、重庆、大连、鸡西、长沙五市展开试点并将在2020年底前完成。2019年3月，中共中央办公厅、国务院办公厅印发《关于国有企业退休人员社会化管理的指导意见》，对企业社会化职能移交社区的范围、对象、分类方法进行了明确部署，国有企业退休人员社会化管理进入深化推进阶段。

（二）非经营性问题改革的难点及解决路径

当前，我国国有企业非经营性历史遗留问题主要包括“三供一业”分离移交、企业办教育医疗等社会职能分离移交、厂办大集体改革、独立工矿区综合改革以及退休人员社会化管理五个方面。而综合来看，这五项改革面临的突出问题主要是资金不足和人员安置困难两大难题。

1. 难点一：改革的资金不足

由于“三供一业”在分离移交之前需要先对水电管道、水表电表等设备进行更新升级，使其达到城市相同的使用标准，从而实现分户设表、按户收费。然而，这一基建改造工程项目的费用却是一笔不小的支出。虽然在《关于国有企业职工家属区“三供一业”分离移交工作的指导意见》中规定了“三供一业”的分离移交费用由企业和政府共同分担，即中央企业的分离移交费用由中央财政（国有资本经营预算）补助 50%，中央企业集团公司及移交企业的主管企业承担比例不低于 30%，其余部分由移交企业自身承担，地方国有企业和政府可以参照央企的做法执行。但是，这无疑导致了地方财政压力加大，许多地方政府难以拿出资金进行改革。此外，在“三供一业”移交之后，这些设施的运营维护同样是一笔不小的支出，需要地方财政每年增加预算。

国有企业办教育、医疗以及市政等社会职能也是如此，教育、市政以及社区管理等一般都是移交给地方政府，医疗则是移交给地方政府和医疗集团，而这些机构由于其公共服务性质一般都难以自负盈亏，需要国有企业对其进行补贴，而移交之后这笔费用将由地方政府和接收单位承担，政府与接收单位的补贴能力和意愿都会影响分离移交的顺利进行。根据统计，截至 2016 年，仅地方国企 133 个项目分离移交产生的费用就高达 23 亿元。

厂办大集体企业则大部分处于长期的亏损状态，债务规模大，许多企业甚至已经不具备经营能力，若对其进行改革则必须解决其债务问题，这同样需要大笔资金。独立工矿区则不仅存在“三供一业”和企业办社会职能等问题，还涉及地理位置偏远、搬迁改造费用较高等其他资金问题。推行国有企业退休人员社会化管理同样涉及资金问题，一方面，将国企退休人员的管理由企业移至社区和街道管理，将对社区和街道管理提出更高的要求，需要新增大量服务人员和设施。另一方面，许多地方退休养老标准与国有企业的标准不同，这导致退休人员在社会化管理后的发放养老金数额与之前可能会不一致，同样产生了资金缺口。

对此，当前解决资金问题的主要路径有两条。首先，国有企业和地方政府应当积极申请财政补贴，弥补资金缺口。以厂办大集体改革为例，按照政策规定，中央财政可以根据改革方案计算需要支付的经济补偿金，并按厂办大集体净资产不足以支付经济补偿金差额部分的规定比例确定补助金额，予以全额预拨。此外，中央财政的补助资金还可以与自筹资金统筹用于接续职工社会保险关系、解除或终止劳动合同经济补偿等支出[①]。另一方面，对于“三供一业”和办社会职能分离移交而言，移交企业及其主管企业也应当积极与政府、接收单位进行合作，通过设置过渡期、补贴或者转移支付等方式支持企业办社会职能分离移交工作的顺利进行，而不能直接将设施人员移交至政府和接收单位后，就不再予以支持。而在厂办大集体改革工作上，要针对不同企业的具体状况进行具体分析，对于发展前景较差的企业，应当以破产重组为主要途径，而对于发展前景较好的企业，则通过债转股、混改等方式进行改革，提供企业发展所需资金。最后，对于退休人员养老金问题，可以按照新人新办法、老人老办法的政策进行区分，最大程度减少资金难题。

2. 难点二：人员安置难题

首先，“三供一业”、企业办教育医疗等社会机构经过长期积累，

① 李洋，张琦：“厂办大集体改革的实践与思考”，《管理观察》，2018 年第 17 期。

普遍存在着冗员现象。若要进行分离移交，当地政府特别是接收的企业单位为了提高管理效率，降低成本，必然会要求精简人员，从而形成富余人员安置问题。而且，除去富余人员外，依然涉及大批“三供一业”、教育医疗、社区管理等服务机构的员工工资的发放标准和金额问题。此外，许多员工在国企工作多年，对于企业有着较强的归属感，如何在分离移交过程中照顾好员工的感情也是一大难题。最后，有部分教育、医疗等相对市场化的企业以及独立工矿区当前经营效益良好，职工对于改革的意愿并不强烈，同时也会担忧改革之后是否会导致企业经营效益下降的问题。因此人员安置问题也是解决国有企业历史遗留问题的难点。

对于职工安置问题，目前主要有四种解决路径，即解除劳动合同、内部退养、协保人员、存续企业或主办企业安置。对于“三供一业”及企业办社会职能所涉及的人员而言，作为移交企业和主管企业，应在与接收单位积极协商的基础上，尽可能实现办社会机构和人员的统一分离移交。对于富余人员，应当根据其符合的政策条件和企业自身状况，在职工自愿的原则下，通过上述四种方式予以解决。对于分离移交后人员的工资发放，移交企业及其主管企业应当与接收单位进行协商，在一定期限内予以适当程度的补贴支持，以保证国有企业员工的合法利益不受损失。最后，对于改革意愿不强烈的单位及员工，当地政府与主管企业需要加强宣传教育工作，引导员工思想，通过建立机制或协议的方式化解员工的担忧。同时企业应当做好政策解释工作，解答员工对政策不理解或者理解不到位的地方，从而争取员工支持，实现改革的顺利进行。

（三）“三供一业”与办社会职能分离移交案例

山东能源集团作为山东省属一级企业，拥有大量“三供一业”和办社会职能机构。根据统计，在2018年改革之前，山东能源集团下属的新矿集团、枣矿集团、山能重装集团等七家企业的“三供一业”涉及用户近20万户，需要分离移交的机构超过300个，资产总额约6.4亿元。此外，山东能源集团还有企业办教育、医疗、社区管理以及其他市政设施超过400个。可以说，山东能源集团“三供一业”和办社会职能的分离移交任务十分艰巨。

首先，山东能源集团在前期做了充分的准备工作，通过对所属各企业的“三供一业”和办社会机构进行详细的调查，同时对近年来中央和山东省出台的相关政策进行仔细分类研究，从而形成了企业的《社会职能分离移交和解决历史遗留问题工作方案》。同时，山东能源集团还组织人员，成立专门解决企业办社会问题的小组，专门解决企业的历史遗留问题。此后，山东能源集团先后制定并下发了《关于印发山东能源集团权属企业职工家属区“三供一业”分离移交工作实施方案的通知》《关于印发山东能源集团中央下放企业职工家属区“三供一业”分离移交中央财政补助资金管理办法的通知》《关于印发权属企业职工家属区“三供一业”分离移交工作考核办法的通知》等文件，向权属企业下达了年度工作目标和任务，从而为具体开展分离移交工作奠定了政策和制度基础。

其次，积极寻求财政支持。山东能源集团通过及时、准确地向国务院国资委、财政部以及山东省财政厅等相关机构报告所属企业的“三供一业”的具体情况，获得了部门的大力支持。山东省财政厅向企业预拨中央下放企业“三供一业”分离移交中央财政补助资金近33亿元，为“三供一业”的分离移交工作提供了丰厚的资金支持，更是在一定程度上解决了最为困难的资金难题。

其三，坚持以“先移交后改造”的原则。“先完成移交，再维修改造，并以维修为主改造为辅”，是国家和省政府明确要求的一项重要原则①。通过坚持这一原则，可以加快企业“三供一业”和办社会职能的改革进度，山东能源集团在确保分离移交后设施符合使用条件的基础上，与地方政府和接收单位迅速协商达成一致，同时有中央财政补助资金为基础，确保了专款专用，保证分离移交工作的顺利实施。

最后，建立“三供一业”分离移交工作督导、评价和考核机制。山东能源集团对于下属企业实行“每周一调度、每月一通报、每季一督导、每年一考核”的工作制度，同时根据实际的工作进度，召开会议讨论和部署下一阶段工作。此外，集团还把分离移交工作纳入下属企业的年度考核之中，激励企业按时保质地完成分离移交工作。另一方面，集团还建立了针对权属企业董事长和总经理的风险抵押金制度，如果企业完成了年度考核指标，不仅全额返还企业缴纳的风险抵押金，还给与同等金额的奖励。而如果企业未能完成目标，则全额扣罚风险抵押金，从而倒逼企业进行改革。

---

① 徐天宝，李志勇：“愈艰难愈向前——山东能源集团“三供一业”分离移交稳步推进”，《山东国资》2018年第4期。

通过前期的充分准备和多项改革保障措施的实施，山东能源集团规定的2018年底之前企业“三供一业”和办社会职能的分离移交已经基本完成，成功为企业减轻了历史负担。

（四）厂办大集体改革案例

西山煤电集团厂办大集体始于20世纪70年代，由企业的前身西山矿务局陆续出资成立，主要用于安置返乡知青和企业富余的职工。在改革之前，西山煤电公司旗下共有厂办大集体多达66户，资产总额近10亿元，在职及退休人员超过10000人。对于西山煤电的厂办大集体改革而言，除了厂办大集体普遍存在的问题之外，还存在以下几个方面的突出问题。

一是产权关系复杂。这些厂办大集体企业中，既有集体所有制企业，也有独资或者控股企业，同时还涉及个人出资问题。而对于这些由西山煤电出资成立的企业而言，其集体企业的性质决定了最高权力机构是职工大会而非股东会，从而导致出资人权利的丧失。第二，严重依赖内部市场。西山煤电这些厂办大集体企业基本都处于煤炭产业链上，如矿山设备制造和加工修理、煤炭贸易、物流等。这就导致这些企业严重依赖西山煤电的内部市场，不仅造成了与西山煤电各子公司之间的同业竞争问题，还由于缺乏外部市场激励而导致效率低下，严重缺乏市场竞争力。第三，改革成本较高。一方面，西山煤电厂办大集体企业多数处于亏损状态，存在巨额债务，甚至已经无法继续经营。而另一方面，这些厂办大集体企业经过长年积累，改革涉及的人员超过了一万人，仅职工安置的直接费用就已远大于企业的净资产价值，需要西山煤电给予大量补助。最后，西山煤电厂办大集体还存在管理层级冗长的问题，其母体企业为太原西山劳动服务中心，但实际管理则是由西山煤电各分子公司负责。若以西山煤电作为一级公司来看，这些厂办大集体企业属于第6级的管理体系，西山煤电很难有效对其进行管理。

面对这些厂办大集体改革的难题，西山煤电从以下几个方面进行了入手，着力推进改革的顺利进行。首先，在确立“一主三辅”的顶层设计之后，对于各厂办大集体进行详细调查，弄清各个企业的人员、资产、债务等具体情况，为下一步改革做好前期准备工作。其次，确立分类处理的原则，将企业分为无法持续经营、可以持续经营以及具备一定发展前景三类。对于无法持续经营的企业坚决实施关闭退出，对于可以持续经营的企业如果存在同业竞争则进行整合重组，对于具备一定发展前景的企业则给予一定程度的支持。此外，西山煤电还设立了一家全资子公司，执行改革后的资金使用和内退人员管理的专项职能。第三，妥善处理职工安置问题。西山煤电根据相关政策，确立了解除劳动合同、内部退养、协保人员以及存续或主办企业安置四种安置方式。然后，在职工自愿为原则的基础上，让职工根据自身所符合的政策条件自主选择安置方式，并与公司协商后确认。而在职工安置费用方面，依照法律法规和相关政策对于厂办大集体企业先进行资产清算用于职工安置。若仍然存在资金缺口，则先通过积极申请财政补贴的方式，最终由西山煤电进行兜底，确保改革的顺利推进。最后，根据各户企业的不同情况有针对性地设计了不同的改革方案后，各方案都严格按照程序，经过职工大会、股东会等企业的最高权力机构同意后，再上报至集团公司审批，而后执行。从而保证了企业上下对于方案的一致认同，确保改革的完成。

通过这些改革举措，西山煤电最终顺利地完成了厂办大集体改革，将 66 户厂办大集体企业改为 6 户有限责任公司，管理层级也从原来多达 6 级缩短至 3 级以内，66 户企业的一万多名职工也得到了妥善安置，既维护了社会稳定又解决了西山煤电的历史遗留问题。

（五）国有企业退休员工社会化管理试点案例

2017 年 7 月，上海市被选为国有企业退休员工社会化管理的试点城市之一后，次年 8 月，上海市召开专题会议研究试点工作开展计划，上海市国资委与人社局共同对试点工作进行了完善。时至今日，上海市的国有企业退休员工社会化管理试点工作有以下几点突出经验值得借鉴。

首先，构建以社区服务中心为基础的服务网络，为退休人员社会化管理奠定了组织基础。上海市通过在各个社区建立社区服务中心网络，完成对上海市的全覆盖。而每个社区服务中心都包括民政、人社等多个部门的人员，从而让居民可以在社区服务中心实现集中办理，而不用每办理一个事项就得去一个地方，大大方便了居民群众和退休人员。

其次，实行一网通办制度。每个社区服务中心都接入至“一网通办”的总门户，从而每个居民都可以选择就近办理相关业务，而不需要回到户口所在的社区进行办理。同时，还上线了“市民云”的移动端载体，退休人员在办理每项业务前都可以先进行网上预约，从而大大节约了时间，提高了办事效率。

最后，针对资金和人员难题，上海市采取新人新办法、老人老办法的原则，先在退休人员管理条件比较好的市属国企以及社会化管理服务水平较高的区域开展社会化管理服务试点，积累工作经验、形成示范效应后再逐步向全市推广。与此同时，为了保证国有企业退休人员人事档案的顺利移交，真正落实退休人员社会化管理。上海市国有企业可以直接将人事档案移交给第三方服务机构或先交由社区服务中心而后交由第三方服务机构，实现人事档案的顺利移交。在人事档案移交之后，社区服务中心与第三方服务机构之间建立信息对接系统，提供实时查询和档案调阅等服务。

（六）独立工矿区改革案例

金堆城钼矿是由陕西省 647 地质普查队在 1955 年秦岭勘探中发现的世界特大型钼矿床，其作为我国重点项目在“二五”计划之初开工建设。金堆城钼矿正式筹建于 1958 年，至今已经有超过 60 年的历史。金堆城矿区作为独立工矿区的典型代表，距离最近的陕西渭南华州城区近 60 公里，因此矿区自成一个小社会，矿区所属的金堆城钼业集团不仅负责矿区生活区域的“三供一业”，同时还承担着教育、医疗和市政等办社会职能。由于矿区开采时间早，许多住宅建筑年龄很高，水电管道等基础设施老化情况也比较严重。与此同时，经过日积月累，矿区“三供一业”和办社会职能从业人员多达1000多人，金钼集团每年需为此支付超过1亿元的维修费用和人员工资，给金钼集团造成了沉重的经营负担。

因此，在2017年被选为独立工矿区综合改革试点单位之后，金堆城矿区就开始进行剥离办社会职能的工作。在金堆城矿区剥离办社会职能的改革过程中，人员安置和资金仍是改革的两大难点。对此，在资金问题上，鉴于地方财政压力加大，金钼集团通过与教育、医疗、污水处理以及社区管理等社会服务机构的接收主体——华州区政府进行协商后，以设立过渡期的方式来保证顺利移交，在过渡期内若财政补贴未到位或存在缺口，则由金钼集团进行补齐，直至过渡期结束为止。而在人员安置问题上，经过金钼集团和当地政府的充分协商后，提出分类分流的处理办法：对于教育机构和医疗机构的从业人员，如果符合条件则全部移交华州区政府和陕西省健康医疗集团；对于其他公共机构的人员则以劳动派遣方式进行移交；而对于这些机构存在的冗员问题，富余人员由金钼集团采取内部退养、解除劳动关系、提前退休等多种方式进行安置，从而解决了最为复杂的人员安置问题。从金堆城独立工矿区的综合改革经验可以看出，移交企业、移交企业的主管企业以及政府等接收单位之间的紧密合作，是独立工矿区剥离“三供一业”和企业办社会职能顺利完成的重要基础。

四、经营性历史遗留问题的解决路径与案例分析

国有企业经营性历史遗留问题指在企业运营管理过程中，因领导层决策偏差或者因应特定时期需要、基于特殊政策要求，而形成阻碍企业未来发展的一系列问题，比如债务问题，冗员问题，资产管理问题等等。这些问题有其自身个体性，其具有异于国有企业传统“办社会”而产生的历史遗留问题，国有企业经营性历史遗留问题相较于传统“办社会”历史遗留问题差异主要是遗留问题的政策性、遗留问题自身主体的非连续性、遗留问题的缠绕性等诸多方面。从我们接触的国企改革案例来看，经营性历史遗留问题仍普遍大面积存在，当然国有企业领导层也在不断解决或弱化这些经营性历史遗留问题，但同样现阶段所发生的新问题又将会积淀为经营性历史遗留问题，因此我们需要探寻经营性历史遗留问题形成的深层次原因、表现形式和典型特征，以及目前常见的解决此类问题的着眼点和方法论，最后通过案例分享来说明经营性历史遗留问题处理的个性化方案。

（一）经营性问题表现形式

经营性历史遗留问题多是在特定的政策背景和社会时期形成的，具有历史性和累积性，造成了企业运营资源配置和企业资源结构的

失调。这一不同于传统国有企业"办社会"的遗留问题所表现出的一系列独特的形态。经营性历史遗留问题表现最为突出的集中在两个方面。

①债务问题，当前，困扰国有企业深化改革的难题之一，就是负债比例过高。若经济发展步伐变慢，导致经营成果低于当初预判，尤其是很多行业营业收入增长停滞甚至出现下滑时，债务风险系数会急剧升高。近年来，企业债务违约事件在逐年增多，银行关注类贷款比例也在上升。债务市场脆弱性还可能将整个金融体系带入空转之中，央行被迫不断注入流动性，而流动性又在债务市场内部进行投机性循环，实体经济得不到相应滋润。

②冗员问题。这也是所有经营性历史遗留问题解决中最难啃的骨头，这个问题往往在国有企业中表现为漫长时间积累的沉重历史包袱。在特殊的历史时期，国有企业基于寻租、名誉等主观因素以及政治干预、社会压力等客观因素承担大量企业冗员。随着我国市场化进程的推进，使得地方政府的干预行为减缓，企业调整资源的主动性增强，冗员严重程度有所缓解。政府部门也在简政放权，加速建立有效市场体系，不断优化混合所有制改革，改善市场化进程不均衡局面，完善失业保障体系，纯化企业经济目标，进而提升我国企业竞争能力及其资源配置效率。但始终因为国有企业固有的股东空心化、三项制度改革问题落实不到位等原因，导致国有企业冗员依然是阻碍本轮国企改革的重要历史遗留问题。

（二）经营性问题——国有企业债务

1. 国有企业负债率分析

把企业部门作为一个整体来看待，杠杆率在过去几年里一直快速上升并进入高风险区域。根据国际清算银行（BIS）测算，截至2016年3月末，我国总债务规模达175.4万亿元，总杠杆率（总债务/GDP）超过250%，不仅远高于2005年末150%左右的水平，也远超1998年前后170%左右的水平；在总债务中，企业部门（指非金融企业部门，下同）债务近114万亿元，杠杆率高达169%，远高于世界平均水平（95.5%）、新兴市场国家平均水平（106.4%）和发达国家平均水平（89.4%）。国企资产负债率在2015年达到了66.3%，超过1998年近4个百分点。1998年是“国企三年脱困攻坚”计划的启动时间，当时国企陷入困境的一个直接因素就是资产负债率太高，所以这个攻坚计划的一项重要内容是减轻企业债务负担、降低企业负债率，具体措施包括核销部分债务、债转股、通过上市等方式增补资本金等。不过国企的资产负债率在此后并没有下降，反而逐年上升。但国企利润从2000年开始明显上升，2002年后上升更加迅速。这说明，当时国企成功扭亏脱困，主要因素可能并不是债务负担下降，而是其他因素，比如大量亏损国企关闭破产或者民营化、冗员负担和历史包袱急剧减轻、需求持续回暖和宏观经济持续回升等。

2. 债务过高的原因分析

首先，国有企业资金来源管道少，融资能力有限。融资方法一般通过向银行贷款，非常单一。中国市场经济管理体系在很多方面还不够成熟、不够完善，尽管国有企业上市公司越来越多，但是大部分中小型的国有企业仍然无法通过 IPO 方式来进行融资。这些中小型国有企业在面临资金缺口的时候，没有办法得到及时有效的帮助与支持，从而导致企业经营难以为继，甚至出现倒闭破产的现象。虽然商业银行也很大程度上介入中小型国有企业放贷，但是由于不同银行之间没有形成健全的约束机制，大部分中小型国有企业的负债率因缺乏与银行有关机制相对应的监督机制，使得负债率不断增高，从而导致负债过度现象。

其次，国有企业税负过重。国有企业是我国税收的主要来源，相对而言，国有企业所承担的税负是非常沉重的。税改之前，绝大部分国有企业税前利润扣除所需要交纳的税负，几乎没有多少利润。由于中国的社会保障机制还处于不断完善的阶段，国有企业还需要体现“办社会”的诸多社会功能，担负着大量的社会保障和社会福利的支出。例如，国有企业需要自己办学校、食堂、医院等基础设施，从而加剧了企业的负债率，国家有些地方财政机构会将某些城市的社会建设以及公益事业转手给国有企业，使国有企业的大量资金受到影响，导致国有企业资金背负着沉重的税负。很多福利性的政策本应该由国家财政或者社会各界承担的费用支出都由国有企业承担。大量的国有企业承受不住压力，不惜少提折旧额甚至不提累计折旧的额度来向银行申请贷款，强制占用生产发展所需要的资金和国有企业的税后利润，导致企业负债率居高不下，长此以往，国有企业的生产经营受到严重的打击。

再次，国家宏观调控对国有企业的影响。国家针对发展阶段特征对宏观经济进行调控时，国有银行成为国家宏观经济的重要调控手段。因此，国有企业也受到严重的冲击，政府过度干预国有企业的经济运行，企业行为若与给政府的调控不能相互配合密切，就会给国有企业运营带来不可预测的后果。基于当前阶段，国家宏观经济调控下的法律环境还不够尽善尽美，现在实行的法律法规以及政策都不是固定不变的，国家如果想从使用行政手段转向使用经济手段和法律手段进行调控，从目前来看不易于转变而且不能给国有企业一个稳定的发展经营环境。因此，国家对宏观经济采用针对性的调控手段从一定程度上增加了国有企业负债过度的问题。

最后，国家财政政策对国有企业的刺激也是导致国有企业负债过重的重要原因。目前，国有企业的负债主要来源于两部分：银行贷款和企业发行的债券。比如 2008 年基于化解金融危机需要，政府不断完善和充实应对国际金融危机的政策措施，逐步形成应对国际金融危机的一揽子计划。包括推出的“4 万亿”刺激性财政政策，货币量大规模投放，这的确推动了国有企业的发展，但也使得国有企业的杠杆率上升。随着国有企业在基建、生态环境、能源、交通运输、房地产等很多行业快速加杠杆，直接推动了国有企业的负债率急剧上升。

3. 国有企业的债务问题解决对策

目前国有企业的筹资渠道还非常单一，导致流动资金不足。政府对国有企业的资金投资不足，企业无法承担也难以承担银行贷款的过高利息。从总体上看，国家应该放宽筹资的环境，在证券等方面降低企业上市的标准，鼓励更多的国有企业改成股份有限公司来进行资金筹集。同时，政府层面要大力发展金融中介机构，增多国有企业的筹资途径，避免企业在资金方面短缺的时候只能求助银行和政府的情况，降低企业负债过度的现象。

根据2016年10月国务院发布《关于积极稳妥降低企业杠杆率的意见》和《关于市场化银行债权转股权的指导意见》两份文件的指导意见，要想降低国有企业负债过度的问题就必须逐步在国有企业内部建立现代企业制度，按照市场经济参与主体规律来实现企业管理，优化国有企业的考核体系和考核机制，把降杠杆，去负债作为国有企业的业绩考核体系中的重要指标。提高国有企业的融资能力，使企业生产发展的资金有多种渠道，如证券、银行等渠道。在市场经济逐渐的发展过程中，国有企业可以快速融资提高企业的资金，也可以吸收大量的民间资本，通过完善银行及证券等体制，增加国有企业的经营资本从而减少企业过度负债的资金额。

国有企业要降低负债过度的艰难险境，就必须完善社会保障制度，通过完善的社会保障制度使得绑缚在国有企业身上超出其负责范围的事项由社会保障制度来承担。国有企业背负着大量的税务负担的同时，还需要建立学校、医院等非经营性偏保障型的企业，同时企业也对退休养老的员工提供基本的工资。建立健全社会保障体系，使国有企业承担自己应该承担的部分，这样同样会降低企业的负债率。

整合重组，产权明晰，根据市场发展需要，明晰发展战略，以战略为统领，形成特色集团企业。通过企业间产权的重新分配组合、变更而达到企业债务重组目的，从结构上解决企业高负债问题，为国有企业未来发展减压解负。国有企业产权重组的方式主要有三种：一是引入资本重组；二是产权重组；三是投入参与重组。对单个国有企业而言，在实施产权重组时，要充分考虑到国有企业所处的地位及负债状况进行区别对待。通常而言，可以采用分类处理的方式进行，将国有企业分为三大类。第一类企业是指关系到国民经济命脉的基础产业，这类企业属于国民经济发展的根基。第二类是其生产经营政策确实符合国家的产业政策，产销对路，只是在税率较高的制度下，无积累、无资金，难以扩大再生产和开发新产品，一时周转失灵的大型企业。第三类是指长期亏损，资不抵债，生产技术落后，产品也没有市场的企业，它们基本属于“僵尸企业”。针对上述三类不同企业，需要因地施策，采用不同的重组策略。首先，对于第三类企业，可以采取停、关、并、转、卖或破产进行清理整顿，把有效资源配置到更大的空间里去，无效资产进行作价处理。其次，对于第二类有市场竞争能力但由于经营失策等原因而导致无力偿还债务的企业，可以通过股份制方式，实现股东多元化，引进非公战略投资者，或者通过向社会上发行股票，成为上市公司，也与银行合作，使银行成为企业的股东之一，把企业欠银行的贷款转化为银行注入该企业的资本。该方式的优点在于一次性划清企业所欠贷款．同时，战投、银行作为大股东参与企业的经营管理，有利于公司治理结构优化及其财务管理提升，可充分利用资金以有利于其进一步向企业贷款，更好推动国有企业跨越式发展。对于在国民经济中占有很大比重的第一类企业，可将其所欠债划分为两部分，分别采取不同的处理方案。一部分债务是因为“拨改贷”和“税后还贷”造成的，对此，国家财政对债务本息转化为“贷改投”实现对企业资本金的注入。另一部分债务也可借助于国家财政来解决。包括贷款债权转换为债券投资、贷款变股权投资等。其中，债转股是国际上通常处置不良资产的做法。债转股即债权转股权的简称，指债权人将其对债务人所享有的合法债权依法转变为对债务人的投资，增加债务人注册资本金的具有商业性的法律行为。通过债权转股权，一方面减轻了企业的偿债负担，另一方面也使投资人的不良资产有望转为良性资产。

完善企业经营管理制度，加强企业内部管理，提高盈利能力，才能增强国有企业的偿债能力。只有建立健全符合国有企业正常的运行规则，制定企业运营的流程章程和行为准则等内部管理运营机制，完善企业的内部治理结构，加强对企业管理人才的培养激励，提高企业管理者的素质和管理水平，为企业的生存发展创造有利的条件，国有企业才能持续、稳定、健康的发展。

综上所述，国有企业不良债务和负债过度等问题，是长期经营过程中累积起来，纠缠各种因素形成的复合型矛盾点。解决问题的办法和过程也不可能只有一个药方，需要一个逐步分拆、不断化解的过程。从实践来看，相对合理的方式是采用短期治理与长期治理相结合。从体制管控上讲，政府应当规范其对国有企业的行为边界，真正从管资产过渡到管资本的模式，强力推进国有企业改革，尤其是混合所有制改革，使国有企业能够真正成为股东多元化，产权清晰，自主经营、自负盈亏和具有独立产权的主体。从国有企业自身角度看，要顺应国企改革政策要求，加快企业改革步伐，强化现代企业制度的建设，转换贴近市场的经营管理机制。转变过去企业的生产经营受政府影响，盈亏与管理者关系较弱的局面。而是在现代企业制度下，形成由多个产权主体构成，企业拥有对财产的所有、使用、收益和处置权，就可根据市场变化及时做出判断和决策。这才是国有企业负债问题解决的有效路径。

（三）经营性问题——国有企业冗员

随着我国市场经济体制改革的不断深入，就业市场虽然逐步引入了市场机制，但历史遗留的企业冗员问题却依然无法得到有效解决。相关研究表明，冗员大量释放将引起职工不满，无论从社会稳定和情感角度（冗员也曾经为企业发展做出贡献，只是现在无法跟上企业发展），冗员问题的解决对于各方利益主体都是不容易接受的事情，大规模冗员释放出去却没有单位吸纳也会构成社会与政治层面不稳定因素。同时各级地方政府为降低失业率，维护社会稳定，对国有企业进行干预，要求其承担解决居民就业等社会性责任，这无疑也是国有企业冗员无法释放的重要原因。从国有企业经营管理的经济利益最大化角度说，冗余雇员导致企业劳动力成本上升、经营业绩下滑及竞争力下降等严重经营后果。如当企业要减少雇员时，会发生辞退成本（包括遣散、替换成本），同时还可能会引起剩余员工的恐慌而降低生产率；正是因为政府控制国有企业的股权和管理层任免权，国企双簧角色的扮演使其既要注重经济职能更要执行政治职能；从国有企业动机（屁股决定脑袋）角度分析，在国有企业管理人员政治晋升考核双标准制度下，其经济绩效考核标准和激励被弱化。大多数情况下，国企会不顾及其经济业务来雇佣冗杂人员。

根据国企改革实践经验看，目前国企冗员处理依然是摆在所有改革行动前置思考的问题，也是国企改革绕不开的核心问题，我们认为处理好国企冗员处置和安置，必须做好以下几个方面的工作。

最重要的是转变国企员工从业观念，加强宣传，营造氛围。引导国企职工主动适应和参与经济发展新常态、新趋势，开辟创新型商业模式，鼓励员工大胆参与尝试，为促进经济社会持续健康发展作出积极贡献。让广大员工了解并理解国企改革趋势要求和实质内容，在思想上正确认识和对待国有企业改革，减少和消除各种顾虑。通过新闻媒体、社区、部门组织宣传，使《就业促进法》“大众创业，万众创新”等精神和各种惠民利民政策家喻户晓。提倡劳动光荣、创造价值应“点赞”的社会价值取向，营造自主创业人人支持和令人羡慕的社会氛围，促使广大国企员工主动转变就业观念，增强自主就业创业信心，自觉提高综合素质和专业技能，学习创业知识，增强维权意识，主动享受转岗就业政策带来的实惠。同时增强用工单位依法用工意识和全社会参与促进就业责任，共同推进国企员工转岗就业和再就业工作上新台阶。

地方政府要根据产业布局要求敢作为、真作为，为国企员工分流安置工作提供政策上的后盾。基于当前经济形势发展需要，国资委强势推进新一轮的国企改革，这要求各级政府充分领会国家的国企改革精神、决心和魄力，做到不越位，更不缺位。尤其地方国企是地方经济的重要组成部分，各级地方政府必须在政策保障上对国企员工的分流安置给予明确支持和帮助，确定实施政策的计划和时间表，在操作上要通力合作、协调配合。地方政府要拿出“真金白银”承担国企改革中人员分流安置的费用，同时地方国企改革形成的收益也应该属地方政府所有。由于历史原因，如上文提到的由于国企改革面临的客观环境和条件的变化，特别是2008年开始实施《劳动合同法》后，上世纪90年代制定的有关国企改革政策均没有继续执行等影响，出现的一些人员安置遗留问题需要各级政府承担。

各级国有企业要切实承担起员工分流安置的主体责任，在引导员工打破固有的就业观念，构建和谐劳动关系，推进国有企业形成各类管理人员任期制和契约化，在能上能下、能进能出的合理流动的用人机制上狠下功夫。我们在国企改革实践中发现一个非常典型的现象，在不少国有企业，尤其是中西部地区，企业一方面冗员严重，另一方面符合现代企业规范管理需要的人员、人才稀缺。其主要原因是国企员工受到固有的就业观念影响，导致人员不能合理流动。在国有企业员工分流安置过程中，国有企业管理层要发挥对一线员工最了解、最熟悉的优势，以最接地气的方式开展细致的思想工作，掌握一线员工的最基本诉求，直接解决他们最迫切的问题。各级政府国资委要承担起指导、帮助的责任，甚至承担类主体责任，为改制国企配备强有力的工作领导班子，及时化解和克服基层的困难和矛盾。

动员社会各方面积极参与支持国有企业的人员分流安置工作。当前就业市场有一个明显现象，部分民营企业人员流动性过于频繁，专业技术人员不足，甚至出现用工难的现象。那么地方政府可以将民营企业用工和国有企业用人的通道打通，成为国企员工再就业的一个新思路。国企利用员工相对有经验、有技术、有能力的优势，引导和培养国企员工打破旧思维，形成国有企业与民营企业之间的人员合理流动。在这方面政府可以发挥桥梁和纽带作用，并在政策上予以引导和支持。如地方政府可以通过政策引导、资金补贴等方式，支持非公经济发展，用非公经济的发展解决改制国企职工就业问题。地方政府可因势利导，出台一些鼓励性政策，通过适当的财政支持和经济上的补助，鼓励民营企业招收国企下岗员工。发挥桥梁作用，联结改制国有企业和急需人员的民营企业，实现两者双赢。

（四）解决融资借款历史遗留问题的案例

西南某置业公司按照地产集团要求，2015 年 8 月成立 A 公司配合政府处置 B 地产（某民营地产公司）涉稳问题。截至 2018 年 12 月底，垫付资金本息约 29.76 亿元（其中本金 25.1 亿元），资金来源为地产集团向金融机构融资后借款。政策因素形成的垫资形成风险较高的资产，从该问题的解决进度看，这些风险资产存在债权悬空风险。并且，大额风险资产的存在影响市场对该置业公司的价值判断，进而影响公司在推进混改进程中市场对公司的估值。除 B 公司涉稳垫资政策性问题外，公司还存在一些影响较大的历史遗留问题。其中，旗下某酒店拖欠租金及物管费历史遗留问题，相关资产自 2012 年出租以来多次变更合同条款，截至 2018 年 7 月欠款达 1514.18 万元，租赁合同纠纷和物业服务合同纠纷诉讼已进入执行阶段，但由于被告已无财产可执行，存在债权无法实现的风险。某地块历史遗留问题，涉及土地出让金 6550 万元、交易费用 22.95 万元、地票款 1120 余万元及前期开发投入 600 余万元，另有相对应的 2011 ~ 2018 年资金占用损失近 4000 万元。由于历史遗留问题大量占用公司资金，影响公司发展，未来三年公司将着力解决历史遗留问题。

上述问题的解决策略是问题导向、分策实施。根据问题主次矛盾关系，先抓住主要矛盾，根据债权债务的不同情况和使用特点，分类、分单位、分业务，采用不同的方式进行处理，以达到合理统筹的长效目的。

第一，对于 B 公司问题，下一步公司将进一步落实各区兑付资产确权，完成资产锁定，确保 B 公司涉稳资金不发生悬空风险。

第二，协调区法院加快 SS 项目司法拍卖进度。

第三，落实 B 公司旗下 4 个已完工项目的兑付资产的确权过户工作，若不能确权过户，则协调区法院加快司法处置进度。

第四，协调区政府督促其平台公司回购 B 公司 V 时代项目资产，通过净资产抵付或现金方式先向 A 公司支付垫付资金本息。

第五，DL 项目目前严重资不抵债，已启动破产程序，但未对备注给 A 公司的有抵押有查封的商铺车位处置后优先受偿给予明确意见，现正加快催收工作，落实相关资产确权事宜。

第六，加快推进 D 项目一期开发建设，加速垫付资金回笼，力争不发生现金流风险。

（五）解决人员分流问题的案例

东北某新闻传媒集团成立于2004年5月，是由该市原广电集团与报业集团重组而来，拥有报纸、广播、电视、期刊、网站等多种媒体资源，产业涵盖出版发行、数字网络传输及增值业务、广告、网站运营、服务外包、印务、会展、旅游、饮品和快送等多个领域，属国有独资企业，总资产4.1亿元。现有员工1126人。

西姆主导的该传媒集团本轮改革将对新闻传媒集团的宣传职能与产业经营职能进行分离，媒体回归事业，产业公司资产业务重组，手段有如下两个方面。

第一，原新闻资讯社、广播电视台和广告经营分公司剥离出新闻传媒集团，并分别成立新的广播电视台与日报社对宣传职能进行承接。原广告经营分公司按照媒体属性分别并入广播电视台与日报社。实行新闻与经营全面分离，新闻宣传部门与广告经营分公司分别按照公益事业单位和公司化运营管理。

第二，剥离宣传职能的新闻传媒集团更名为文化投资运营公司，负责对其所属国有资产进行统筹，加强优质资产整合和不良资产清理，借助市场化运作手段，实现国有资产保值增值。

因应本轮产业重组、职能分离的改革，必须构建完善的人才机制，保障人才队伍梯度稳定和活力，具体措施为完善机制——人才保障，构建事业单位干部和国有企业干部队伍交流的平台和渠道，实现干部资源优化配置。进一步调动和激发各级干部工作积极性、主动性，根据《2010–2020年深化干部人事制度改革规划纲要》第6点“推进党政领导干部交流工作”内容，各地区、各部门要结合实际，制定具体办法，对培养锻炼性交流、回避性交流、任职期满交流，逐步规范化和制度化。对一些重要岗位的领导干部，实行跨地区、跨部门交流，以及《中共中央关于加强和改进新形势下党的建设若干重大问题的决定》中“完善干部交流制度，疏通党政机关干部、企事业单位干部交流渠道”政策要求，因地制宜完成了逐步规范化和制度化，拟定该传媒集团人才保障措施内容如下。

对拥有事业身份的干部选拔交流到下属国有企业担任领导职务的，给予三年挂职过渡期安排。在三年挂职过渡期，党组织关系、行政关系和工资关系转入国有企业。三年挂职过渡期满后根据工作需要和个人意愿，可以选择保留事业身份回归总部，或留在国有企业工作，选择回归的干部，由原单位根据其原职务职级情况安排相应的岗位和职务。

（六）解决人员安置分流问题的案例

西北YX集团是本轮国企改革中的“双百行动”企业，也是上世纪六七十年代大三线建设时成立的老牌国有企业。在过去几十年的经营发展历程中，西北YX经过多轮改革，主营业务不断变迁，导致集团公司和下属企业都大量存在冗员问题，为配合公司双百行动推进，我们对YX集团冗员分流问题提供以下建议。

总体原则。坚持企业和职工利益相一致的原则；坚持连续性、平衡性、特殊性相结合的原则；坚持依法、规范操作、确保稳定的原则；坚持企业改革精神操作的原则。

具体措施如下。

①保留岗位。针对本次改革中涉及的竞聘上岗中未能竞聘成功的员工，如原所在岗位依然存在，可以回原岗位继续工作；如原岗位已经撤销或者本岗位已经被新的员工替代，则进入待岗状态，待岗人员6个月（含）可在公司内外部寻找工作机会，原则上保留6个月原岗位的薪酬待遇（或只发基本工资部分，不发绩效工资）。

②双向选择。待岗人员在内部寻找工作时，按照内部市场化机制进行双向选择，若在规定时间内找到工作则进行调岗安排。如果6个月之后仍不能寻找到工作机会，则根据《劳动合同法》相关规定建议解除劳动合同关系。此外还可采取内部退休、人员辞职补偿等方式分流安置。

③内部退休。内部退休是指YX公司现在职员工虽不到法定退休年龄，但符合一定条件，经公司人力资源部门批准后退职退岗，不再纳入YX公司编制管理，同时享受内部退休待遇。

YX公司现在职员工符合下列条件之一者，可办理内部退休。

一是男员工年满55周岁以上的和女员工年满45周岁以上的;（距法定退休年龄5年）。

二是经鉴定，确实已丧失工作能力，不能再继续工作的。

内部退休人员在内退期间享受在职时的全部工资和福利待遇，在此期间，遇有工资福利的调整，享受调整后的待遇。内部退休人员不享受已离、退休人员的待遇。

办理完内部退休手续的人员，应当退出工作岗位并与YX公司脱离，不再纳入编制管理。

各部门原则上不得再聘用已内部退休人员工作，但经过批准的可以继续工作。

④人员辞职。鼓励个人创业、自谋职业，是推动人才合理流动，实现人才合理配置的重要途径。应充分尊重个人的择业自主权，允许工作人员根据自身条件和意愿辞去现有工作，自主重新择业。试用期的员工须提前10天以书面形式提出申请；其他员工提前30天以书面形式提出申请。个人离岗创业，3年内保留其原有身份和职称，原档案工资正常晋升。在离岗期间，出现聘用合同到期情形的，聘用合同期限按约定的离岗期限顺延，但不得超出法定退休年龄；所在单位遇有拟撤销、合并、转制等改革情况，应通知离岗人员提前返回参与改革。

辞职人员按下列标准给予经济补偿：

一次性离职费：连续工龄满3～10年的，每满一年发给一个月的本人基本工资；连续工龄在十年以上的，从第十一年起，每满一年发给1.5×个月的本人基本工资。不满一年的尾数，不足六个月的按半年计算，超过六个月的，按一年计算；基本工资的构成为本人辞职前作为计算投缴社会保险基数的工资项目之和，月工资高于市上一年度社会平均工资3倍的，按照3倍标准计算。离职费的总额，最高额为本人12个月的基本工资。

一次性的自谋职业补助费：连续工龄每满一周年，给予×元的自谋职业补助费，在YX公司工作的工龄，每满一周年，另给予×元的自谋职业补助费；工龄计算时，尾数不足六个月的按半年计算，超过六个月的按一年计算；自谋职业补助费最高限额为×万元人民币。

⑤待岗培训。在此次竞聘上岗中未能找到适合岗位的YX公司正式编制员工，可以选择参加待岗培训，也可以选择符合条件的其他分流途径。待岗培训采取统一组织和个人自行选择相结合的方式进行，培训期限为6个月。

在培训期间停发工资、福利和奖金，改为发放培训津贴。培训津贴的标准指原工资中计算纳入社会保险缴费基数的部分；在培训期间享受除补充养老保险外的其他社会保险和住房公积金待遇，社会保险及住房公积金的缴纳基数按照培训津贴计算，由所在公司负担，应由个人负担的部分在发放培训津贴时扣除；培训期间工龄连续计算。

待岗培训人员在培训期间完成了学业并达到预期规定目的的，由YX公司届时根据实际情况负责统一安排工作，或进行二次竞聘。如介绍安排工作2次而本人拒绝接受的，或竞聘中再次落选者，YX公司可以辞退，依法解除劳动合同。

实施步骤。

第一，YX公司各部门在人员定编定岗完成后，要将需要参加培训的人员报集团公司人力资源部。

第二，公司人力资源部门将制定学习培训计划，并通知参加培训的人员进行学习培训。参加培训的人员也可以自己选择其他学习培训方式。

⑥经济补偿。依照有关劳动法律、法规规定，公司对被裁减人员

给予经济补偿，经济补偿按劳动者在本单位工作的年限，每满一年支付一个月工资的标准向劳动者支付。六个月以上不满一年的，按一年计算；不满六个月的，向劳动者支付半个月工资的经济补偿。劳动者月工资高于用人单位所在直辖市、设区的市级人民政府公布的本地区上年度职工月平均工资三倍的，向其支付经济补偿的标准按职工月平均工资三倍的数额支付，向其支付经济补偿的年限最高不超过十二年。本条所称月工资是指劳动者在劳动合同解除或者终止前十二个月的平均工资。以上补偿一次性以现金方式支付，经济补偿方案为：N+1。

N= 经济补偿金，按在公司工作的年限，每满 1 年支付 1 个月工资的标准支付。6 个月以上不满 1 年的，按 1 年计算；不满 6 个月的，支付半个月工资的经济补偿。

1= 提前通知金，公司要求被裁减立即办理手续的，公司予以支付其一个月工资。支付标准中的月工资是指员工之前十二个月的平均工资，月工资高于市上一年度社会平均工资三倍的，按照 3 倍标准计算。

第七章

新一轮国企改革中党组织的运行模式

一、通过“双层安排”解决党组织的精准定位问题

二、通过“二元规则”解决党组织的作用发挥问题

三、通过“双向进入”解决党组织的决策效率问题

一、通过“双层安排”解决党组织的精准定位问题

在新一轮国企改革过程中，如何对党组织进行精准定位，是发挥党组织作用的前提。

党组织在国有企业中的地位，取决于两方面的因素。

一方面，社会主义制度和中国共产党的领导地位、国有企业存在着密切的逻辑关系。特别是党的十一届三中全会以后，党的工作重心从以阶级斗争为纲转到以经济建设为中心上来，经历了一系列的变化和不断探索。改革开放之初，邓小平就明确提出要改变国有企业的组织形式与管理体制，并将其纳入党和国家领导改革的一个重要组织部分。与之相关的国有企业领导体制，也几经变迁。先是实行党委“一元化”领导，后是党委领导下的厂长（经理）负责制，再又是党委领导下的厂长（经理）分工责任制，再后来的厂长（经理）负责制。

自中共十八大特别是十九届四中全会以来，党的建设再次被提到新的高度。《中共中央关于坚持和完善中国特色社会主义制度、推进国家治理体系和治理能力现代化若干重大问题的决定》指出，“中国共产

党领导是中国特色社会主义最本质的特征，是中国特色社会主义制度的最大优势，党是最高政治领导力量。必须坚持党政军民学、东西南北中，党是领导一切的，坚决维护党中央权威，健全总揽全局、协调各方的党的领导制度体系，把党的领导落实到国家治理各领域各方面各环节。”具体体现到国有企业层面，那就是健全党的全面领导制度，确保党在各种组织中发挥领导作用。

另一方面，党组织在国有企业中的领导地位取决于《中国共产党章程》。该章程第三十三条规定：街道、乡、镇党的基层委员会和村、社区党组织，领导本地区的工作和基层社会治理，支持和保证行政组织、经济组织和群众自治组织充分行使职权。国有企业党委（党组）发挥领导作用，把方向、管大局、保落实，依照规定讨论和决定企业重大事项。国有企业和集体企业中党的基层组织，围绕企业生产经营开展工作。保证监督党和国家的方针、政策在本企业的贯彻执行；支持股东会、董事会、监事会和经理（厂长）依法行使职权；全心全意依靠职工群众，支持职工代表大会开展工作；参与企业重大问题的决策；加强党组织的自身建设，领导思想政治工作、精神文明建设和工会、共青团等群团组织。根据这一规定，国有企业党组织的定位可从以下三个方面去理解：首先，国有企业党组织是党的基层组织。作为政党的基层组织，必然承担着基层组织应该承担的联络群众，扩大本党的群众基础与执政基础的责任。将群众路线视为根本法宝的中国共产党，当然更加重视党的基层组织的战斗堡垒作用，更加重视“党的全部工作和战斗力的基础”的作用；其次，企业党组织发挥政治核心作用。“政治核心”不是“政治中心”，也要与“经济中心”要区分开来。党组织发挥政治优势，为企业发展提供政治保障与组织保障；最后，国企党建围绕企业生产经营开展工作。这强调了党建工作与生产经营工作的相关性，不是就党建抓党建，而是要围绕企业的生产经营实际，着力推动企业的发展。

由此可见，国有企业党建的地位与作用主要体现在完成党章第三十三条明确规定的基本任务。具体包括宣传和执行党的路线、方针、政策，充分发挥党员的先锋模范作用等基本使命。完成基层党组织的基本使命是国企党建之根本，增强党员群众的凝聚力，提升战斗力、扩大影响力是国企党建的出发点和归宿点，以切实增强党执政合法性，忽视了这一点，就是本末倒置。确切地说，企业党组织的作用发挥不能脱离企业的“本体”，只有在党的领导能够成为国有企业建设和发展的动力之源和保障力量的情况下，才能创造出这样的良性发展局面：党的领导将因国有企业的发展而加强，同时国有企业将因党的有效领导而发展。

既然我们清楚了党组织在企业中的定位，那么，可以通过“双层安排”这样的体制来将其党组织的定位落到实处。

所谓的双层，一层是指国有企业的股东，主要是履行出资人义务的国有资产管理部门或者是国有控股股东；另一层是国有企业本身。

第一层是股东层，一般是设立一级党委的出资义务人。这个层级的党委（组）的职责，在《中国共产党国有企业基层组织工作条例（试行）》第十一条中的规定是“发挥领导作用，把方向、管大局、保落实，依照规定讨论和决定企业重大事项。”（以下简称《条例》）这些职能主要包括几个方面。

（一）加强企业党的政治建设，坚持和落实中国特色社会主义根本制度、基本制度、重要制度，教育引导全体党员始终在政治立场、政治方向、政治原则、政治道路上与党中央保持高度一致。

（二）深入学习和贯彻新时代中国特色社会主义思想，学习宣传党的理论，贯彻执行党的路线方针政策，监督、保证党中央重大决策部署和上级党组织决议在本企业贯彻落实。

（三）研究讨论企业重大经营管理事项，支持股东（大）会、董事会、监事会和经理层依法行使职权。

（四）加强对企业选人用人的领导和把关，抓好企业领导班子建设和干部队伍、人才队伍建设。

（五）履行企业党风廉政建设主体责任，领导、支持内设纪检组织履行监督执纪问责职责，严明政治纪律和政治规矩，推动全面从严治党向基层延伸。

（六）加强基层党组织建设和党员队伍建设，团结带领职工群众积极投身企业改革发展。

（七）领导企业思想政治工作、精神文明建设、统一战线工作，领导企业工会、共青团、妇女组织等群团组织。

这级党委（组）的职能明确了，那么这级党委的领导作用如何在其投资的企业，或者控股的企业来发挥呢？

实践当中，企业有同级党组织，除了同级党组织之外，还有上级党组织。在还没有厘清同级党组织和董事会监事会等职责边界的情况下，还面临着处理好上级党组织的关系，显然是一个很复杂的问题。一味地去服从上级党组织的绝对领导，凡事请示汇报，不仅整个公司治理体系受到影响，关键是决策效率将会大打折扣。

那么如何发挥这一层党组织在企业的作用，即出资人党组织的作用呢？

首先，股东做到不缺位，也不越位。新一轮的国企改革，最重要的一点就是改革履行出资人义务的主体从“管资产”向“管资本”的转变，这是进一步激活微观主体活力非常有效的手段之一。作为股东，就是要清晰自己的股东身份，明确自己的股东定位，力争做到不缺位，当然也不能越位。根据公司法的法律规范和公司治理的基本原理，股东行使权利的场合是股东会。换句话说，股东只有在股东会上，才能体现股东作用，发挥股东职能。

其次，党组织是股东的党组织，股东的党组织体现对股东的坚强领导。所以，无论是党章还是《条例》，作为微观主体的国有企业，党组织的作用发挥主要体现在本级企业。把本级企业的战略方向，管本级企业的发展大局，保本级企业的政策落实。越俎代庖，“一竿子插到底”，这不符合党章规定的党的组织原则。

第三，股东党组织的意志应该体现股东意志。股东党组织对被出资、被控股企业的领导应该体现在股东意志上。也就是说，股东意志既体现作为股东企业的意志，也体现股东企业党组织的意志。否则，一旦股东意志和股东党组织的意志出现不一致，作为企业，就无所适从了。

第二层是企业本身的党组织。这个层级的党组织，有的是党委建制，有的是党总支（支部）建制。党委建制的前已述及，不再赘述。总支（支部）建制的，根据《条例》规定，党组织的主要职能是“围绕生产经营开展工作，发挥战斗堡垒作用。”具体包括以下几个方面。

（一）学习宣传和贯彻落实党的理论和路线方针政策，宣传和执行党中央、上级党组织和本组织的决议，团结带领职工群众完成本单位各项任务。

（二）按照规定参与本单位重大问题的决策，支持本单位负责人开展工作。

（三）做好党员教育、管理、监督、服务和发展党员工作，严格党的组织生活，组织党员创先争优，充分发挥党员先锋模范作用。

（四）密切联系职工群众，推动解决职工群众合理诉求，认真做好思想政治工作。领导本单位工会、共青团、妇女组织等群团组织，支持它们依照各自章程独立负责地开展工作。

（五）监督党员、干部和企业其他工作人员严格遵守国家法律法规、企业财经人事制度，维护国家、集体和群众的利益。

（六）实事求是对党的建设、党的工作提出意见建议，及时向上级党组织报告重要情况。按照规定向党员、群众通报党的工作情况。

这些党组织根据自身定位，充分发挥其政治核心作用。该作用的形式，主要包括制定关于党的组织建设、思想建设、作风建设、党风廉政建设和群众工作计划等制度，形成了完整的基层党组织体系和工作体系。与党委一级的党组织“把方向、管大局、抓落实”相比，其发挥作用的方式还是有所区别的。

上海国资委在本企业这一层级的党组织作用发挥的做法具有一定的借鉴意义。

上海国资委通过探索建立激励与制约相结合的管理体制来发挥党

的基层组织的战斗堡垒作用，并制定出一套切实可行的工作体系。例如，在激励机制上，注意精神激励与物质激励相结合，对业绩突出的优秀经营者予以表彰，营造出一批真正的优秀企业家。但与此同时，通过监事会、审计、职代会等多种形式，对国有企业经营者形成监督制约的合力。主要包括：设立和完善监事会，明确监事会功能，健全监事会的运作，形成相应的监督机制；建立和推行经济责任审计，并使之经常化、制度化；探索建立职工民主管理、民主监督的新机制、新途径，普遍推行以职代会为主要形式的职工民主管理、民主监督制度，建立职工代表进入董事会、监事会制度，等等。

综上，通过党组织的“双层安排”，既能符合现代企业制度的本质要求，实现公司治理结构优化，实现管资产向管资本的转变，也更有利于基层党组织战斗堡垒作用的发挥，同时也厘清了上下级党组织的管理界面。

二、通过“二元规则”解决党组织的作用发挥问题

《中共中央关于加强党的执政能力建设的决定》提出：加强党的执政能力建设，必须坚持“以改革和完善党的领导体制和工作机制为重点”。党的领导体制和工作机制是党的执政能力建设的制度保证。邓

小平在总结党执政的经验教训时指出，领导制度、组织制度问题更带有根本性、全局性、稳定性和长期性。党的领导体制，主要是正确掌握和运用国家的政治权力，把依法治国作为基本方略；党的工作机制，则是领导体制下的执政方式，要努力做到科学执政、民主执政和依法执政。一个结构失衡、内部关系紊乱、功能不全的病态组织系统必然是涣散和软弱无力的。体制和机制缺乏科学性，党的执政能力就体现不出来，就会妨碍党内资源的优化配置，降低执政效率，加大执政成本。

国家如此，企业如此。

目前，国企党建已经形成了一种硬性约束，比如《条例》第十三条，“国有企业应当将党建工作要求写入公司章程，写明党组织的职责权限、机构设置、运行机制、基础保障等重要事项，明确党组织研究讨论是董事会、经理层决策重大问题的前置程序，落实党组织在公司治理结构中的法定地位。”中国共产党章程明确指出党组织应当发挥政治和战斗堡垒作用，但就实际操作方面，由于国有企业对党组织在企业治理中应当如何有效发挥其作用还处于探讨阶段，尚未形成成熟的配套机制。

本来，中国企业公司治理机制的建立还尚未成熟，治理结构还在不断的探索之中，我国公司制度的建立迟于发达国家至少一百五十年，我们和公司起源地的西方国家在公司治理方面还有很大的差距。因此，将中国特色的社会主义，企业党组织和法人治理结构作为两种不同的机制共存于一个企业中，将西方公司制度本土化的过程中融入中国特色的党的建设，形成合力，相互协同，共生共荣，需要一个不断探索与实践的过程。特别是在新一轮国企改革进入深水区这个攻坚克难阶段，在企业具体操作过程中，如何把握党组织和其他治理主体关系的尺度，需要我们去认真研究和正确面对。

实践中，有的企业“弱化”党的建设，存在重经营、轻党建的倾向，对党建工作责任制执行不力，党委书记意识不强，“一岗两责”落实不到位。致使少数同志不愿意做党务工作，存在被动应付的心态；有的企业董事会在公司治理中的责任主体与核心地位没有落实，董事会制度出现“制衡失度，制大于衡”的不良倾向。党委会与董事会权利权限界定不清，监事会形同虚设；有的单位表现出董事长、党委书记和总经理“三座山头”，有的则表现出董事长和党委会“两个中心”，公司治理“四不像”；还有的企业过分注重党的建设，凡事都经由党委，凡事都由党委决定，党委取代董事会，甚至经营班子会议，党政不分，导致企业的决策效率低下，组织混乱。

如何建立合理的运行机制，让企业的党组织和其他治理组织明确分工，清晰界定内部关系，充分发挥各自的优势，就显得尤为迫切和重要了。

在这个问题上，笔者认为，通过程序和实体这个“二元规则”，建立科学的领导体制和工作机制，在一定程度上可以解决这一现实问题，具有一定的实操性。

国家司法体系是大家都熟悉的一套成熟的国家机器。司法机关分检察机关和审判机关，即检察院和法院。检察院是国家的法律监督机关，法院是国家的审判机关，在适用国家法律的时候各司其职，相互监督，确保法律的正确实施，维护国家机器的正常运转。以刑事审判为例，检察院是公诉案件的审查起诉机关。其主要职责是负责审查批准逮捕，自侦案件的侦查，审查起诉，及公诉案件的提起公诉和作为控方出庭，还有监督法院的审判过程。法院的主要职责是依法行使审判权，通过对被告人做出的无罪、有罪或者罪轻、罪重等判决，保证判决的客观公正，维护司法正义。

上述两个机关在行使权力的时候，依据的法律有两个不同内容的规范，一个是刑事诉讼法，一个是刑法。刑事诉讼法是程序法，规定行使具体实体法所要遵循的程序，保障法律的正确实施；刑法是实体法，规定具体权利义务内容或者法律保护的具体情况的法律。

以上两个司法机关和两部法律，都在围绕一个被告人，保证他无罪的时候不被追究，有罪的时候受到法律的制裁。

由此我们想到企业里面有党组织，有董事会，都是我国国有企业治理体系里面的两个重要的机构，都在按照党章规定，围绕企业生产经营开展工作。

党委会的主要职能是“把方向、管大局、保落实”，“坚持服务生产经营不偏离，把提高企业效益、增强企业竞争实力、实现国有资产保值增值作为国有企业党组织工作的出发点和落脚点，以企业改革发展成果检验党组织的工作和战斗力”。这和保障实体规范的正确实施的程序法原理完全一致。

董事会是经营决策机构。根据《中华人民共和国公司法》第四章第三节的相关规定，董事会，是由董事组成的、对内掌管公司事务、对外代表公司的经营决策和业务执行机构。从公司法对董事会赋予其职能的具体内容来看，这和法律规范中的实体法完全一致。

因此，为了发挥党组织“把方向、管大局、保落实”的职能作用，实现“企业生产经营”的顺利进行，特别需要厘清企业党组织和董事会这两个公司治理机构的职责和发挥各自职责的方式。确切地说，在董事会职能相对清晰的情况下，我们着重在党组织作用发挥方式上做一些探讨。

我们把党委会和董事会的这种工作机制称之为“二元规则”。“二元规则”可以把党委会的监督权和董事会的决策权作适当的分离，各司其职，厘清责任，党委能实现更有效的监督，使党组织的功能作用得到更大发挥。

前面我们提到，党章要求党组织要“围绕企业的生产经营”发挥作用，而负责企业生产经营的主体是董事会及其经理层。所以，应当规定党组织从程序上去如何“把方向、管大局、抓落实”。

首先，应当将党组织的作用写进公司章程。把党组织写进公司章程，不仅是政策要求，比如《条例》的规定，也是对党组织发挥作用的具体落实。公司章程对党组织的描述应该符合党的章程和相关政策的规定，确保党组织的核心地位。

其次，党组织发挥作用的方式是“把方向、管大局、抓落实”，即更多的是从程序上规定党组织如何保证公司各项经营决策的正确行使，同时也监督董事会对股东会决议的执行，包括自身做出的经营决策的实施。

第三，具体操作上，需要制定相应的制度。一个是党委会前置的议事规则，该规则主要内容表现在程序上，比如确定议题，会议讨论，会议表决，作出决策等。其次是确定“三重一大”的范围，能够量化的尽量量化，增强议题研究的可操作性。

实践中，可以将党委会的工作机制做这样的设定，即，党委会具体在方向上、过程中、实施后行使其监督权。比如，董事会招聘总经理这一重大决策。党委会负责程序监督，其前置的内容是招聘程序、招聘条件、招聘标准的审核，招聘过程的参与和招聘结果的确认，来保障招聘工作的正确实施，从程序上防止董事会招聘方向的跑偏和招聘结果的失败，防止形成内部人控制、滋生腐败。所有这些，党委会只管程序，不管实体。也就是说，具体的招聘工作，比如，对应聘人的笔试面试，背景调查、岗位描述等，应该由董事会或者董事会的专门委员会去执行。再如重大投资事项，党委会前置研究的是有没有偏离投资方向，有没有超出投资范围。至于该不该投资，投资风险有多大则是董事会的职权范围。

对于党组织，就是要保障企业重大问题决策科学、正确，特别是“三重一大”等重大问题。根据《条例》第十五条规定，“国有企业重大经营管理事项必须经党委（党组）研究讨论后，再由董事会或者经理层作出决定”。党委会研究讨论的事项主要包括：

（一）贯彻党中央决策部署和落实国家发展战略的重大举措；

（二）企业发展战略、中长期发展规划，重要改革方案；

（三）企业资产重组、产权转让、资本运作和大额投资中的原则性方向性问题；

（四）企业组织架构设置和调整，重要规章制度的制定和修改；

（五）涉及企业安全生产、维护稳定、职工权益、社会责任等方面的重大事项；

（六）其他应当由党委（党组）研究讨论的重要事项。

《条例》规定的这些重大经营管理事项，需要针对企业的实际情况，作出定量和定性的梳理，把这项规定落到实处。

党委会从程序上去保障企业的各项重大决策的实施，董事会负责制定和落实企业的重大决策，采取这样的“二元规则”去设计这样一套机制并不是一件特别难的事情，就好比党委会权限和党委会议事规则，或者董事会权限和董事会议事规则一样，都是从程序和实体这“二元”的角度去考量，但实践中真正去落地实施，“国有企业党委（党组）应当结合企业实际制定研究讨论的事项清单，厘清党委（党组）和董事会、监事会、经理层等其他治理主体的权责”，还需要进一步解放思想和不断探索，也可以在一定层级的党组织当中去做一些试点，总结经验，以点带面，逐步推广。

三、通过“双向进入”解决党组织的决策效率问题

习近平总书记在全国国有企业党的建设工作会议上的讲话中明确要求，完善“双向进入、交叉任职”领导体制。“双向进入、交叉任职”，主要是党委（党组）书记、董事长由一人担任，党委成员通过法定程序分别进入董事会、监事会和经理班子，董事会、监事会、经

理班子中的党员依照有关规定进入党委会。

“双向进入”是“交叉任职”的前提，“交叉任职”是“双向进入”的结果。

这一制度安排，最早出现在《中共中央关于进一步加强和改进国有企业党的建设工作的通知》（中发【1997】4号）中，《中共中央组织部、国务院国资委党委关于加强和改进中央企业党建工作的意见》（中办发【2004】31号）正式提出“双向进入、交叉任职”的概念，《中共中央组织部、国务院国资委党委关于中央企业党委在现代企业制度下充分发挥政治核心作用的意见》（中办发【2013】5号）、《关于在深化国有企业改革中坚持党的领导加强党的建设的若干意见》（中办发【2015】44号）、《中共中央、国务院关于深化国有企业改革的指导意见》（中发【2015】22号）、《中国共产党国有企业基层组织工作条例（试行）》（2019年12月30日中共中央发布），不断细化其具体要求。

实践中，党组织和董事会的“二元规则”尚未建立，党委会如何从程序上保障董事会行使实体权力，更多的处于理论探索阶段。因此，很多企业早期是党委会和董事会同时召开，把需要讨论和研究的事项，同时提交党委会和董事会，“两会”人员同时到场，党委会秘书作党委会记录，董事会秘书作董事会记录，一是作为会议记录，二是以备上级党委检查。当然，这一明显的形式主义做法很快就被发现并得以更正。

在“二元规则”尚难实施的情况下，尽管明文规定党委会的作用和董事会的职能，但实践中把握起来还是困难重重。哪些议题应该上党委会，哪些议题应该上董事会；同一议题，党委会开一次，董事会还要再开一次；党委会意见和董事会意见一致尚可，出现分歧该如何处置：按照民主集中制原则采取票决制，还是重新回到党委会继续协商统一？所有这些，一旦决策机制和规则制定不好，都存在决策链条过长和决策效率过低的问题。

上海是比较早实行“双向进入、交叉任职”的地方国资系统。通过几年努力，上海实行公司制的国有企业，也绝大多数实行了“双向进入、交叉任职”的领导体制。多数集团公司明确规定，党委成员的二分之一须按法定程序进入董事会，法人治理结构中的党员行政领导在党委会中的比例不低于三分之一。

《条例》第十四条要求，“坚持和完善‘双向进入、交叉任职’领导体制，符合条件的党委（党组）班子成员可以通过法定程序进入董事会、监事会、经理层，董事会、监事会、经理层成员中符合条件的党员可以依照有关规定和程序进入党委（党组）。”具体操作如下。

①党委（党组）书记、董事长一般由一人担任，党员总经理担任副书记。确因工作需要由上级企业领导人员兼任董事长的，根据企业实际，党委书记可以由党员总经理担任，也可以单独配备。

②不设董事会只设执行董事的独立法人企业，党委书记和执行董事一般由一人担任。总经理单设且是党员的，一般应当担任党委副书记。

③分公司等非独立法人企业，党委书记和总经理是否分设，结合实际确定。分设的一般由党委书记担任副总经理、党员总经理担任党委副书记。

④中央企业党委（党组）配备专职副书记，专职副书记一般进入

董事会且不在经理层任职，专责抓好党建工作。规模较大、职工和党员人数较多的中央企业所属企业（单位）和地方国有企业党委，可以配备专职副书记。国有企业党委（党组）班子中的内设纪检组织负责人，一般不兼任其他职务；确需兼任的，报上级党组织批准。

⑤国有企业党组织实行集体领导和个人分工负责相结合的制度，进入董事会、监事会、经理层的党组织领导班子成员必须落实党组织决定。

“双向进入、交叉任职”探索建立了有利于党组织发挥政治核心和领导作用的企业领导体制，找到了正确处理企业党组织和法人治理结构关系的切入点和接口，使企业党组织的政治核心有一个坚强的组织保证和合适的组织形式。

但是在实践中，对于“双向进入、交叉任职”体制的建立尚有一些需要探讨的情形。

第一，“双向进入、交叉任职”不是将党委会和董事会合二为一，成为一个组织，而是仍然存在着党委会和董事会这两个机构。因此，仍然回避不了现实中的两个机构在责权范围的界定以及行使职权的方式上存在探讨的空间。

第二，不具备“双向进入、交叉任职”的企业，需要探讨适合这种企业的党政协同体制。这样的企业，往往党委书记是一人，董事长是另一人。比如我们曾经服务的一个研究院客户。院长是行业专家，无党派人士，主导研究院的主体研究项目，同时也分管经营。党委书记是上级委派的政工干部，缺乏专业技术和企业管理方面的经验。董事会提交党委会的更多的是涉及企业重大投资、重大经营、重大人事事项，这就给没有董事长参与的党委会决策带来了一定的挑战。

综上，无论是“双层结构”“二元规则“，还是“双向进入”，都要将党建工作总体要求和具体规则纳入国有企业章程，将党组织融入公司法人治理结构之中，使党组织发挥的政治核心作用和战斗堡垒作用更加组织化、制度化、程序化。新颁布的《条例》在国有企业党建工作原则上最重大的突破，特别是“坚持加强党的领导和完善公司治理相统一，把党的领导融入公司治理各环节”等五项原则，为企业党建规则作出了指引。现实中党在国有企业领导没有得到应有的加强，或者过分强调党的领导，根本原因就是对党组织的地位没有清晰的认识，特别是没有使党组织的地位在公司章程中得以体现，没有将党组织行使权利的方式进行规范，没有将党组织和董事会的运作体制落到实处。党组织与公司法人治理体制的融合，是中国现代企业制度实践中值得深入探讨的一个课题。

第八章

容错纠错机制

一、建立容错纠错机制的时代背景

二、准确把握容错纠错机制内涵

三、如何构建容错纠错机制

四、容错纠错机制实践

一、建立容错纠错机制的时代背景

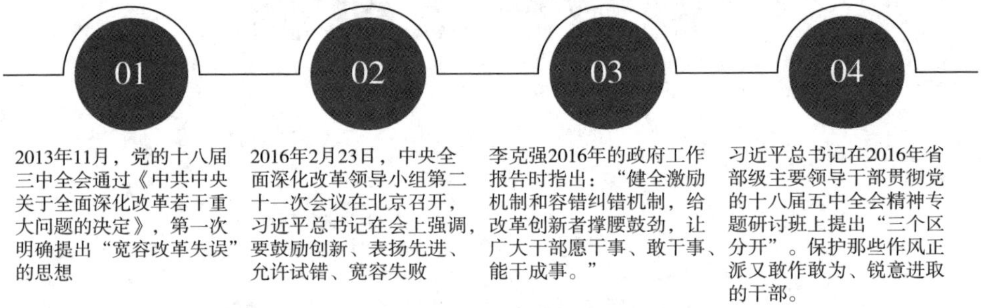

图 8-1　建立容错纠错机制的时代背景

2013 年 11 月，中共十八届三中全会通过《中共中央关于全面深化改革若干重大问题的决定》，第一次明确提出“宽容改革失误”的思想。

2016 年 2 月 23 日，中央全面深化改革领导小组第二十一次会议在北京召开，习近平总书记在会上强调，要鼓励创新、表扬先进、允许试错、宽容失败。

李克强总理 2016 年的政府工作报告中指出：“健全激励机制和容

错纠错机制，给改革创新者撑腰鼓劲，让广大干部愿干事、敢干事、能干成事。”

习近平在2016年省部级主要领导干部贯彻党的十八届五中全会精神专题研讨班上的讲话中指出：“要把干部在推进改革中因缺乏经验、先行先试出现的失误和错误，同明知故犯的违纪违法行为区分开来；把上级尚无明确限制的探索性试验中的失误和错误，同上级明令禁止后依然我行我素的违纪违法行为区分开来；把为推动发展的无意过失，同为谋取私利的违纪违法行为区分开来。”保护那些作风正派又敢作敢为、锐意进取的干部。

党的十八届六中全会强调：建立容错纠错机制，宽容干部在工作中特别是改革创新中的失误。

2018年5月，中共中央办公厅印发了《关于进一步激励广大干部新时代新担当新作为的意见》，对建立激励机制和容错纠错机制，进一步激励广大干部新时代新担当新作为提出明确要求。

1. 建立容错纠错机制是全面深化国企改革的现实要求

当前国企改革进入深水期、攻坚期，贯彻落实国企改革“1+N”系列文件、全面深化国企改革，需要国资、国企管理干部勇于涉险滩，勇于啃“硬骨头”。改革、创新必然伴随着相应的风险，必须有一个鼓励创新、容许失败的环境和机制。建立健全容错纠错机制有助于激发国资、国企管理干部工作的主动性和积极性，激发全面深化国企改革的内生动力。

2. 建立容错纠错机制是落实国资管理机制改革的必然要求

建立以“管资本”为核心的三级监管模式，实现国资经营主体的转变，从管资产转向管资本，从管企业领导层转向管董事会代表，从国资委审批转向经营公司授权是国资管理机制改革的核心。容许试错、敢于承认错误、敢于纠正错误，是国企管理权责相一致的必然要求，企业拥有自主经营权，在经营范围内承担相应的风险和责任。建立健全容错纠错机制，不仅是对国企改革创新的鼓励和保障，也是落实国资管理机制，建立健全国企市场化经营机制的必然要求。

3. 建立容错纠错机制是治理为官不为的坚强利器

当前“为官不为”主要有三种情况：一是能力不足而“不能为”，二是动力不足而“不想为”，三是担当不足而“不敢为”。

深化国企改革是复杂的系统工程，国企改革进入重点突破阶段，混合所有制改革、建立市场化经营机制、落实国资监管机制等突破口都存在非常大的复杂性和难度。

面对国企改革复杂的形势，一些国资、国企管理干部缺乏相应的经验“不能为”，前瞻后顾“不想为”，怕多做多错“不敢为”也就可以理解了。建立健全容错纠错机制，培育国资、国企管理干部的担当精神，为进一步深化国企改革营造一个更加宽松的作为空间，激发国资、国企管理干部的主动性和积极性。

二、准确把握容错纠错机制内涵

容错是IT行业的专业术语。所谓容错，是指“尽管发生一个或若干个故障，程序或系统仍能正确执行其功能。它往往包括三方面的功能。第一是约束故障，防止故障影响继续扩大；第二是检测故障；第三是恢复系统。”从上述定义来看，容错机制应当包括纠错的过程，而不是简单的宽容错误。

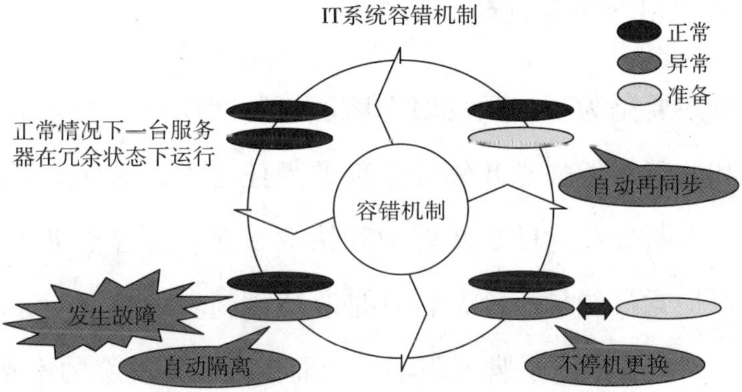

图 8-2　IT 系统容错机制

容错，就是要允许在探索具有一定的经济社会风险实践中，启动相应程序，将这种经济社会风险控制在合理的范围，对相应的责任人实施豁免。

纠错，就是在风险发生之后，能够有一种机制和程序自动启动，对产生风险的源头、过程及后果进行科学评估，找出原因，及时修正。

容错纠错机制是指党政机关及其工作人员在改革创新过程中未能实现

预期目标或出现偏差失误，但符合法律法规和政策，未谋取私利，无主观故意，且能及时纠错改正，可免除相关责任或从轻、减轻处理的一种机制。

容错容的是因公敢为和改革探索中的失误与错误，但乱作为、不作为、慢作为或以权谋私不在容错范围之内。容错重在更加科学地认知改革创新中出现的失误或者错误，纠错则重在纠正这些失误或者错误，有效解决改革探索中出现的问题与障碍，保证改革的顺利进行。容错、纠错是缺一不可的整体，是保障改革创新顺利进行的重要环节，两者相辅相成，相互结合，互为因果。

但是，容错纠错机制并不等同于问责制，其主要有以下不同。

1. 容错机制和问责制的目的不同

问责制主要是为了加强反腐倡廉法规制度建设，加强党政领导干部的管理和监督，增强党政领导干部的责任意识，更好地贯彻落实科学发展观，不断提高党的执政能力和执政水平。而容错机制主要是为了激发和保护党员领导干部，特别是改革创新者的热情，为改革创新者撑腰，让创新者放开手脚大胆干，从而推动经济社会的不断发展。

2. 容错机制和问责制的针对性不同

中共中央办公厅和国务院办公厅于 2009 年颁发的《关于实行党政领导干部问责的暂行规定》中，第五条规定了对党政领导干部问责的七项条款。因下列七项原因造成重大损失或恶劣影响的要问责：决策严重失误、工作失职、管理监管不力、滥用职权、对群体性突发性事件处置不当、违反干部选拔任用工作有关规定、其他失职行为。从这七条来看，与容错机制的限定是不相悖的。容错机制所针对的行为是基于科学决策的改革创新探索性实践中出现的错误和偏差，这些错误或者因缺乏经验、先行先试而导致，或因上级尚无明确限制的探索性实验而导致，或因无意过失而导致。可见，这些错误和偏差与上述七条并非同样性质。

3. 容错机制和问责制的处理方式不同

问责制的问责方式是责令公开道歉、停职检查、引咎辞职、责令辞职、免职，是一种惩戒机制；而容错机制则是免责处理，是一种激励机制。

三、如何构建容错纠错机制

构建容错纠错机制，关键是确定“容什么”“如何容”以及“容的结果”。

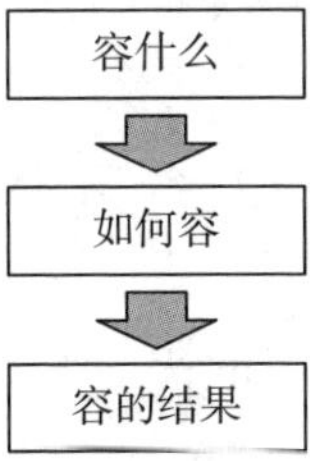

图 8-3　容错纠错机制

（一）“容什么”内容设计

建立一套判断标准，然后对照这些标准核定某些行为或事件是否属于容错范畴，才能真正启动容错机制。其中，行为条件、行为方式和行为目的是判定某一行为是否属于容错范畴的三大核心要素。而习近平总书记提出的“三个区分开来”是最好的诠释。

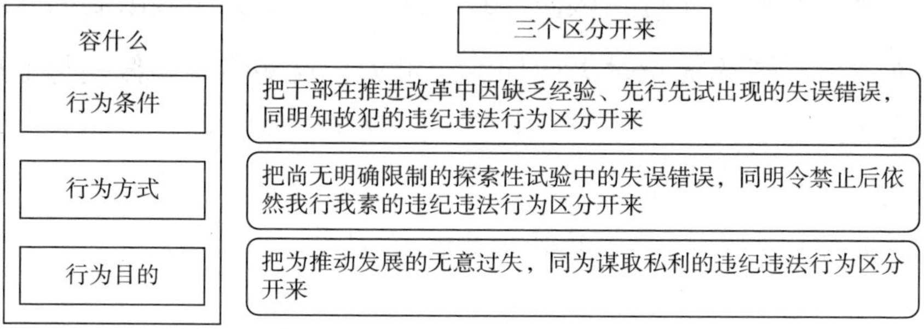

图 8-4 “容什么”与“三个区分开来”

1. 行为条件

把干部在推进改革中因缺乏经验、先行先试出现的失误错误，同明知故犯的违纪违法行为区分开来，这是对行为条件的界定。

是否有规则可依，是否有类似的案例可以参照。如果有明确的规章制度和相关标准，国资、国企管理干部不执行，依然我行我素，则属于“故意”行为，不符合容错标准；如果没有成功经验可循，完全是“摸着石头过河”，过错属于“无心之举”，则可能属于容错范畴。

2. 行为方式

把尚无明确限制的探索性试验中的失误错误，同明令禁止后依然我行我素的违纪违法行为区分开来，这是行为方式的说明。

国家管理部门针对国企改革设计了很多限定性的条件，在满足条件的情况下，可以进行相应的改革行为。如果为达到目的，不择手段，违反了相关制度要求，则不属于容错范畴；行为可能比较偏激，但仍在规则范围之内，并没有违犯任何法律法规，则应该属于容错范畴。

3. 行为目的

把为推动发展的无意过失，同为谋取私利的违纪违法行为区分开来，界定了行为目的。

该行为是为个人谋私利还是为了国资、国企的发展。如果是为了满足个人私利而采取偏差行为，则不属于容错范畴；如果是为了国资、国企的发展，服务于国有资产保值增值，存在过失或错误，则可能属于容错范畴。

建立容错纠错机制不能“以文件落实文件，以政策落实政策”。落实“三个区分开来”需要明确具体容什么，泛泛而谈并不能消除领导干部对改革创新的思想包袱。

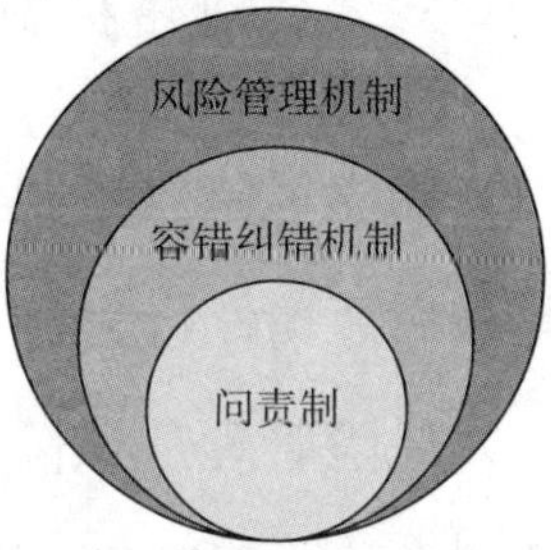

图 8-5　“容什么”内容设计

1. 风险管理机制是容错纠错机制的前提

在国企改革创新活动中，容错纠错机制不是独立存在的，风险管理机制是前提。

风险管理通过风险识别、风险估测、风险评价，并在此基础上选择与优化组合各种风险管理技术，对风险实施有效控制，并妥善处理风险所致损失的后果，从而以最小的成本收获最大的安全保障。

不能用容错纠错机制代替风险管理机制。风险管理机制是企业科学管理的重要内容，覆盖的层面要远超过容错纠错机制。

2. 问责制是容错纠错机制的底线

问责制是指问责主体对其管辖范围内各级组织和成员承担职责和义务的履行情况，实施并要求其承担否定性后果的一种责任追究制度。

问责是从防止权力出错的角度保证权力运行效能，而容错则是从鼓励权力创新的角度提高权力运行效能。不出错是提高运行效能的底线。

3. 容错纠错机制与风险管理机制、问责制相统一

建立风险管理机制是第一要务，纠错机制是随后的反应，问责制是最后惩罚性行为。

风险管理从风险识别开始，需要识别企业风险事项，建立风险事项清单，在风险事项清单的基础上进行相应的评估、管理。

问责制规范权力运用行为，列出了明令禁止事项，对应于当前国资国企分级管理机制改革，违反负面清单事项，必然要进行问责。

针对国资国企三层管理架构，建立相应的授放权清单，让管理落到实处。

通过“容什么”内容设计，最终需要完成的是企业风险管理体系和容错纠错机制清单。

企业风险管理体系包括企业制度体系、企业信息与档案管理体系和企业运营（目标与计划）管理体系三大模块，而这三大模块下，又

可以细分为《组织管理手册》《权责手册》《流程管理手册》《部门信息档案管理》《企业目标和任务管理》等等一系列文件。

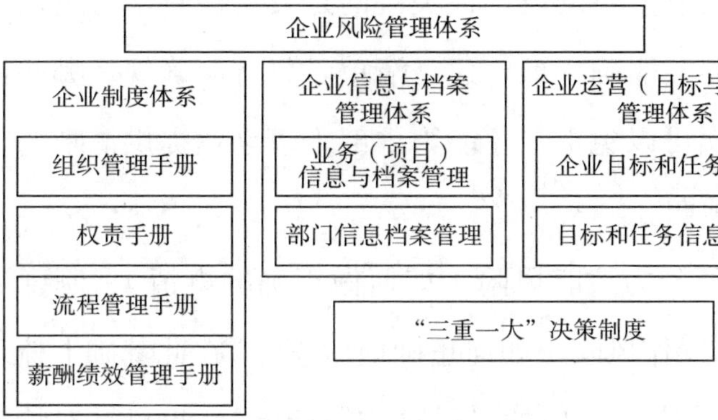

图 8-6　企业风险管理体系

比如，《组织管理手册》主要说明企业各部门职责、部门结构，它体现企业管控设计方案框架。《权责手册》划分企业在日常经营管理中的权责关系、加强协作、提高效率；将公司在战略与运营管理、行政管理、人事管理、财务管理、业务管理等各方面的关键事项的权限进行规划和设置，权责手册中主要体现组织、提出、参与、审核、审批等关键权限。《流程管理手册》指导企业各部门具体开展战略规划、组织管控、业务链运作、综合运营、并提供业务支持的流程文件制度体系，为部门和员工开展具体工作提供具体的指导，并且提供必要的记录格式和相关范本。《薪酬绩效管理手册》有利于传递压力、聚焦企业目标，强化责任、塑造职业行为；科学决策、提供公正待遇；改进绩效、促进员工发展；充分发挥干部考核评价的激励鞭策作用，变“能者多劳”为“能者多得”；通过不断提升组织绩效与员工绩效，使组织与员工高质量持续发展等等。

企业风险管理体系是容错纠错机制设计的基础，没有风险管理体系就谈不上容错纠错机制设计。

容错纠错机制清单的设计最关键的是要构建科学有效的容错纠错机制，厘清边界、明确标准、建立清单。只有明确规定哪些错误必须追责，哪些错误可以免责，才能为干部干事创业提供清晰的行动准则和稳定的心理预期。

企业风险可分为战略风险（如何做正确的事情）、制度风险（是否有章可循）、操作风险（如何正确地做事），在此基础上梳理企业相应的《风险防控清单》，也可针对特定的国企改革、创新事项研究相应的风险事项。其中，制度风险和操作风险可以通过完善企业风险管理体系规避，战略风险成为容错纠错机制需要重点关注的内容。

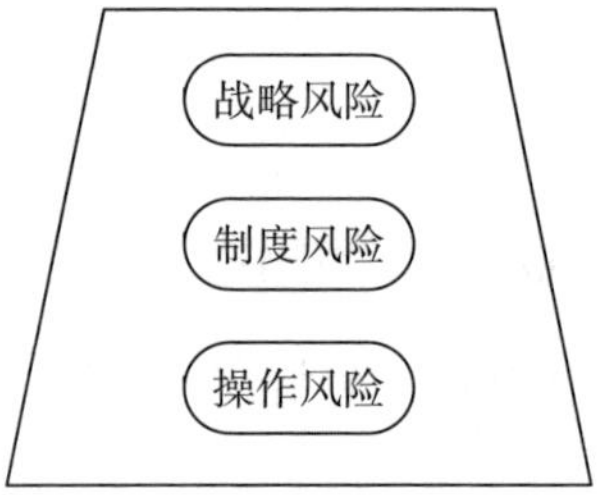

图 8-7　企业风险类别

而建立负面清单制度，就是明确什么是禁止的，什么是可为的。这样，在创新过程中就可以依据负面清单，依据“法无禁止皆可为”的原则，进行大胆尝试，提高创新实践的效率。

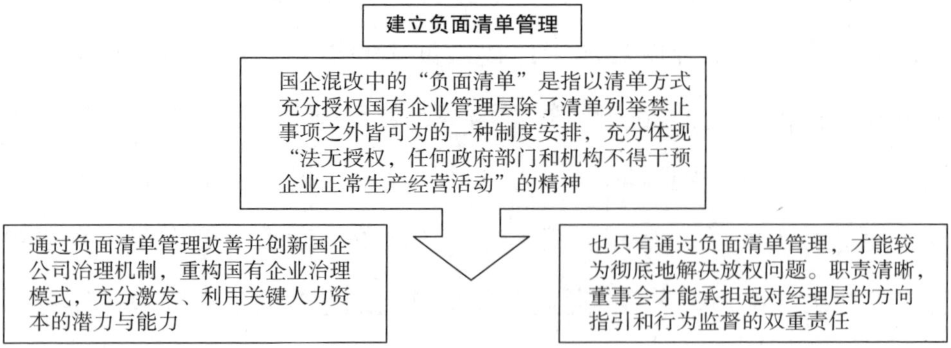

图 8-8　负面清单管理

2019年，国务院国资委印发了《国务院国资委授权放权清单（2019年版）》，从规划投资与主业管理、产权管理、工资总额管理与中长期激励、重大财务事项管理等方面，对各中央企业、综合改革试点企业、国有资本投资、运营公司试点企业等明确了授权放权事项，力图最大限度减少对企业生产经营活动的直接干预，更多依靠公司治理结构开展工作。

结合《风险防控清单》和《负面清单》可以对特定事项进行相应的授权，明确相应的《授放权清单》。

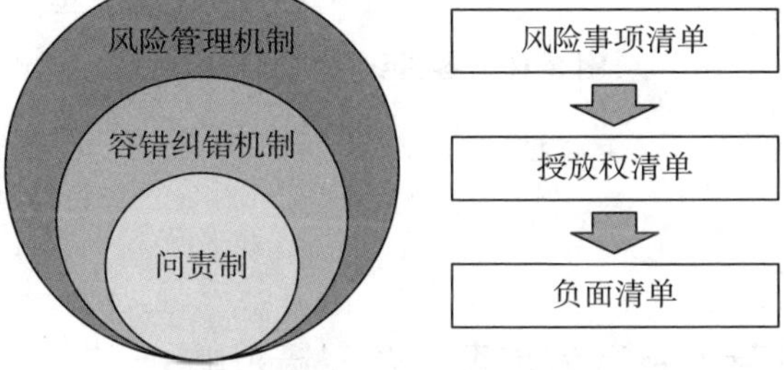

图 8-9 容错纠错机制清单设计

通过授权与负面清单管理相结合的方式，在合理范围内授予经理层更加灵活、更加符合市场规律的各条线权限，真正把容错纠错机制落到实处。

（二）"如何容"制度设计

"如何容"制度设计包含两个方面，一是相应的组织，二是相应的程序。

容错纠错机制组织主要是设立非常设的专业委员会，以便对可能属于容错范畴的行为进行管理，体现集体决策。容错纠错专业委员会可由国企管理干部、监事会成员、员工代表和外聘专家组成。容错纠错专业委员会对容错行为进行研究，并据此作出决策。容错纠错专业委员会作出的决策还需要上级党委、纪检监察机关的审定。

容错纠错程序主要包括行为识别、评估和处理三个步骤。

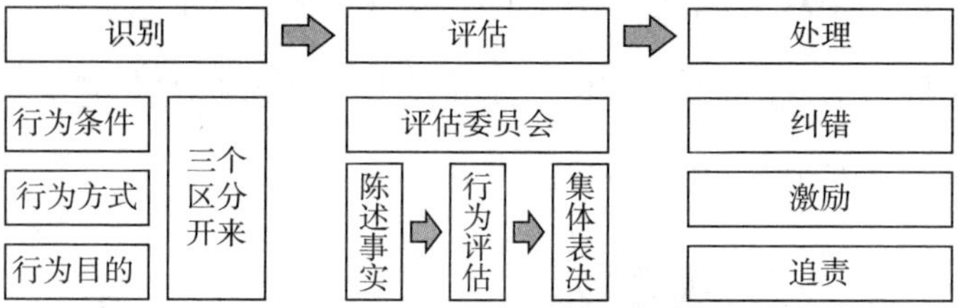

图 8-10　容错纠错机制程序

1. 识别

识别国企改革创新行为是否符合容错范畴。“三个区分开来”提供了对改革创新中出现错误或失误的性质进行客观公正地辨别与区分的标准，明确了哪些错误和失误是可以纳入容错机制的，哪些错误和失误是要接受处罚的，从而清楚地划分容错机制的适用范围和排除标准。

识别本身就是预警的过程。预警是指通过信号甄别，预防改革行为出现偏差的策略。总结国企改革创新相似的案例，研讨过程中可能存在的不足和失误，确定相应的风险指标，对指标进行相应的预警等级管理，最大程度地发挥预防作用。

国企改革中大的突破口都预示着机遇和风险并存，需要研究这些改革议题的哪些环节容易出现偏差，偏差的表现有哪些，如何进行准确的定义和报告是预警机制建设的主要内容。

对照已有的风险防控清单、负面清单、授放权清单，进行有针对性的预防、提前干预、使得问题不再发生，体现容错纠错内容设计的合理性和有效性。

2. 评估

行为识别是工作做在前面，事前控制，尽可能减少问题的发生。当问题发生之后，需要有一套评价机制对产生问题的行为进行研究和评估。评估是整个容错机制的中心环节。它主要包括事实表述、行为评估和集体表决三个环节。

事实表述将容错行为的事件、行为、活动以文本的形式进行汇总、呈现。

行为评估指容错纠错专业委员会成员对容错行为进行评估，“三个区分开来”提供了辨别与区分的标准，专业委员会委员要独立表达自己的意见，需要综合分析问题发生的背景原因、动机目的、政策依据、情节轻重和性质后果等因素。并进行讨论和研判。

最终的评估结论需要容错纠错专业委员会进行集体协商、决策。

评估需要遵循民主、客观和公开的原则。所有的事实和问题都要被所有的委员充分了解、理解，每一位委员都要表达自己的观点，充分尊重每一位委员的意见和想法，最终的结论要基于集体决策。

对照“三个区分开来”、国企改革制度、负面清单和授权放权清单，评估行为是否属于容错范畴非常重要。如果不属于容错范畴，可以直接转入追责程序。

对属于容错范畴的行为，需要对行为的严重程度进行界定，并给出相应的评估结论。

严重程度是指行为所造成的伤害和潜在影响有多大，在管理实践中，委员会可从行为的影响范围、经济后果等方面重点评估。

比如容错的行为是直接还是间接造成国有资产的流失与核心利益的损失？造成的伤害是短期的还是长期的？是可以弥补的还是不可以弥补的？是企业内部的还是已经蔓延到企业外部？是否可以量化，能否通过成本、价值等指标测算？评估行为的严重程度将决定后续的处理结果。

在评估环节需要有相应的监督机制。上级党委、纪检监察机构可以发挥这样的角色。

某一事项、行为是否属于容错范畴，容错程序是否规范都需要进行监督，这样既能防止监守自盗，又能减少权力寻租。通过监督，杜绝可能出现的徇私舞弊和个人干预。

3. 处理

当容错纠错专业委员会对容错行为有了最终的评估结论之后，组织需要对容错行为进行相应的处理。激励和纠错是两种常见的处理方式。激励是组织对容错行为的正强化，主要体现在绩效考核、个人发展和认可奖励三个方面。纠错是组织对容错行为的负强化，主要指通过学习和总结及时纠正出现的错误。容错机制承认并接受错误，但这并不意味着盲目鼓励犯错，事后仍需总结经验，建规立制，尽量减少错误再次扩大和未来重复发生的可能性。

在实践中，组织可在两个方面开展纠错工作。

第一，过程纠错。当错误、问题将要发生还没有发生的时候，或者已经发生但还没有升级、扩大的时候，第一时间进行干预、控制。比如，某些员工有“走捷径”的念头或行为已出现偏差迹象，行为尚在容错范畴但随时有越界的可能，偏差尚在个体层面还没有扩展到集体或组织层面，这都需要及时制止，适当干预，把错误消灭在过程中。

第二，结果纠错。当问题发生之后已经造成了损失，对发生的问题进行研究，总结相关的经验教训，避免同类问题的再次发生。组织要对所有容错事件进行总结和学习，归纳错误发生的类型、特征和规律，以及解决的思路和策略，从而能对容错机制起到很好的补充和完善作用。纠错的实施主体建议落实到各级党委、各级纪检监察部门。各级党委要对国资、国企党员干部存在的苗头性、倾向性问题，早发现、早提醒、早纠正。各级纪检监察部门机构按照国资、国企管理干部所犯错误的性质，采取纪检监察建议书、提醒约谈、诫勉谈话、责令纠错、廉政风险预警等方式督促有关单位或个人及时纠正偏差和失误，推动问题整改。在纠错工作中，纪检部门应该分类处置，帮助存在问题的领导干部及时纠正错误；对主动挽回损失和影响的，应该予以免责；确需追究责任的，也应尽量从轻处理。对于不符合容错范畴的行为要启动追责程序，并给予对应的申诉机会和渠道。申诉给予个体表达不同意见的权利。各级党委、纪检监察部门作为监督组织处理申诉请求。组织在容错机制中要设立申诉系统，就申诉时间、程序和要求等方面做出规定，提高大家对处理结果的可接受性。

（三）“容的结果”正向设计

容错机制是一种“正向激励”，同样需要落到实处。

1. 绩效考核

科学有效的绩效考核是国资和国企管理干部选拔、调整、激励、约束的重要手段。通过绩效考核肯定国资、国企管理干部的贡献，明确对容错行为的免责决定，在实践中，组织可采用“记功不记过”的策略，真正发挥容错机制期望的效果，留住人才、激励人才。

当前，仍然存在考核评价国资、国企管理干部的绩效时“记过大于记功”的现象。评价指标两套体系，动不动就祭出“一票否决”的“杀威棒”，在考核方式上主观判断多，绩效考核流于形式。要根据国企改革要求，设置合理的考核指标，改进考核方式方法，把组织绩效和个人绩效相结合，突出价值创造、自主创新，将考核情况与评先评优等挂钩，把考核结果作为对企业经营者任期考核、兑现薪酬、诫勉谈话的重要依据。

2. 个人发展

个人发展是指组织在人才选拔、职位晋升、领导聘用等方面的政策。通过建立健全容错纠错机制，为担当者担当、为干事者撑腰，让管理干部在闯关涉险时有底气而心无旁骛、有勇气而义无反顾。足力培养既有担当意愿又有担当本领的管理干部，委以重任，让其在合适的岗位上发挥更大的作用。

3. 认可奖励

认可奖励是指在精神上肯定容错个体。除了绩效考核、个人发展等较为正式的激励以外，在不同场合以不同形式给予精神鼓励同样非常重要。通过口头表扬、表彰大会、情感关怀、个人尊重和典型人物学习等方式可以让员工感受到组织对容错行为的认可与支持。

四、容错纠错机制实践

（一）严格审批程序，清晰权责界面

中国一直有重实体、轻程序的传统，包括在国企改革等重大事项的决策方面也存在这一问题。然而，没有程序公正，就不会带来实体公正，有些情况下，我们甚至要有宁愿牺牲实体公正也要保证程序公正的准备，唯有这样，才能带来更多的实体公正。

把一个苹果切成五份，分给自己和另外四个人。如果规则设定的是切苹果的人最先拿走其中的一份，那么基于人性利己的本能，切苹果的人很可能会把苹果切成大小不同的份额，尽可能在自己能力范围内切出一份最大的份额，然后自己先拿走最大的。但如果规则设定的是切苹果的人最后拿走剩下的那份苹果，切苹果的人为了确保自己的利益，会尽量把苹果切成相同或接近相同的份额。这样哪怕自己是最后一个拿，拿的那份也不会比别人少。

国企改革涉及的很多事项，都需要严格的审批程序，以保障改革措施的公平公正。这些程序包括：①资产评估程序；②职工代表大会决策程序；③股东大会或董事会审议通过程序；④报同级国有资产监管机构批准程序；⑤重要国有企业改制后国有资本不再控股的，报同级人民政府批准程序等。

目前，对于“双百行动”企业，如果一味按照过去国企决策的程序和流程，一级一级地请示上去，再一级一级地传达下来，如此低的决策效率和如此长的决策链条，这样的机制是无法适应市场经济快速发展的需求的。但是，很多现实中的现象是，如果你不这样做，责任谁来承担？这种现象的背后逻辑，我们很清楚，就是怕担责，少担责，不担责，而其导致的结果就是无法追责。所以，为了提高决策效率，就要完善治理结构，明晰各个决策机构的权责边界。应该董事会决策的，就不能上升到股东会；应该本级董事会决策的，就不能再向上一级董事会请示；应该经理层决定或者负责实施的事项，无需报请董事会，董事会也不再接受这样的审批事项。把权责界面清晰了，或者说各个组织之间的权责体系建立了，就能清楚的知道，它们应该做什么，不该做什么。换句话说，各个组织在各自的权限范围作出的决策，就不应该受到追究；越权或者不作为导致的错误或者失误，就应该启动追责机制，追究其责任。因此，容错纠错机制的前提是权责界面清晰，授权体系完备。

（二）穷尽措施方案，做好对比分析

国有企业有很多规章制度，而其中的一些制度在执行过程中往往缺乏灵活性。笔者曾在浙江大学给来自广东的一家国有企业中高层领导讲国企改革，当天刚好是他们的最后一节课，我随口问他们什么时候回去，被告知是明天。笔者提出，当天下午结束由杭州乘飞机回广州完全来得及。然而却被告知，根据企业规定，外出培训是不准坐飞机的，只能坐高铁。随后笔者帮他们算了一笔账：当天乘飞机回广州的机票价格在680元左右；如果搭乘高铁，票价是720元，外加当晚的住宿费250元，共计成本为970元。次日坐高铁和当天坐飞机相比，成本增加43%，这还不包括人力资源成本和时间浪费。就这个案例而言，如果我们把当天航班票价作为报销附件，或者组织者完全可以预知航班和高铁的价格差额，做一个简单的对比，无论是事后的审计还是巡视，这个问题不就解决了么？当然，也许问题远没有我们想象得那么简单，但至少说明这个规定的不合理。

笔者还曾在厦门辅导过一家“双百行动”企业。我们辅导之前，这个国企准备引进一个外部团队和该国企共同成立新公司运作一个新业务。具体操作流程是：该国企先投资外部团队所在的公司，然后该公司将资金通过一定的途径转到团队名下再投资新设的公司。该方案经过我们团队慎重研究之后，作为最后一套备选方案，但实际我们对该方案基本持否定态度，因为资金如此流动的风险太大。紧接着，我们团队又分别论证了三套方案供这家选择。其中，倾向性方案是并购

该外部团队所在的公司，然后以该被并购的公司投资新设的公司。这样可以避免该外部团队的利益输送和同业竞争等许多问题，而另两套方案是在不能引进外部团队情况下的备选方案。

在集团董事会上，我们汇报了四个方案各自的架构设计、并购路径、混改思路，值得一提的是，我们还把四个方案的优势劣势做了充分的对比分析，为这家国企董事会的决策提供了坚实的基础。这四套方案作为董事会决策文件存档，留待备查。

这个案例中的混改方案，也许不一定是最好最优的，也很难说事后一定会获得成功，但我们穷尽了我们能想到的措施之后，事后被追责的可能性就会小得多。

（三）引进专业机构，借助外脑智慧

首先，国企改革涉及公司股权架构搭建、组织优化、员工持股等方方面面的内容，这些内容既有商务谈判的过程和博弈，比如引进战投，也有法律专业的要求，比如并购协议和公司章程等；另外，自2015年8月份中共中央国务院颁布的《关于深化国改革的若干指导意见》之后，又陆续出台了至少40个左右的配套文件，称为“1+N”文件，这里还不包括地方各级政府和国资监管部门针对本省、本市的实际制定的相关文件。了解并掌握这些文件的规定和逻辑体系，需要的不仅是时间，还需要专业和素养。

其次，专业机构相对独立，制定的方案相对客观公正，同时也能避免一些利益冲突。2019年，笔者在甘肃某一家乳业企业调研的时候，

负责员工持股工作的公司副总兼总会计师提出了她的担忧：如果哪天公司员工，特别是没有分到股份的员工，对员工持股方案的公正性提出质疑，作为这件事的负责人，深感到底气不足。笔者告诉她，之所以存在这样的心态，就是因为她是利益一方，违反了上述“切苹果”的规则，不自信的心态就会存在。当然方案本身的科学性也需要检讨，确保方案能经得起历史的检验。一个员工持股计划，涉及“激励模式、激励数量、持股方式、激励对象、行权条件、退出机制、行权价格、资金来源、税务处理、股份支付”等十个方面，我们称“股权激励十要素模型。”其中一个退出机制的设计，就非常复杂，笔者之前总结的退出情形就有 21 种，还不包括退出节奏和退出方式。

现实中，也有很多企业的混改方案报到上级或者国资部门，但石沉大海，杳无音信。例如南方的一家双百企业，混改方案报上去五个月了，国资委就是没有批复。究其原因，主要是其方案形成过程缺乏沟通、方案本身缺乏周延、政策突破缺乏逻辑，所以国资部门无法批准。作为国资监管部门，又不能代替企业去“修改作业”，于是就出现了这样的尴尬局面。笔者曾经辅导过东北的一家国有控股混改企业，负责设计这家国企的整个方案。在设计过程中，工作团队不但访谈了该企业的 54 名中层以上的高管，还访谈了相关上级部门的领导，包括三位市委常委，国资办、人社局、编办等相关部门的负责人，还有国投、城投等股东单位。访谈过程是一个对企业的了解过程，更是一个和相关人员沟通的过程，还是一个宣贯思路、统一思想的过程。所以，在此基础上形成的混改方案，在由常务副市长主持的方案讨论会上，一次性获得通过。我们深知，如果在方案的形成过程中不把方方面面的意见综合起来，不把涉及该方案的利害关系方的想法统一起来，不把员工的利益诉求结合起来，是很难做到方案审核一次性过会的。

总之，在各级国企、国资监管部门干部在推进国企改革过程中，但凡符合国家确定的改革方向，履行了决策程序，穷尽了方案对比，做出了科学公正的抉择，就应该对这些相关单位和个人不作负面评价，免予追究相关责任。